HISTOIRE
DE FRANCE

PAR

J. MICHELET

NOUVELLE ÉDITION, REVUE ET AUGMENTÉE

TOME TROISIÈME

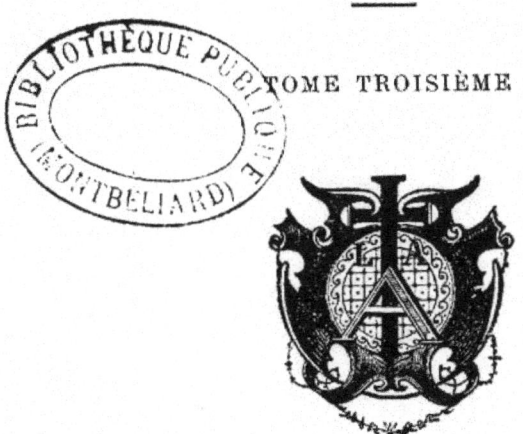

PARIS
LIBRAIRIE INTERNATIONALE
A. LACROIX & C°, ÉDITEURS
13, rue du Faubourg-Montmartre, 13

1876

Tous droits de traduction et de reproduction réservés.

HISTOIRE
DE FRANCE

CHAPITRE VI

1200. INNOCENT III. — LE PAPE PRÉVAUT PAR LES ARMES DES FRANÇAIS DU NORD, SUR LE ROI D'ANGLETERRE ET L'EMPEREUR D'ALLEMAGNE, SUR L'EMPIRE GREC ET SUR LES ALBIGEOIS. — GRANDEUR DU ROI DE FRANCE.

1180-1204

La face du monde était sombre à la fin du XIIe siècle. L'ordre ancien était en péril, et le nouveau n'avait pas commencé. Ce n'était plus la lutte matérielle du pape et de l'empereur, se chassant alternativement de Rome, comme au temps d'Henri IV et de Grégoire VII. Au XIe siècle, le mal était à la superficie, en 1200 au cœur. Un mal profond, terrible, travaillait le christianisme. Qu'il eût voulu revenir à la querelle des investitures, et n'avoir à combattre que sur la question du bâton droit ou courbé ! Alexandre III lui-même, le chef de la ligue lombarde, n'avait osé appuyer Thomas Becket ; il avait défendu les libertés italiennes, et trahi celles d'Angleterre. Ainsi l'Église allait s'isoler du grand mouvement du monde. Au lieu de le guider et le devancer, comme elle avait fait jusqu'alors, elle s'efforçait de l'immobiliser, ce mouvement, d'arrêter le temps au passage, de fixer la terre qui tournait sous elle et qui l'emportait. Innocent III parut y réussir ; Boniface VIII périt dans l'effort.

Moment solennel, et d'une tristesse infinie. L'espoir de la croisade avait manqué au monde. L'autorité ne semblait plus inattaquable ; elle avait promis, elle avait trompé. La liberté commençait à poindre, mais sous vingt aspects fantastiques et choquants, confuse et convulsive, multiforme, difforme. La volonté humaine enfantait chaque jour, et reculait devant ses enfants. C'était comme dans les jours séculaires de la grande semaine de la création : la nature s'essayant, jeta d'abord des produits bizarres, gigantesques, éphémères, monstrueux avortons dont les restes inspirent l'horreur.

Une chose perçait dans cette mystérieuse anarchie du XIIe siècle, qui se produisait sous la main de l'Église irritée et tremblante, c'était un sentiment prodigieusement audacieux de la puissance morale et de la grandeur de l'homme. Ce mot hardi des Pélagiens : *Christ n'a rien eu de plus que moi, je ne puis me diviniser par la vertu*, il est reproduit au XIIe siècle sous forme barbare et mystique. L'homme déclare que la fin est venue, qu'en lui-même est cette fin ; il croit à soi, et se sent Dieu ; partout surgissent des messies. Et ce n'est pas seulement dans l'enceinte du christianisme, mais dans le mahométisme même, ennemi de l'incarnation, l'homme se divinise et s'adore. Déjà les Fatemites d'Egypte en ont donné l'exemple. Le chef des Assassins déclare aussi qu'il est l'iman si longtemps attendu, l'esprit incarné d'Ali. Le méhédi des Almohades d'Afrique et d'Espagne est reconnu pour tel par les siens. En Europe, un messie paraît dans Anvers, et toute la populace le suit[1]. Un autre, en Bretagne, semble ressusciter le vieux gnosticisme d'Irlande[2]. Amaury de Chartres et son disciple, le Breton David de Dinan, enseignent que tout chrétien est matérielle-

[1] Il proclamait l'inutilité des sacrements, de la messe et de la hiérarchie, la communauté des femmes, etc. Il marchait couvert d'habits dorés, les cheveux tressés avec des bandelettes, accompagné de trois mille disciples, et leur donnait de splendides festins. Bulæus, historia Universit. Parisiensis, II, 98. — « Per matronas et mulierculas... errores suos spargere. » — « Veluti Rex, stipatus satellitibus, vexillum et gladium præferentibus... declamabat. » Epistol. Trajectens. eccles. ap. Gieseler, II, IIme partie, p. 479.

[2] Il se nommait Éon de l'Étoile. Ce nom d'Éon rappelle les doctrines gnostiques. — C'était un gentilhomme de Loudéac ; d'abord ermite dans la forêt de Broceliande, il y reçut de Merlin le conseil d'écouter les premières paroles de l'Évangile, à la messe. Il se crut désigné par ces mots : « Per Eum qui venturus est judicare, etc., » et se donna dès lors pour fils de Dieu. Il s'attirait de nombreux disciples, qu'il appelait *Sapience, Jugement, Science*, etc. Guill. Neubrig., l. I : « Eudo, natione Brito, agnomen habens de Stella, illiteratus et idiota... sermone gallico Eon ;... eratque per diabolicas præstigias potens ad capiendas simplicium animas... ecclesiarum maxime ac monasteriorum infestator. » Voyez aussi Othon de Freysingen, c. LIV, LV, Robert du Mont, Guibert de Nogent ; Bulæus, II, 241 ; D. Morice, p. 100, Roujoux, Histoire des ducs de Bretagne, t. II.

ment un membre du Christ¹, autrement dit, que Dieu est perpétuellement incarné dans le genre humain. Le Fils a régné assez, disent-ils ; règne maintenant le Saint-Esprit. C'est, sous quelque rapport, l'idée de Lessing sur l'éducation du genre humain. Rien n'égale l'audace de ces docteurs, qui, pour la plupart, professent à l'université de Paris (autorisée par Philippe-Auguste en 1200). On a cru étouffer Abailard, mais il vit et parle dans son disciple Pierre le Lombard, qui, de Paris, régente toute la philosophie européenne ; on compte près de cinq cents commentateurs de ce scolastique. L'esprit d'innovation a reçu deux auxiliaires. La jurisprudence grandit à côté de la théologie qu'elle ébranle ; les papes défendent aux prêtres de professer le droit, et ne font qu'ouvrir l'enseignement aux laïques. La métaphysique d'Aristote arrive de Constantinople, tandis que ses commentateurs, apportés d'Espagne, vont être traduits de l'arabe par ordre des rois de Castille et des princes italiens de la maison de Souabe (Frédéric II et Manfred). Ce n'est pas moins que l'invasion de la Grèce et de l'Orient dans la philosophie chrétienne. Aristote prend place presque au niveau de Jésus-Christ². Défendu d'abord par les

---

¹ Rigord., ibid, p. 375 : « .... Quod quilibet Christianus teneatur credere se esse membrum Christi. » — Concil. Paris.. ibid. : « Omnia unum, quia quidquid est, est Deus, Deus visibilibus indutus instrumentis. — Filius incarnatus, i. e. visibili formæ subjectus. — Filius usque nunc operatus est, sed Spiritus sanctus ex hoc nunc usque ad mundi consummationem inchoat operari. »

² Averrhoës, ap. Gieseler, IIᵐᵉ partie, p. 378 : « Aristoteles est exemplar, quod natura invenit ad demonstrandam ultimam

papes, puis toléré, il règne dans les chaires. Aristote tout haut, tout bas les Arabes et les Juifs, avec le panthéisme d'Averrhoès et les subtilités de la Cabale. La dialectique entre en possession de tous les sujets, et se pose toutes les questions hardies. Simon de Tournay enseigne à volonté le pour et le contre. Un jour qu'il avait ravi l'école de Paris et prouvé merveilleusement la vérité de la religion chrétienne, il s'écria tout à coup : « O petit Jésus, petit Jésus, comme j'ai élevé ta loi ! Si je voulais, je pourrais encore mieux la rabaisser [1]. »

Telle est l'ivresse et l'orgueil du moi à son premier réveil. L'école de Paris s'élève entre les jeunes communes de Flandre et les vieux municipes du Midi, la logique entre l'industrie et le commerce.

Cependant un immense mouvement religieux éclatait dans le peuple sur deux points à la fois : le rationalisme vaudois dans les Alpes, le mysticisme allemand sur le Rhin et aux Pays-Bas.

C'est qu'en effet le Rhin est un fleuve sacré, plein d'histoires et de mystères. Et je ne parle pas seulement de son passage héroïque entre Mayence et Cologne, où il perce sa route à travers le basalte et le granit. Au midi et au nord de ce passage féodal, à l'approche des villes saintes, de Cologne, de Mayence et de Strasbourg, il s'adoucit, il devient populaire, ses

perfectionem humanam. » — Corneille Agrippa disait au XIVe siècle : « Aristoteles fuit præcursor Christi in naturalibus ; sicut Joannes Baptista... in gratuitis. » Ibid.

[1] Math. Pâris : « Dieu le punit : il devint si idiot, que son fils eut peine à lui rapprendre le *Pater*. »

rives ondulent doucement en belles plaines ; il coule silencieux, sous les barques qui filent et les rets étendus des pêcheurs. Mais une immense poésie dort sur le fleuve. Cela n'est pas facile à définir ; c'est l'impression vague d'une vaste, calme et douce nature, peut-être une voix maternelle qui rappelle l'homme aux éléments, et, comme dans la ballade, l'attire altéré au fond des fraîches ondes : peut-être l'attrait poétique de la Vierge, dont les églises s'élèvent tout le long du Rhin jusqu'à sa ville de Cologne, la ville des onze mille vierges. Elle n'existait pas, au XIIe siècle, cette merveille de Cologne, avec ses flamboyantes roses et ses rampes aériennes, dont les degrés vont au ciel ; l'église de la Vierge n'existait pas, mais la Vierge existait. Elle était partout sur le Rhin, simple femme allemande, belle ou laide, je n'en sais rien, mais si pure, si touchante et si résignée. Tout cela se voit dans le tableau de l'Annonciation à Cologne. L'ange y présente à la Vierge non un beau lis, comme dans les tableaux italiens, mais un livre, une dure sentence, la passion du Christ avant sa naissance, avant la conception toutes les douleurs du cœur maternel. La Vierge aussi a eu sa passion ; c'est elle, c'est la femme qui a restauré le génie allemand. Le mysticisme s'est réveillé par les béguines d'Allemagne et des Pays-Bas [1]. Les chevaliers, les nobles minnesinger chantaient la femme

---

[1] Math. Paris : « In Alemannia mulierum continentium, quæ se Beguinas volunt appellari, multitudo surrexit innumerabilis, adeo ut solam Coloniam mille vel plures inhabitarent. » — *Beghin*, du saxon *beggen*, dans Ulphilas *bedgan* (en allem. *beten*), prier.

réelle, la gracieuse épouse du landgrave de Thuringe, tant célébrée aux combats poétiques de la Wartbourg. Le peuple adorait la femme idéale ; il fallait un Dieu-femme à cette douce Allemagne. Chez ce peuple, le symbole du mystère est la rose ; simplicité et profondeur, rêveuse enfance d'un peuple à qui il est donné de ne pas vieillir, parce qu'il vit dans l'infini, dans l'éternel.

Ce génie mystique devait s'éteindre, ce semble, en descendant l'Escaut et le Rhin, en tombant dans la sensualité flamande et l'industrialisme des Pays-Bas. Mais l'industrie elle-même avait créé là un monde d'hommes misérables et sevrés de la nature, que le besoin de chaque jour renfermait dans les ténèbres d'un atelier humide ; laborieux et pauvres, méritants et déshérités, n'ayant pas même en ce monde cette place au soleil que le bon Dieu semble promettre à tous ses enfants, ils apprenaient par ouï-dire ce que c'était que la verdure des campagnes, le chant des oiseaux et le parfum des fleurs ; race de prisonniers, moines de l'industrie, célibataires par pauvreté, ou plus malheureux encore par le mariage et souffrant des souffrances de leurs enfants. Ces pauvres gens, tisserands la plupart, avaient bien besoin de Dieu ; Dieu les visita au XIIe siècle, illumina leurs sombres demeures, et les berça du moins d'apparitions et de songes. Solitaires et presque sauvages, au milieu des cités les plus populeuses du monde, ils embrassèrent le Dieu de leur âme, leur unique bien. Le Dieu des cathédrales, le Dieu riche des riches et des prêtres, leur devint peu à peu étranger. Qui voulait leur ôter leur foi, ils se laissaient brûler, pleins d'espoir et jouissant de l'avenir. Quelquefois aussi, poussés à bout, ils sortaient de leurs caves, éblouis du jour, farouches, avec ce gros et dur œil bleu, si commun en Belgique, mal armés de leurs outils, mais terribles de leur aveuglement et de leur nombre. A Gand, les tisserands occupaient vingt-sept carrefours, et formaient à eux seuls un des trois membres de la cité. Autour d'Ypres, au XIIIe et au XIVe siècles, ils étaient plus de deux cent mille.

Rarement l'étincelle fanatique tombait en vain sur ces grandes multitudes. Les autres métiers prenaient parti, moins nombreux, mais gens forts, mieux nourris, rouges, robustes et hardis, de rudes hommes, qui avaient foi dans la grosseur de leurs bras et la pesanteur de leurs mains, des forgerons qui, dans une révolte, continuaient de battre l'enclume sur la cuirasse des chevaliers ; des foulons, des boulangers, qui pétrissaient l'émeute comme le pain ; des bouchers qui pratiquaient sans scrupule leur métier sur les hommes. Dans la boue de ces rues, dans la fumée, dans la foule serrée des grandes villes, dans ce triste et confus murmure, il y a, nous l'avons éprouvé, quelque chose qui porte à la tête : une sombre poésie de révolte. Les gens de Gand, de Bruges, d'Ypres, armés, enrégimentés d'avance, se trouvaient, au premier coup de cloche, sous la bannière du burgmeister ; pourquoi ? ils ne le savaient pas toujours, mais ils ne s'en battaient que mieux. C'était le comte, c'était l'évêque, ou leurs gens qui en étaient la cause. Ces Flamands n'aimaient pas trop les prêtres ; ils avaient stipulé, en 1193, dans les priviléges de Gand, qu'ils destitueraient leurs curés et chapelains à volonté.

Bien loin de là, au fond des Alpes, un principe différent amenait des révolutions analogues. De bonne heure, les montagnards piémontais, dauphinois, gens raisonneurs et froids, sous le vent des glaciers, avaient commencé à repousser les symboles, les images, les croix, les mystères, toute la poésie chrétienne. Là, point de panthéisme comme en Allemagne, point d'illuminisme comme aux Pays-Bas ; pur bon sens, raison simple, solide et forte, sous forme populaire. Dès le temps de Charlemagne, Claude de Turin entreprit cette réforme sur le versant italien ; elle fut reprise, au xiie siècle, sur le versant français, par un homme de Gap ou d'Embrun, de ce pays qui fournit des maîtres d'école à nos provinces du sud-est. Cet homme, appelé Pierre de Bruys, descendit dans le Midi, passa le Rhône, parcourut l'Aquitaine, toujours prêchant le peuple avec un succès immense. Henri, son disciple, en eût encore plus ; il pénétra au nord jusque dans le Maine ; partout la foule les suivait, laissant là le clergé, brisant les croix, ne voulant plus de culte que la parole. Ces sectaires, réprimés un instant, reparaissent à Lyon sous le marchand *Vaud* ou *Valdus* ; en Italie, à la suite d'Arnaldo de Brixia. Aucune hérésie, dit un dominicain, n'est plus dangereuse que celle-ci, *parce qu'aucune n'est plus durable*[1] Il a raison, ce n'est pas autre chose que la révolte du

---

[1] « Inter omnes sectas quæ sunt vel fuerunt... est diuturnior. » Reinerus.

raisonnement contre l'autorité. Les partisans de Valdus, les Vaudois, s'annonçaient d'abord comme voulant seulement reproduire l'Église des premiers temps dans la pureté, dans la pauvreté apostolique ; on les appelait les pauvres de Lyon. L'Église de Lyon, comme nous l'avons dit ailleurs, avait toujours eu la prétention d'être restée fidèle aux traditions du christianisme primitif. Ces Vaudois eurent la simplicité de demander la permission de se séparer de l'Église. Repoussés, poursuivis, proscrits, ils ne subsistèrent pas moins dans les montagnes, dans les froides vallées des Alpes, premier berceau de leur croyance, jusqu'aux massacres de Mérindol et de Cabrières, sous François Ier, jusqu'à la naissance du Zwinglianisme et du Calvinisme, qui les adoptèrent comme précurseurs, et reconnurent en eux, pour leur Église récente, une sorte de perpétuité secrète pendant le moyen âge, contre la perpétuité catholique.

Le caractère de la réforme au XIIe siècle [1] fut donc le rationalisme dans les Alpes et sur le Rhône, le mysticisme sur le Rhin. En Flandre, elle fut mixte, et plus encore en Languedoc.

Ce Languedoc était le vrai mélange des peuples, la vraie Babel. Placé au coude de la grande route de France, d'Espagne et d'Italie, il présentait une singulière fusion de sang ibérien, gallique et romain, sarrasin et gothique. Ces éléments divers y formaient de dures oppositions. Là devait avoir lieu le grand com-

---

[1] Nous renvoyons sur ce grand sujet au livre de M. N. Peyrat : Les Réformateurs de la France et de l'Italie au XIIe siècle. 1860.

bat des croyances et des races. Quelles croyances ? Je dirais volontiers toutes. Ceux mêmes qui les combattirent n'y surent rien distinguer, et ne trouvèrent d'autre moyen de désigner ces fils de la confusion que par le nom d'une ville : *Albigeois.*

L'élément sémitique, juif et arabe, était fort en Languedoc. Narbonne avait été longtemps la capitale des Sarrasins en France. Les Juifs étaient innombrables. Maltraités, mais pourtant soufferts, ils florissaient à Carcassonne, à Montpellier, à Nîmes ; leurs rabbins y tenaient des écoles publiques. Ils formaient le lien entre les chrétiens et les mahométans, entre la France et l'Espagne. Les sciences, applicables aux besoins matériels, médecine et mathématiques, étaient l'étude commune aux hommes des trois religions [1]. Montpellier était plus lié avec Salerne et Cordoue qu'avec Rome. Un commerce actif associait tous ces peuples, rapprochés plus que séparés par la mer. Depuis les croisades surtout, le haut Languedoc s'était comme incliné à la Méditerranée, et tourné vers l'Orient ; les comtes de Toulouse étaient comtes de Tripoli. Les mœurs et la foi équivoque des chrétiens de la terre sainte avaient reflué dans nos provinces du Midi. Les belles monnaies, les belles étoffes d'Asie [2] avaient

---

[1] Que de choses nous leurs devons : la distillation, les sirops, les onguents, les premiers instruments de chirurgie, la lithotricie, ces chiffres arabes que notre Chambre des comptes n'adopta qu'au XVIIe siècle, l'arithmétique et l'algèbre, l'indispensable instrument des sciences (1860). V. Introduction, Renaissance.

[2] Richard portait à Chypre un manteau de soie brodé de croissants d'argent.

fort réconcilié nos croisés avec le monde mahométan. Les marchands du Languedoc s'en allaient toujours en Asie la croix sur l'épaule, mais c'était beaucoup plus pour visiter le marché d'Acre que le saint sépulcre de Jérusalem. L'esprit mercantile avait tellement dominé les répugnances religieuses, que les évêques de Maguelone et de Montpellier faisaient frapper des monnaies sarrasines, gagnaient sur les espèces, et escomptaient sans scrupule l'empreinte du croissant[1].

La noblesse eût dû, ce semble, tenir mieux contre les nouveautés. Mais ici, ce n'était point cette chevalerie du Nord, ignorante et pieuse, qui pouvait encore prendre la croix en 1200. Ces nobles du Midi étaient des gens d'esprit qui savaient bien la plupart que penser de leur noblesse. Il n'y en avait guère qui, en remontant un peu, ne rencontrassent dans leur généa-

---

[1] Epistola papæ Clementis IV, episc. Maglonensi, 1266; in Tes. novo anecd., t. II, p. 403 : « Sane de moneta Miliarensi quam in tua diœcesi facis cudi miramur plurimum cujus hoc agis consilio... Quis enim catholicus monetam debet cudere cum titulo Mahometi ?... Si consuetudinem forsan allegas, in adulterino negotio te et prædecessores tuos accusas. » — En 1268, saint Louis écrit à son frère, Alfonse comte de Toulouse, pour lui faire reproche de ce que dans son Comtat Venaissin, on bat monnaie avec une inscription mahométane : « In cujus (monetæ) superscriptione sit mentio de nomine perfidi Mahometi, et dicatur ibi esse propheta Dei ; quod est ad laudem et exaltationem ipsius, et detestationem et contemptum fidei et nominis christiani ; rogamus vos quatinus ab hujusmodi opere faciatis cudentes cessare. » Cette lettre, selon Bonamy (ac. des Inscr. XXX, 725), se trouverait dans un registre longtemps perdu, restitué au Trésor des Chartes, en 1748. Cependant ce registre n'y existe point aujourd'hui, comme je m'en suis assuré.

logie quelque grand'mère sarrasine ou juive. Nous avons déjà vu qu'Eudes, l'ancien duc d'Aquitaine, l'adversaire de Charles Martel, avait donné sa fille à un émir sarrasin. Dans les romans carlovingiens, les chevaliers chrétiens épousent sans scrupule leur belle libératrice, la fille du sultan. A dire vrai, dans ce pays de droit romain, au milieu des vieux municipes de l'Empire, il n'y avait pas précisément de nobles, ou plutôt tous l'étaient; les habitants des villes, s'entend. Les villes constituaient une sorte de noblesse à l'égard des campagnes. Le bourgeois avait, tout comme le chevalier, sa maison fortifiée et couronnée de tours. Il paraissait dans les tournois[1], et souvent désarçonnait le noble qui n'en faisait que rire.

Si l'on veut connaître ces nobles, qu'on lise ce qui reste de Bertrand de Born, cet ennemi juré de la paix, ce Gascon qui passa sa vie à souffler la guerre et à la

---

[1] Dans les Preuves de l'Histoire générale du Languedoc, t. III, p. 607, on trouve une attestation de plusieurs *Damoisels* (Domicelli), chevaliers, juristes, etc. « Quod usus et consuetudo sunt et fuerunt longissimis temporibus observati, et tanto tempore quod in contrarium memoria non exstitit in senescallia Belliquadri et in Provincia, quod Burgenses consueverunt a nobilibus et baronibus et etiam ab archiepiscopis et episcopis, sine principis auctoritate et licentia, impune cingulum militare assumere, et signa militaria habere et portare, et gaudere privilegio militari. » — Chron. Languedoc. ap. D. Vaissète. Preuves de l'Histoire du Languedoc. » Ensuite parla un autre baron appelé Valats, et il dit au comte : « Seigneur, ton frère te donne un bon conseil (le conseil d'épargner les Toulousains), et si tu me veux croire, tu feras ainsi qu'il t'a dit et montré ; car, Seigneur, tu sais bien que la plupart sont gentilshommes, et par honneur et noblesse, tu ne dois pas faire ce que tu as délibéré. »

chanter. Bertrand donne au fils d'Éléonore de Guienne, au bouillant Richard, un sobriquet : *Oui et non*[1]. Mais ce nom lui va fort bien à lui-même et à tous ces mobiles esprits du Midi.

Gracieuse, mais légère, trop légère littérature, qui n'a pas connu d'autre idéal que l'amour, l'amour de la femme. L'esprit scolastique et légiste envahit dès leur naissance les fameuses cours d'Amour. Les formes juridiques y étaient rigoureusement observées dans la discussion des questions légères de la galanterie[2]. Pour être pédantesques, les décisions n'en étaient pas moins immorales. La belle comtesse de Narbonne, Ermengarde (1143-1197), l'amour des poètes et des rois, décide dans un arrêt conservé religieusement, que l'époux divorcé peut fort bien redevenir l'amant de sa femme mariée à un autre. Éléonore de Guienne prononce que le véritable amour ne peut exister entre époux ; elle permet de prendre pour quelque temps une autre amante afin d'éprouver la première. La comtesse de Flandre, princesse de la maison d'Anjou (vers 1134), la comtesse de Champagne, fille d'Éléonore, avaient institué de pareils tribunaux dans le nord de la France ; et probablement ces contrées, qui prirent part à la croisade des Albi-

---

[1] *Oc et non*.

[2] Raynouard, poésies des Troubadours, II, p. 122. La cour d'Amour était organisée sur le modèle des tribunaux du temps. Il en existait encore une sous Charles VI, à la cour de France ; on y distinguait des auditeurs, des maîtres des requêtes, des conseillers, des substituts du procureur général, etc., etc. ; mais les femmes n'y siégeaient pas.

geois, avaient été médiocrement édifiées de la jurisprudence des dames du Midi.

Un mot sur la situation politique du Midi. Nous en comprendrons d'autant mieux sa révolution religieuse.

Au centre, il y avait la grande cité de Toulouse, république sous un comte. Les domaines de celui-ci s'étendaient chaque jour. Dès la première croisade, c'était le plus riche prince de la chrétienté. Il avait manqué la royauté de Jérusalem, mais pris Tripoli. Cette grande puissance était, il est vrai, fort inquiétée. Au nord, les comtes de Poitiers, devenus rois d'Angleterre, au midi la grande maison de Barcelone, maîtresse de la Basse-Provence et de l'Aragon, traitaient le comte de Toulouse d'usurpateur, malgré une possession de plusieurs siècles. Ces deux maisons de Poitiers et de Barcelone avaient la prétention de descendre de saint Guilhem, le tuteur de Louis le Débonnaire, le vainqueur des Maures, celui dont le fils Bernard avait été proscrit par Charles le Chauve. Les comtes de Roussillon, de Cerdagne, de Conflant, de Bézalu, réclamaient la même origine. Tous étaient ennemis du comte de Toulouse. Il n'était guère mieux avec les maisons de Béziers, Carcassonne, Albi et Nîmes. Aux Pyrénées c'étaient des seigneurs pauvres et braves, singulièrement entreprenants, gens à vendre, espèces de condottieri, que la fortune destinait aux plus grandes choses ; je parle des maisons de Foix, d'Albret et d'Armagnac. Les Armagnacs prétendaient aussi au comté de Toulouse et l'attaquaient souvent. On sait le rôle qu'ils ont joué au xive et au xve siècles ; histoire tragique, incestueuse, impie. Le Rouergue et l'Armagnac, placés en face l'un de l'autre, aux deux coins de l'Aquitaine, sont, comme on sait, avec Nîmes, la partie énergique, souvent atroce du midi. Armagnac, Comminges, Béziers, Toulouse, n'étaient jamais d'accord que pour faire la guerre aux églises. Les interdits ne les troublaient guère. Le comte de Comminges gardait paisiblement trois épouses à la fois. Si nous en croyons les chroniqueurs ecclésiastiques, le comte de Toulouse, Raimond VI, avait un harem. Cette Judée de la France, comme on a appelé le Languedoc, ne rappelait pas l'autre seulement par ses bitumes et ses oliviers ; elle avait aussi Sodome et Gomorrhe, et il était à craindre que la vengeance des prêtres ne lui donnât sa mer Morte.

Que les croyances orientales aient pénétré dans ce pays, c'est ce qui ne surprendra pas. Toute doctrine y avait pris ; mais le manichéisme, la plus odieuse de toutes dans le monde chrétien, a fait oublier les autres. Il avait éclaté de bonne heure au moyen âge en Espagne. Rapporté, ce semble, en Languedoc de la Bulgarie et de Constantinople[1], il y prit pied aisément.

---

[1] On appelait les hérétiques *Bulgares*, ou *Catharins*, du mot grec καθαρός, i. e. *pur*.

En conservant sur les Albigeois notre récit basé sur le poëme orthodoxe qu'a publié M. Fauriel et sur la chronique en prose qu'on en a tirée au XIVᵉ siècle, nous renvoyons à l'histoire de M. Schmidt, reconstruite avec les interrogatoires trouvés dans les archives de Carcassonne et de Toulouse. Nous attendons patiemment l'ouvrage de M. N. Peyrat, qui a eu d'autres sources et va renouveler une histoire écrite jusqu'ici sur le témoignage des persécuteurs (1860).

Le dualisme persan leur sembla expliquer la contradiction que présentent également l'univers et l'homme. Race hétérogène, ils admettaient volontiers un monde hétérogène ; il leur fallait à côté du bon Dieu, un Dieu mauvais à qui ils pussent imputer tout ce que l'Ancien Testament présente de contraire au Nouveau [1] ; à ce Dieu revenaient encore la dégradation du christianisme et l'avilissement de l'Église. En eux-mêmes, et dans leur propre corruption, ils reconnaissaient la main d'un créateur malfaisant, qui s'était joué du monde. Au bon Dieu l'esprit, au mauvais la chair. Celle-ci, il fallait l'immoler. C'est là le grand mystère du manichéisme. Ici se présentait un double chemin. Fallait-il la dompter, cette chair, par l'abstinence, jeûner, fuir le mariage, restreindre la vie, prévenir la naissance, et dérober au démon créateur tout ce que lui peut ravir la volonté? Dans ce système, l'idéal de la vie, c'est la mort, et la perfection serait le suicide. Ou bien, faut-il dompter la chair, en l'assouvissant, faire taire le monstre, en emplissant sa gueule aboyante, y jeter quelque chose de soi pour sauver le reste... au risque d'y jeter tout, et d'y tomber soi-même tout entier ?

Nous savons mal quelles étaient les doctrines précises des manichéens du Languedoc. Dans les récits de leurs ennemis, nous voyons qu'on leur impute à la fois des choses contradictoires, qui sans doute s'appliquent à des sectes différentes [2].

---

[1] Pierre de Vaux-Cernay.
[2] Selon les uns, Dieu a créé; selon d'autres, c'est le Diable

Ainsi à côté de l'Église, s'élevait une autre Église dont la Rome était Toulouse. Un Nicétas de Constantinople avait présidé près de Toulouse, en 1167, comme pape, le concile des évêques manichéens. La Lombardie, la France du Nord, Albi, Carcassonne,

(Mansi op. Giesler). Les uns veulent qu'on soit sauvé par les œuvres (Ebrard), et les autres par la foi (Pierre de Vaux-Cernay). Ceux-là prêchent un Dieu matériel ; ceux-ci pensent que Jésus-Christ n'est pas mort en effet, et qu'on n'a crucifié qu'une ombre. D'autre part, ces novateurs disent prêcher pour tous, et plusieurs d'entre eux excluent les femmes de la béatitude éternelle (Ebrard). Ils prétendent simplifier la loi, et prescrivent cent génuflexions par jour (Heribert). La chose dans laquelle ils semblent s'accorder, c'est la haine du Dieu de l'Ancien Testament. « Ce Dieu qui promet et ne tient pas, disent-ils, c'est un jongleur. Moïse et Josué étaient des routiers à son service. »

« D'abord il faut savoir que les hérétiques reconnaissaient deux créateurs, l'un, des choses invisibles, qu'ils appelaient le bon Dieu ; l'autre, du monde visible, qu'ils nommaient le Dieu méchant. Ils attribuaient au premier le Nouveau Testament, et au second l'Ancien, qu'ils rejetaient absolument, hors quelques passages transportés de l'Ancien dans le Nouveau, et que leur respect pour ce dernier leur faisait admettre.

« Ils disaient que l'auteur de l'Ancien Testament était un menteur, parce qu'il est dit dans la Genèse : « En quelque jour que vous mangiez de l'arbre de la science du bien et du mal, vous mourrez de mort ; » et pourtant, disaient-ils, après en avoir mangé, ils ne sont pas morts. Ils le traitaient aussi d'homicide, pour avoir réduit en cendres ceux de Sodome et de Gomorrhe, et détruit le monde par les eaux du déluge, pour avoir enseveli sous la mer Pharaon et les Égyptiens. Ils croyaient damnés tous les pères de l'Ancien Testament, et mettaient saint Jean-Baptiste au nombre des grands démons. Ils disaient même entre eux que ce Christ qui naquit dans la Bethléem terrestre et visible et fut crucifié à Jérusalem, n'était qu'un faux Christ; que Marie Madeleine avait été sa concubine, et que c'était là cette femme surprise en adultère dont il est parlé dans l'Évangile. Pour le Christ, disaient-ils,

Aran, avaient été représentées par leurs pasteurs. Nicétas y avait exposé la pratique des manichéens d'Asie, dont le peuple s'informait avec empressement. L'Orient, la Grèce byzantine, envahissaient définitivement l'Église occidentale. Les Vaudois eux-mêmes,

jamais il ne mangea ni ne but, ni ne revêtit de corps réel, et ne fut jamais en ce monde que spirituellement au corps de saint Paul.

« D'autres hérétiques disaient qu'il n'y a qu'un créateur, mais qu'il eut deux fils, le Christ et le Diable. Ceux-ci disaient que toutes les créatures avaient été bonnes, mais que ces filles dont il est parlé dans l'Apocalypse les avaient toutes corrompues.

« Tous ces infidèles, membres de l'Antechrist, premiers-nés de Satan, semence de péché, enfants de crime, à la langue hypocrite, séduisant par des mensonges le cœur des simples, avaient infecté du venin de leur perfidie toute la province de Narbonne. Ils disaient que l'Église romaine n'était guère qu'une caverne de voleurs, et cette prostituée dont parle l'Apocalypse. Ils annulaient les sacrements de l'Église à ce point qu'ils enseignaient publiquement que l'onde du sacré baptême ne diffère point de l'eau des fleuves, et que l'hostie du très-saint corps du Christ n'est rien de plus que le pain laïque ; insinuant aux oreilles des simples ce blasphème horrible, que le corps du Christ, fût-il aussi grand que les Alpes, il serait depuis longtemps consommé et réduit à rien par tous ceux qui en ont mangé. La confirmation, la confession, étaient choses vaines et frivoles ; le saint mariage une prostitution, et nul ne pouvait être sauvé dans cet état, en engendrant fils et filles. Niant aussi la résurrection de la chair, ils forgeaient je ne sais quelles fables inouïes, disant que nos âmes sont ces esprits angéliques qui, précipités du ciel pour leur présomptueuse apostasie, laissèrent dans l'air leur corps glorieux, et que ces âmes, après avoir passé successivement sur la terre par sept corps quelconques, retournent, l'expiation ainsi terminée, reprendre leurs premiers corps.

« Il faut savoir en outre que quelques-uns de ces hérétiques s'appelaient *Parfaits* ou *Bons hommes* ; les autres s'appelaient les *Croyants*. Les Parfaits portaient un habillement noir, fei-

dont le rationalisme semble un fruit spontané de l'esprit humain, avaient fait écrire leurs premiers livres par un certain Ydros, qui, à en juger par son nom, doit aussi être un Grec. Aristote et les Arabes entraient en même temps dans la science. Les antipathies de langues, de races, de peuples, disparaissaient.

gnaient de garder la chasteté, repoussaient avec horreur l'usage des viandes, des œufs, du fromage ; ils voulaient passer pour ne jamais mentir, tandis qu'ils débitaient sur Dieu principalement, un mensonge perpétuel ; ils disaient encore que pour aucune raison on ne devait jurer. On appelait Croyants ceux qui, vivant dans le siècle, et sans chercher à imiter la vie des Parfaits, espéraient pourtant être sauvés dans la foi de ceux-ci ; ils étaient divisés par le genre de vie, mais unis dans la loi et l'infidélité. Les Croyants étaient livrés à l'usure, au brigandage, aux homicides et aux plaisirs de la chair, aux parjures et à tous les vices. En effet, ils péchaient avec toute sécurité et toute licence, parce qu'ils croyaient que sans restitution du bien mal acquis, sans confession ni pénitence, ils pouvaient se sauver, pourvu qu'à l'article de la mort ils pussent dire un *Pater*, et recevoir de leurs maîtres l'imposition des mains. Les hérétiques prenaient parmi les Parfaits des magistrats qu'ils appelaient diacres et évêques ; les Croyants pensaient ne pouvoir se sauver s'ils ne recevaient d'eux en mourant l'imposition des mains. S'ils imposaient les mains à un mourant, quelque criminel qu'il fût, pourvu qu'il pût dire un *Pater* ils le croyaient sauvé, et, selon leur expression, consolé ; sans faire aucune satisfaction et sans autre remède, il devait s'envoler tout droit au ciel.

« ...... Certains hérétiques disaient que nul ne pouvait pécher depuis le nombril et plus bas. Ils traitent d'idolâtrie les images qui sont dans les églises, et appelaient les cloches, les trompettes du démon. Ils disaient encore que ce n'était pas un plus grand péché de dormir avec sa mère ou sa sœur qu'avec tout autre. Une de leurs plus grandes folies, c'était de croire que si quelqu'un des Parfaits péchait mortellement, en mangeant, par exemple, tant soit peu de viande, ou de fromage, ou d'œufs, ou de toute autre chose défendue, tous ceux qu'il avait consolés perdaient

L'empereur d'Allemagne, Conrad, était parent de Manuel Comnène. Le roi de France avait donné sa fille à un César byzantin. Le roi de Navarre, Sanche l'Enfermé, avait demandé la main d'une fille du chef des Almohades. Richard Cœur-de-Lion se déclara frère d'armes du sultan Malek-Adhel, et lui offrit sa sœur. Déjà Henri II avait menacé le pape de se faire mahométan. On assure que Jean offrit réellement aux Almohades d'apostasier pour obtenir leur secours.

l'Esprit-Saint, et il fallait les consoler ; et ceux même qui étaient sauvés, le péché du consolateur les faisait tomber du ciel. »
« Il y avait encore d'autres hérétiques appelés Vaudois, du nom d'un certain Valdus, de Lyon. Ceux-ci étaient mauvais, mais bien moins mauvais que les autres ; car ils s'accordaient avec nous en beaucoup de choses, et ne différaient que sur quelques-unes. Pour ne rien dire de la plus grande partie de leurs infidélités, leur erreur consistait principalement en quatre points ; en ce qu'ils portaient des sandales à la manière des Apôtres ; qu'ils disaient qu'il n'était permis en aucune façon de jurer ou de tuer ; et en cela surtout que le premier venu d'entre eux pouvait au besoin, pourvu qu'il portât des sandales, et sans avoir reçu les ordres de la main de l'évêque, consacrer le corps de Jésus-Christ.
« Qu'il suffise de ce peu de mots sur les sectes des hérétiques. — Lorsque quelqu'un se rend aux hérétiques, celui qui le reçoit lui dit : « Ami, si tu veux être des nôtres, il faut que tu renonces à toute la foi que tient l'Église de Rome. Il répond : J'y renonce. — Reçois donc des Bons hommes le Saint-Esprit. Et alors il lui souffle sept fois dans la bouche. Il lui dit encore : — Renonces-tu à cette croix que le prêtre t'a faite, au baptême, sur la poitrine, les épaules et la tête, avec l'huile et le chrême ? — J'y renonce. — Crois-tu que cette eau opère ton salut ? — Je ne le crois pas. — Renonces-tu à ce voile qu'à ton baptême le prêtre t'a mis sur la tête ? — J'y renonce. — C'est ainsi qu'il reçoit le baptême des hérétiques et renie celui de l'Église. Alors tous lui imposent les mains sur la tête, et lui donnent un baiser, le revêtent d'un vête-

Ces rois d'Angleterre étaient étroitement unis avec le Languedoc et l'Espagne. Richard donna une de ses sœurs au roi de Castille, l'autre à Raimond VI. Il céda même à celui-ci l'Agénois, et renonça à toutes les prétentions de la maison de Poitiers sur Toulouse. Ainsi les hérétiques, les mécréants, s'unissaient, se rapprochaient de toutes parts. Des coïncidences fortuites y contribuaient ; par exemple, le mariage de l'empereur Henri VI avec l'héritière de Sicile établit des communications continuelles entre l'Allemagne, l'Italie et cette île tout arabe. Il semblait que les deux familles humaines, l'européenne et l'asiatique, allassent à la rencontre l'une de l'autre ; chacune d'elles se modifiait, comme pour différer moins de sa sœur. Tandis que les Languedociens adoptaient la civilisation moresque et les croyances de l'Asie, le mahométisme s'était comme christianisé dans l'Égypte, dans une grande partie de la Perse et de la Syrie, en adoptant sous diverses formes le dogme de l'incarnation [1].

Quels devaient être dans ce danger de l'Église le trouble et l'inquiétude de son chef visible? Le pape avait, depuis Grégoire VII, réclamé la domination du

---

ment noir, et dès lors il est comme un d'entre eux. » Petrus Vall. Sarnaii, c. I, ap. Scr. fr. XIX. 5, 7. Extrait d'un ancien registre de l'Inquisition de Carcassonne. (Preuves de l'Histoire du Languedoc, III, 371.)

Voy. Gieseler. II, P. 2, p. 495. — Sandii nucleus hist. eccles., VI ; 404 : « Veniens papa Nicetas nomine a Constantinopoli... » Steph. de Borb., ap. Gieseler, II, P. 2ª. 508.

[1] Le mahométisme se réconcilie en ce moment dans l'Inde avec les régions du pays, comme avec le christianisme au temps de Frédéric II. (Note de 1833.)

monde et la responsabilité de son avenir. Guindé à une hauteur immense, il n'en voyait que mieux les périls qui l'environnaient. Ce prodigieux édifice du christianisme au moyen âge, cette cathédrale du genre humain, il en occupait la flèche, il y siégeait dans la nue à la pointe de la croix, comme quand de celle de Strasbourg vous embrassez quarante villes et villages sur les deux rives du Rhin. Position glissante, et d'un vertige effroyable ! Il voyait de là je ne sais combien d'armées qui venaient marteau en main à la destruction du grand édifice, tribu par tribu, génération par génération. La masse était ferme, il est vrai ; l'édifice vivant, bâti d'apôtres, de saints, de docteurs, plongeait bien loin son pied dans la terre. Mais tous les vents battaient contre, de l'orient et de l'occident, de l'Asie et de l'Europe, du passé et de l'avenir. Pas la moindre nuée à l'horizon qui ne promît un orage.

Le pape était alors un Romain, Innocent III[1]. Tel péril, tel homme. Grand légiste, habitué à consulter le droit sur toute question, il s'examina lui-même, et crut à son droit. L'Église avait pour elle *la possession actuelle ;* possession ancienne, si ancienne qu'on pouvait croire à la prescription. L'Église, dans ce grand

---

[1] On le nomma pape à trente-sept ans... « Propter honestatem morum et scientiam litterarum, flentem, ejulantem et renitentem. Fuit... matre Claricia, de nobilibus urbis, exercitatus in cantilena et psalmodia, statura mediocris et decorus aspectu. » Gesta Innoc. III. (Baluze, fol°. I, p. 1, 2.) — Erfurt, chronic. S. Petrin. (1215) : « Nec similem sui scientia, facundia, decretorum et legum peritia, strenuitate judiciorum, nec adhuc visus est habere sequentem. »

procès, était le défendeur, propriétaire reconnu, établi sur le fonds disputé ; elle en avait les titres : le droit écrit semblait pour elle. Le demandeur, c'était l'esprit humain ; il venait un peu tard. Puis il semblait s'y prendre mal, dans son expérience, chicanant sur des textes, au lieu d'invoquer l'équité. Qui lui eût demandé ce qu'il voulait, il était impossible de l'entendre ; des voix confuses s'élevaient pour répondre. Tous demandaient choses différentes. En politique, ils attestaient la politique antique. En religion, les uns voulaient supprimer le culte, et revenir aux apôtres. Les autres remontaient plus haut, et rentraient dans l'esprit de l'Asie ; ils voulaient deux dieux ; ou bien préféraient la stricte unité de l'islamisme. L'islamisme avançait vers l'Europe ; en même temps que Saladin reprenait Jérusalem, les Almohades d'Afrique envahissaient l'Espagne, non avec des armées, comme les anciens Arabes, mais avec le nombre et l'aspect effroyable d'une migration de peuple. Ils étaient trois ou quatre cent mille à la bataille de Tolosa. Que serait-il advenu du monde si le mahométisme eût vaincu ? On tremble d'y penser. Il venait de porter un fruit terrible : l'ordre des Assassins. Déjà tous les princes chrétiens et musulmans craignaient pour leur vie. Plusieurs d'entre eux communiquaient, dit-on, avec l'ordre, et l'animaient au meurtre de leurs ennemis. Les rois anglais étaient suspects de liaison avec les Assassins. L'ennemi de Richard, Conrad de Tyr et de Montferrat, prétendant au trône de Jérusalem, tomba sous leurs poignards, au milieu de sa capitale. Philippe-Auguste affecta de se croire menacé, et prit des gardes, les premiers qu'aient eus nos rois. Ainsi la crainte et l'horreur animaient l'Église et le peuple ; les récits effrayants circulaient. Les Juifs, vivante image de l'Orient au milieu du christianisme, semblaient là pour entretenir la haine des religions. Aux époques de fléaux naturels, de catastrophes politiques, ils correspondaient, disait-on, avec les infidèles, et les appelaient. Riches sous leurs haillons, retirés, sombres et mystérieux, ils prêtaient aux accusations de toute espèce. Dans ces maisons toujours fermées, l'imagination du peuple soupçonnait quelque chose d'extraordinaire. On croyait qu'ils attiraient des enfants chrétiens pour les crucifier à l'image de Jésus-Christ[1]. Des hommes en butte à tant d'outrages pouvaient en effet être tentés de justifier la persécution par le crime.

Tels apparaissaient alors les ennemis de l'Église. Les préjugés du peuple, l'ivresse sanguinaire des haines et des terreurs, tout cela remontait par tous les rangs du clergé jusqu'au pape. Ce serait aussi faire trop grande injure à la nature humaine que de croire que l'égoïsme ou l'intérêt de corps anima seul les chefs de l'Église. Non, tout indique qu'au XIIIe siècle ils étaient encore convaincus de leur droit. Ce droit admis, tous

---

[1] On sait l'histoire du soufflet qu'un juif recevait chaque année à Toulouse, le jour de la Passion. — Au Puy, toutes les fois qu'il s'élevait un débat entre deux juifs, c'étaient les enfants de chœur qui décidaient : « *afin que la grande innocence des juges corrigeât la grande malice des plaideurs.* » Dans la Provence, dans la Bourgogne, on leur interdisait l'entrée des bains publics, excepté le vendredi, le jour de Vénus, où les bains étaient ouverts aux baladins et aux prostituées.

les moyens leur furent bons pour le défendre. Ce n'était pas pour un intérêt humain que saint Dominique parcourait les campagnes du Midi, envoyant à la mort des milliers de sectaires [1]. Et quelle qu'ait été dans ce terrible Innocent III la tentation de l'orgueil et de la vengeance, d'autres motifs encore l'animèrent dans la croisade des Albigeois et la fondation de l'inquisition dominicaine. Il avait vu, dit-on, en songe l'ordre des dominicains comme un grand arbre sur lequel penchait et s'appuyait l'Église de Latran, près de tomber.

Plus elle penchait cette église, plus son chef porta haut l'orgueil. Plus on niait, plus il affirma. A mesure que ses ennemis croissaient de nombre, il croissait d'audace, et se roidissait d'autant plus. Ses prétentions montèrent avec son péril, au-dessus de Grégoire VII, au-dessus d'Alexandre III. Aucun pape ne brisa comme lui les rois. Ceux de France et de Léon, il leur ôta leurs femmes ; ceux de Portugal, d'Aragon, d'Angleterre, il les traita en vassaux, et leur fit payer tribut. Grégoire VII en était venu à dire, ou faire dire par ses canonistes, que l'empire avait été fondé par le diable, et le sacerdoce par Dieu. Le sacerdoce, Alexandre III et Innocent III le concentrèrent dans leurs mains. Les évêques, à les entendre, devaient être nommés, déposés par le pape, assemblés à son plaisir, et leurs juge-

---

[1] La date la plus sinistre, la plus sombre de toute l'histoire est l'an 1200, le 93 de l'Église. C'est l'époque de l'organisation de la grande police ecclésiastique basée sur la confession. Ils ont exterminé un peuple et une civilisation. (V. Renaissance, Introduction.)

ments réformés à Rome[1]. Là résidait l'Église elle-même, le trésor des miséricordes et des vengeances ; le pape, seul, juge du juste et du vrai, disposait souverainement du crime et de l'innocence, défaisait les rois, et faisait les saints.

Le monde civil se débattait alors entre l'empereur, le roi d'Angleterre et le roi de France ; les deux premiers, ennemis du pape. L'empereur était le plus près. C'était l'habitude de l'Allemagne d'inonder périodiquement l'Italie[2], puis de refluer, sans laisser grande trace. L'empereur s'en venait, la lance sur la cuisse, par les défilés du Tyrol, à la tête d'une grosse et lourde cavalerie, jusqu'en Lombardie, à la plaine d Roncaglia. Là paraissaient les juristes de Ravenne et Bologne, pour donner leur consultation sur les droits

---

[1] Déjà Grégoire VII avait exigé des métropolitains un serment d'hommage et de fidélité. Decretal. Greg. l. II, tit. 28, c. XI (Alex. III) : « De appellationibus pro causis minimis interpositis volumus te tenere, quod eis, pro quacumque levi causa fiant, non minus est, quam si pro majoribus fierent, deferendum. »

Decr. Greg. l. III, tit. 45, c. I (Alex. III) : « Etiamsi per eum miracula plurima fierent, non liceret vobis ipsum pro Sancto, absque auctoritate romanæ Ecclesiæ publice venerari. » — Conc. Later. IV, c. LXII : « Reliquias inventas de novo nemo publice venerari præsumat, nisi prius auctoritate romani pontificis fuerint approbatæ. » — Innocent III en vint à dire (l. II, ep. 209) : Dominus Petro non solum universam ecclesiam, sed totum reliquit seculum gubernandum. »

[2] « L'Allemagne, du sein de ses nuages, lançait une pluie de fer sur l'Italie. » Cornel, Zanfliet. Rome se défendait par son climat :

> Roma, ferax febrium, necis est uberrima frugum ;
> Romanæ febres stabili sunt jure fideles.
> Pierre Damien.

impériaux. Quand ils avaient prouvé en latin aux Allemands que leur roi de Germanie, leur César, avait tous les droits de l'ancien empire romain, il allait à Monza près Milan, au grand dépit des villes, prendre la couronne de fer. Mais la campagne n'était pas belle, s'il ne poussait jusqu'à Rome, et ne se faisait couronner de la main du pape. Les choses en venaient rarement jusque-là. Les barons allemands étaient bientôt fatigués du soleil italien ; ils avaient fait leur temps loyalement, ils s'écoulaient peu à peu ; l'empereur presque seul repassait, comme il pouvait, les monts. Il emportait du moins une magnifique idée de ses droits. Le difficile était de la réaliser. Les seigneurs allemands, qui avaient écouté patiemment les docteurs de Bologne, ne permettaient guère à leur chef de pratiquer ces leçons. Il en prit mal de l'essayer aux plus grands empereurs, même à Frédéric Barberousse. Cette idée d'un droit immense, d'une immense impuissance, toutes les rancunes de cette vieille guerre, Henri VI les apporta en naissant. C'est peut-être le seul empereur en qui on ne retrouve rien de la débonnaireté germanique. Il fut pour Naples et la Sicile, héritage de sa femme, un conquérant sanguinaire, un furieux tyran. Il mourut jeune, empoisonné par sa femme, ou consommé de ses propres violences. Son fils, pupille du pape Innocent III, fut un empereur tout italien, un Sicilien, ami des Arabes, le plus terrible ennemi de l'Église.

Le roi d'Angleterre n'était guère moins hostile au pape ; son ennemi et son vassal alternativement, comme un lion qui brise et subit sa chaîne. C'était justement alors le *Cœur-de-Lion*, l'Aquitain Richard, le vrai fils de sa mère Éléonore, celui dont les révoltes la vengeaient des infidélités d'Henri II. Richard et Jean son frère aimaient le Midi, le pays de leur mère; ils s'entendaient avec Toulouse, avec les ennemis de l'Eglise. Tout en promettant ou faisant la croisade, ils étaient liés avec les musulmans.

Le jeune Philippe, roi à quinze ans sous la tutelle du comte de Flandre (1180), et dirigé par un Clément de Metz, son gouverneur, et maréchal du palais, épousa la fille du comte de Flandre, malgré sa mère et ses oncles, les princes de Champagne. Ce mariage rattachait les Capétiens à la race de Charlemagne, dont les comtes de Flandre étaient descendus[1]. Le comte de Flandre rendait au roi Amiens, c'est-à dire la barrière de la Somme, et lui promettait l'Artois, le Valois et le Vermandois. Tant que le roi n'avait point l'Oise et la Somme, on pouvait à peine dire que la monarchie fût fondée. Mais une fois maître de la Picardie, il avait peu à craindre la Flandre, et pouvait prendre la Normandie à revers. Le comte de Flandre essaya en vain de ressaisir Amiens, en se confédérant avec les oncles du roi[2]. Celui-ci employa l'intervention du vieil Henri II, qui craignait en Philippe l'ami de

---

[1] Beaudoin Bras-de-Fer avait enlevé, puis épousé Judith, fille de Charles le Chauve.

[2] Lorsque Philippe apprit les premiers mouvements des grands vassaux, il dit sans s'étonner en présence de sa cour, au rapport d'une ancienne chronique manuscrite : « Jaçoit ce chose que il facent orendroit (dorénavant) lor forces; et lor grang outraiges et grang vilonies, si me les convient à souffrir ; se à Dieu plest,

son fils Richard, et il obtint encore que le comte de Flandre rendrait une partie du Vermandois (Oise). Puis, quand le Flamand fut près de partir pour la croisade, Philippe, soutenant la révolte de Richard contre son père, s'empara des deux places si importantes du Mans et de Tours ; par l'une il inquiétait la Normandie et la Bretagne ; par l'autre, il dominait la Loire. Il avait dès lors dans ses domaines les trois grands archevêchés du royaume, Reims, Tours et Bourges, les métropoles de Belgique, de Bretagne et d'Aquitaine.

La mort d'Henri II fut un malheur pour Philippe ; elle plaçait sur le trône son grand ami Richard, avec qui il mangeait et couchait, et qui lui était si utile pour tourmenter le vieux roi. Richard devenant lui-même le rival de Philippe, rival brillant qui avait tous les défauts des hommes du moyen âge, et qui ne leur plaisait que mieux. Le fils d'Éléonore était surtout célèbre pour cette valeur emportée qui s'est rencontrée souvent chez les méridionaux [1].

A peine l'enfant prodigue eut-il en main l'héritage paternel qu'il donna, vendit, perdit, gâta. Il voulait à tout prix faire de l'argent comptant et partir pour la croisade. Il trouva pourtant à Salisbury un trésor de cent mille marcs, tout un siècle de rapines et de tyrannie. Ce n'était pas assez : il vendit à l'évêque

---

ils affoibloieront et envieilliront, et je croistrai, se Dieu plest, en force et en povoir : si en serai en tores (à mon tour) vengié à mon talent. »

[1] Par exemple chez le roi Murat et le maréchal Lannes.

de Durham le Northumberland pour sa vie. Il vendit au roi d'Écosse Berwick, Roxburgh, et cette glorieuse suzeraineté qui avait tant coûté à ses pères. Il donna à son frère Jean, croyant se l'attacher, un comté en Normandie, et sept en Angleterre; c'était près d'un tiers du royaume.

Il espérait regagner en Asie bien plus qu'il ne sacrifiait en Europe.

La croisade devenait de plus en plus nécessaire. Louis VII et Henri II avaient pris la croix, et étaient restés. Leur retard avait entraîné la ruine de Jérusalem (1187).

Ce malheur était pour les rois défunts un péché énorme qui pesait sur leur âme, une tache à leur mémoire que leurs fils semblaient tenus de laver. Quelque peu impatient que pût être Philippe-Auguste d'entreprendre cette expédition ruineuse, il lui devenait impossible de s'y soustraire. Si la prise d'Édesse avait décidé cinquante ans auparavant la seconde croisade, que devait-il être de celle de Jérusalem? Les chrétiens ne tenaient plus la terre sainte, pour ainsi dire que par le bord. Ils assiégeaient Acre, le seul port qui pût recevoir les flottes des pèlerins, et assurer les communications avec l'Occident.

Le marquis de Montferrat, prince de Tyr, et prétendant au royaume de Jérusalem, faisait promener par l'Europe une représentation de la malheureuse ville. Au milieu s'élevait le saint sépulcre, et par-dessus un cavalier sarrasin dont le cheval salissait le tombeau du Christ. Cette image d'opprobre et d'amer reproche perçait l'âme des chrétiens occidentaux; on ne voyait que gens qui se battaient la poitrine, et criaient : « Malheur à moi [1] ! »

Le mahométisme éprouvait depuis un demi-siècle une sorte de réforme et de restauration, qui avait entraîné la ruine du petit royaume de Jérusalem. Les Atabeks de Syrie, Zenghi et son fils Nureddin, deux saints de l'islamisme[2], originaires de l'Irak (Babylonie), avaient fondé entre l'Euphrate et le Taurus une puis-

---

[1] Boha-Eddin.

[2] Extrait des Histor. arabes, par M. Reinaud (Bibl. des Croisades, III, 242). « Lorsque Noureddin priait dans le temple, ses sujets croyaient voir un sanctuaire dans un autre sanctuaire. » — Il consacrait à la prière un temps considérable, il se levait au milieu de la nuit, faisait son ablution et priait jusqu'au jour. » — Dans une bataille, voyant les siens plier, il se découvrit la tête, se prosterna et dit tout haut : « Mon Seigneur et mon Dieu, mon souverain maître, je suis Mahmoud, ton serviteur ; ne l'abandonne pas. En prenant sa défense, c'est ta religion que tu défends. » Il ne cessa de s'humilier, de pleurer, de se rouler à terre, jusqu'à ce que Dieu lui eût accordé la victoire. Il faisait pénitence pour les désordres auxquels on se livrait dans son camp, se revêtant d'un habit grossier, couchant sur la dure, s'abstenant de tout plaisir, et écrivant de tous côtés aux gens pieux pour réclamer leurs prières. Il bâtit beaucoup de mosquées, de khans, d'hôpitaux, etc. Jamais il ne voulut lever de contributions sur les maisons des sophis, des gens de loi, des lecteurs de l'Alcoran. « Son plaisir était de causer avec les chefs des moines, les docteurs de la loi, les Oulamas; il les embrassait, les faisait asseoir à ses côtés sur son sopha, et l'entretien roulait sur quelque matière de religion. Aussi les dévots accouraient auprès de lui des pays les plus éloignés. Ce fut au point que les émirs en devinrent jaloux. » — Les historiens arabes, ainsi que Guillaume de Tyr le peignent comme très-rusé.

Bibliothèque des Croisades, p. 370. — On accusait Kilig Arslan d'avoir embrassé cette secte. Noureddin lui fit renouveler sa profession de foi à l'islamisme. « Qu'à cela ne tienne, dit Kilig

sance militaire, rivale et ennemie des Fatemites d'Égypte et des Assassins. Les Atabeks s'attachaient à la loi stricte du Koran, et détestaient l'interprétation, dont on avait tant abusé. Ils se rattachaient au calife de Bagdad ; cette vieille idole, depuis longtemps esclave des chefs militaires qui se succédaient, vit ceux-ci se soumettre à lui volontairement et lui faire hommage de leurs conquêtes. Les Alides, les Assassins, les esprits forts, les *phelassefé* ou philosophes, furent poursuivis avec acharnement et impitoyablement mis à mort, tout comme les novateurs en Europe. Spectacle bizarre : deux religions ennemies, étrangères l'une à l'autre, s'accordaient à leur insu pour proscrire à la

Arslan ; je vois bien que Noureddin en veut surtout aux mécréants. »

Hist. des Atabeks, ibid. Il avait étudié le droit, suivant la doctrine d'Abou-Hanifa, un des plus célèbres jurisconsultes musulmans ; il disait toujours : Nous sommes les ministres de la loi, notre devoir est d'en maintenir l'exécution ; et quand il avait quelque affaire, il plaidait lui-même devant le cadi. — Le premier, il institua une cour de justice, défendit la torture, et y substitua la preuve testimoniale. — Saladin se plaint dans une lettre à Noureddin de la douceur de ses lois. Cependant il dit ailleurs : « Tout ce que nous avons appris en fait de justice, c'est de lui que nous le tenons. » — Saladin lui-même employait son loisir à rendre la justice, on le surnomma le *Restaurateur de la justice sur la terre*.

La générosité de Saladin à l'égard des chrétiens est célébrée avec plus d'éclat par les historiens latins, et principalement par le continuateur de G. de Tyr, que par les historiens arabes : on trouve même dans ceux-ci quelques passages, obscurs à la vérité, mais qui indiquent que les musulmans avaient vu avec peine les sentiments généreux du sultan. Michaud, Hist. des Croisades, II, 346.

même époque la liberté de la pensée. Nuhreddin était un légiste, comme Innocent III; et son général, Salaheddin (Saladin) renversa les schismatiques musulmans d'Égypte, pendant que Simon de Montfort exterminait les schismatiques chrétiens du Languedoc.

Toutefois la pente à l'innovation était si rapide et si fatale, que les enfants de Nuhreddin se rapprochèrent déjà des Alides et des Assassins, et que Salaheddin fut obligé de les renverser. Ce Kurde, ce barbare, le Godefroi ou le saint Louis du mahométisme, grande âme au service d'une toute petite dévotion[1], nature humaine et généreuse qui s'imposait l'intolérance, apprit aux chrétiens une dangereuse vérité, c'est qu'un circoncis pouvait être un saint, qu'un mahométan pouvait naître chevalier par la pureté du cœur et la magnanimité.

Saladin avait frappé deux coups sur les ennemis de l'islamisme. D'une part il envahit l'Égypte, détrôna les Fatemites, détruisit le foyer des croyances hardies qui avaient pénétré toute l'Asie. De l'autre, il renversa le petit royaume chrétien de Jérusalem, défit et prit le roi Lusignan à la bataille de Tibériade[2], et s'empara de la ville sainte. Son humanité pour ses captifs contrastait, d'une manière frappante, avec la

---

[1] Il jeûnait toutes les fois que sa santé le lui permettait, et faisait lire l'Alcoran à tous ses serviteurs. Ayant vu un jour un petit enfant qui le lisait à son père, il en fut touché jusqu'aux larmes.

[2] Avec Lusignan furent faits prisonniers le prince d'Antioche, le marquis de Montferrat, le comte d'Édesse, le connétable du royaume, les grands maîtres du Temple et de Jérusalem, et presque toute la noblesse de la terre sainte.

dureté des chrétiens d'Asie pour leurs frères. Tandis que ceux de Tripoli fermaient leurs portes aux fugitifs de Jérusalem, Saladin employait l'argent qui restait des dépenses du siége à la délivrance des pauvres et des orphelins qui se trouvaient entre les mains de ses soldats; son frère, Malek-Adhel, en délivra pour sa part deux mille.

La France avait, presque seule, accompli la première croisade. L'Allemagne avait puissamment contribué à la seconde. La troisième fut populaire surtout en Angleterre. Mais le roi Richard n'emmena que des chevaliers et des soldats, point d'hommes inutiles, comme dans les premières croisades. Le roi de France en fit autant, et tous deux passèrent sur des vaisseaux génois et marseillais. Cependant, l'empereur Frédéric Barberousse était déjà parti par le chemin de terre avec une grande et formidable armée. Il voulait relever sa réputation militaire et religieuse, compromise par ses guerres d'Italie. Les difficultés auxquelles avaient succombé Conrad et Louis VII, dans l'Asie Mineure, Frédéric les surmonta. Ce héros, déjà vieux et fatigué de tant de malheurs, triompha encore et de la nature et de la perfidie des Grecs, et des embûches du sultan d'Iconium, sur lequel il remporta une mémorable victoire [1]; mais ce fut pour périr sans gloire dans les eaux d'une petite méchante rivière d'Asie. Son fils, Frédéric de Souabe, lui survécut à peine un an; languissant et malade, il refusa d'écouter

---

[1] L'historien prétend que les Turcs étaient plus de trois cent mille.

les médecins qui lui prescrivaient l'incontinence, et se laissa mourir, emportant la gloire de la virginité[1], comme Godefroi de Bouillon.

Cependant, les rois de France et d'Angleterre suivaient ensemble la route de mer, avec des vues bien différentes. Dès la Sicile, les deux amis étaient brouillés. C'était, nous l'avons vu par l'exemple de Bohémond et de Raymond de Saint-Gilles, c'était la tentation des Normands et des Aquitains, de s'arrêter volontiers sur la route de la croisade. A la première, ils voulaient s'arrêter à Constantinople, puis à Antioche. Le Gascon-Normand, Richard, eut de même envie de faire halte dans cette belle Sicile. Tancrède, qui s'en était fait roi, n'avait pour lui que la voix du peuple et la haine des Allemands, qui réclamaient, au nom de Constance, fille du dernier roi et femme de l'empereur. Tancrède avait fait mettre en prison la veuve de son prédécesseur, qui était sœur du roi d'Angleterre. Richard n'eût pas mieux demandé que de venger cet outrage. Déjà, sur un prétexte, il avait planté son drapeau sur Messine. Tancrède n'eut d'autre ressource que de gagner à tout prix Philippe-Auguste, qui, comme suzerain de Richard, le força d'ôter son drapeau. La jalousie en était venue au point, qu'à entendre les Siciliens, le roi de France les eût sollicités de l'aider à exterminer les Anglais. Il fallut que Richard se contentât de vingt mille onces d'or, que

---

[1] Cum a physicis esset suggestum posse curari eum si rebus venereis uti vellet, respondit : malle se mori, quam in peregrinatione divina corpus suum per libidinem maculare. »

Tancrède lui offrit comme douaire de sa sœur; il devait lui en donner encore vingt mille pour dot d'une de ses filles qui épouserait le neveu de Richard. Le roi de France ne lui laissa pas prendre tout seul cette somme énorme. Il cria bien haut contre la perfidie de Richard, qui avait promis d'épouser sa sœur, et qui avait amené en Sicile, comme fiancée, une princesse de Navarre. Il savait fort bien que cette sœur avait été séduite par le vieil Henri II; Richard demanda de prouver la chose, et lui offrit dix mille marcs d'argent. Philippe prit sans scrupule l'argent et la honte.

Le roi d'Angleterre fut plus heureux en Chypre. Le petit roi grec de l'île ayant mis la main sur un des vaisseaux de Richard, où se trouvaient sa mère et sa sœur, et qui avait été jeté à la côte, Richard ne manqua pas une si belle occasion. Il conquit l'île sans difficulté, et chargea le roi de chaînes d'argent. Philippe-Auguste l'attendait déjà devant Acre, refusant de donner l'assaut avant l'arrivée de son frère d'armes.

Un auteur estime à six cent mille le nombre de ceux des chrétiens qui vinrent successivement combattre dans cette arène du siége d'Acre[1]. Cent vingt mille y périrent[2]; et ce n'était pas, comme à la première croisade, une foule d'hommes de toutes sortes, libres ou serfs, mélange de toute race, de toute condition, tourbe aveugle, qui s'en allaient à l'aventure où les menait la fureur divine, l'œstre de la croisade. Ceux-

---

[1] Boha-Eddin.
[2] Le catalogue des morts contient les noms de six archevêques, douze évêques, quarante-cinq comtes et cinq cents barons. — Suivant Aboulfarage, il périt cent quatre-vingt mille musulmans.

ci étaient des chevaliers, des soldats, la fleur de l'Europe. Toute l'Europe y fut représentée, nation par nation. Une flotte sicilienne était venue d'abord, puis les Belges, Frisons et Danois; puis, sous le comte de Champagne, une armée de Français, Anglais et Italiens; puis les Allemands, conduits par le duc de Souabe, après la mort de Frédéric Barberousse. Alors arrivèrent avec les flottes de Gênes, de Pise, de Marseille, les Français de Philippe-Auguste, et les Anglais, Normands, Bretons, Aquitains de Richard Cœur-de-Lion. Même avant l'arrivée des deux rois, l'armée était si formidable, qu'un chevalier s'écriait : Que Dieu reste neutre, et nous avons la victoire !

D'autre part, Saladin avait écrit au calife de Bagdad et à tous les princes musulmans pour en obtenir des secours. C'était la lutte de l'Europe et de l'Asie. Il s'agissait de bien autre chose que de la ville d'Acre. Des esprits aussi ardents que Richard et Saladin devaient nourrir d'autres pensées. Celui-ci ne se proposait pas moins qu'une anticroisade, une grande expédition, où il eût percé à travers toute l'Europe jusqu'au cœur du pays des Francs[1]. Ce projet téméraire eût pourtant effrayé l'Europe, si Saladin, renversant le faible empire grec, eût apparu dans la Hongrie et l'Allemagne, au moment même où quatre cent mille Almohades essayaient de forcer la barrière de l'Espagne et des Pyrénées.

Les efforts furent proportionnés à la grandeur du

---

[1] Boha-Eddin, qui rapporte ce propos, le tenait de la bouche même de Saladin.

prix. Tout ce qu'on savait d'art militaire fut mis en jeu, la tactique ancienne et la féodale, l'européenne et l'asiatique, les tours mobiles, le feu grégeois, toutes les machines connues alors. Les chrétiens, disent les historiens arabes, avaient apporté les laves de l'Etna, et les lançaient dans les villes, comme les *foudres dardées contre les anges rebelles*. Mais la plus terrible machine de guerre, c'était le roi Richard lui-même. Ce mauvais fils d'Henri II, le fils de la colère, dont toute la vie fut comme un accès de violence furieuse, s'acquit parmi les Sarrasins un renom impérissable de vaillance et de cruauté. Lorsque la garnison d'Acre eut été forcée de capituler, Saladin refusant de racheter les prisonniers, Richard les fit tous égorger entre les deux camps. Cet homme terrible n'épargnait ni l'ennemi, ni les siens, ni lui-même. Il revient de la mêlée, dit un historien, tout hérissé de flèches, semblable à une pelote couverte d'aiguilles [1]. Longtemps encore après, les mères arabes faisaient taire leurs petits enfants en leur nommant le roi Richard ; et quand le cheval d'un Sarrasin bronchait, le cavalier lui disait : Crois-tu donc avoir vu Richard d'Angleterre [2] ?

---

[1] Gaut. de Vinisauf.

[2] Joinville : « Le roi Richard fist tant d'armes outremer à celle foys que il y fu, que quant les chevaus aus Sarrasins avoient pouour d'aucun bisson, leur mestre leur disoient : Cuides-tu, fesoient-ils à leur chevaus, que ce soit le roy Richart d'Angleterre? Et quand les enfants aux Sarrasines bréoient, elles leur disoient : Tai-toy, tai-toy, ou je irai querre le roy Richart qui te tuera. »

Cette valeur et tous ces efforts produisirent peu de résultat. Toutes les nations de l'Europe étaient, nous l'avons dit, représentées au siége d'Acre, mais aussi toutes les haines nationales. Chacun combattait comme pour son compte, et tâchait de nuire aux autres, bien loin de les seconder ; les Génois, les Pisans, les Vénitiens, rivaux de guerre et de commerce, se regardaient d'un œil hostile. Les Templiers et les Hospitaliers avaient peine à ne pas en venir aux mains. Il y avait dans le camp deux rois de Jérusalem, Gui de Lusignan, soutenu par Philippe-Auguste, Conrad de Tyr et Montferrat, appuyé par Richard. La jalousie de Philippe augmentait avec la gloire de son rival. Étant tombé malade, il l'accusait de l'avoir empoisonné. Il réclamait moitié de l'île de Chypre et de l'argent de Tancrède. Enfin il quitta la croisade et s'embarqua presque seul, laissant là les Français honteux de son départ[1]. Richard resté seul ne réussit pas mieux : il choquait tout le monde par son insolence et son orgueil. Les Allemands ayant arboré leurs drapeaux sur une partie des murs, il les fit jeter dans le fossé. Sa victoire d'Assur resta inutile ; il manqua le moment de prendre Jérusalem, en refusant de promettre la vie à la garnison. Au moment où il approchait de la ville, le duc de Bourgogne l'abandonna avec ce qui restait de Français. Dès lors tout était perdu ; un chevalier lui montrant de loin la ville sainte, il se mit à pleurer,

---

[1] Devant Ptolémaïs, plusieurs barons français passèrent sous les drapeaux d'Angleterre : la Chronique de Saint-Denis n'appelle plus, depuis cette époque, le roi d'Angleterre du nom de *Richard*, mais de *Trichard*.

et ramena sa cote d'armes devant ses yeux, en disant : « Seigneur, ne permettez pas que je voie votre ville, puisque je n'ai pas su la délivrer [1]. »

Cette croisade fut effectivement la dernière. L'Asie et l'Europe s'étaient approchées et s'étaient trouvées invincibles. Désormais, c'est vers d'autres contrées, vers l'Égypte, vers Constantinople, partout ailleurs qu'à la terre sainte, que se dirigeront, sous des prétextes plus ou moins spécieux, les grandes expéditions des chrétiens. L'enthousiasme religieux a d'ailleurs considérablement diminué ; les miracles, les révélations qui ont signalé la première croisade, disparaissent à la troisième. C'est une grande expédition militaire, une lutte de race autant que de religion ; ce long siége est pour le moyen âge comme un siége de Troie. La plaine d'Acre est devenue à la longue une patrie commune pour les deux partis. On s'est mesuré, on s'est vu tous les jours, on s'est connu, les haines se sont effacées. Le camp des chrétiens est devenu une grande ville fréquentée par les marchands des deux religions [2]. Ils se voient volontiers, ils dansent ensemble, et les ménestrels chrétiens associent leurs voix au son des instruments arabes [3]. Les mineurs des deux partis, qui

[1] Joinville : « Tandis qu'ils estoyent en ces paroles, un sien chevalier lui escria : Sire, sire, venez juesques ci, et je vous monsterrai Jérusalem. » Et quand il oy ce, il geta sa cote à armer devant ses yex tout en plorant, et dit à Nostre-Seigneur : « Biau « Sire Diex, je te pri que tu ne seuffres que je voie ta sainte cité, « puisque je ne la puis délivrer des mains de tes ennemis. »

[2] Par exemple le comte de Ptolémaïs, en 1191.

[3] Les croisés furent souvent admis à la table de Saladin, et les émirs à celle de Richard.

se rencontrent dans leur travail souterrain, conviennent de ne pas se nuire. Bien plus, chaque parti en vient à se haïr lui-même plus que l'ennemi. Richard est moins ennemi de Saladin que de Philippe-Auguste, et Saladin déteste les Assassins et les Alides plus que les chrétiens [1].

Pendant tout ce grand mouvement du monde, le roi de France faisait ses affaires à petit bruit. L'honneur à Richard, à lui le profit; il semblait résigné au partage. Richard reste chargé de la cause de la chrétienté, s'amuse aux aventures, aux grands coups d'épée, s'immortalise et s'appauvrit. Philippe, qui est parti en jurant de ne point nuire à son rival, ne perd point de temps; il passe à Rome pour demander au pape d'être délié de son serment [2]. Il entre en France assez à temps pour partager la Flandre, à la mort de Philippe d'Alsace; il oblige sa fille et son gendre, le

---

[1] Saladin envoya aux rois chrétiens, à leur arrivée, des prunes de Damas et d'autres fruits; ils lui envoyèrent des bijoux. Philippe et Richard s'accusèrent l'un l'autre de correspondance avec les musulmans. Richard portait à Chypre un manteau parsemé de croissants d'argent. — Richard fit proposer en mariage à Maleck-Adhel, sa sœur, veuve de Guillaume de Sicile: sous les auspices de Saladin et de Richard, les deux époux devaient régner ensemble sur les musulmans et les chrétiens, et gouverner le royaume de Jérusalem. Saladin parut accepter cette proposition sans répugnance; les imans et les docteurs de la loi furent fort surpris; les évêques chrétiens menacèrent Jeanne et Richard de l'excommunication. Saladin voulut connaître les statuts de la chevalerie, et Maleck-Adhel envoya son fils à Richard, pour que le jeune musulman fût fait chevalier dans l'assemblée des barons chrétiens.

[2] Le pape refusa.

comte de Hainaut, d'en laisser une partie comme douaire à sa veuve ; mais il garde pour lui-même l'Artois et Saint-Omer, en mémoire de sa femme Isabelle de Flandre. Cependant, il excite les Aquitains à la révolte, il encourage le frère de Richard à se saisir du trône. Les renards font leur main, dans l'absence du lion. Qui sait s'il reviendra ? il se fera probablement tuer ou prendre. Il fut pris en effet, pris par des chrétiens, en trahison. Ce même duc d'Autriche qu'il avait outragé, dont il avait jeté la bannière dans les fossés de Saint-Jean d'Acre, le surprit passant incognito sur ses terres, et le livra à l'empereur Henri VI[1]. C'était le droit du moyen âge. L'étranger qui passait sur les terres du seigneur sans son consentement, lui appartenait.

L'empereur ne s'inquiéta pas du privilége de la croisade. Il avait détruit les Normands de Sicile, il trouva bon d'humilier ceux d'Angleterre. D'ailleurs Jean et Philippe-Auguste lui offraient autant d'argent que Richard en eût donné pour sa rançon. Il l'eût gardé sans doute, mais la vieille Éléonore, le pape, les seigneurs allemands eux-mêmes, lui firent honte de retenir prisonnier le héros de la croisade. Il ne le

---

[1] Comme Richard venait d'arriver à Vienne, après trois jours de marche, épuisé de fatigue et de faim, son valet qui parlait le saxon, alla changer des besants d'or et acheter des provisions au marché. Il fit beaucoup d'étalage de son or, tranchant de l'homme de cour, et affectant de belles manières ; on aperçut à sa ceinture des gants richement brodés, tels qu'en portaient les grands seigneurs de l'époque ; cela le rendit suspect, le bruit du débarquement de Richard s'était répandu en Autriche : on l'arrêta et la torture lui fit tout avouer.

lâcha toutefois qu'après avoir exigé de lui une énorme rançon de cent cinquante mille marcs d'argent ; de plus, il fallut qu'ôtant son chapeau de sa tête, Richard lui fît hommage, dans une diète de l'Empire. Henri lui concéda en retour le titre dérisoire du royaume d'Arles. Le héros revint chez lui (1194), après une captivité de treize mois, roi d'Arles, vassal de l'Empire et ruiné. Il lui suffit de paraître pour réduire Jean et repousser Philippe. Ses dernières années s'écoulèrent sans gloire dans une alternative de trêves et de petites guerres. Cependant les comtes de Bretagne, de Flandre, de Boulogne, de Champagne et de Blois, étaient pour lui contre Philippe. Il périt au siége de Chaluz, dont il voulait forcer le seigneur à lui livrer un trésor (1199)[1]. Jean lui succéda, quoiqu'il eût désigné pour son héritier le jeune Arthur, son neveu, duc de Bretagne.

Cette période ne fut pas plus glorieuse pour Philippe. Les grands vassaux étaient jaloux de son agrandissement ; il s'était imprudemment brouillé avec le pape dont l'amitié avait élevé si haut sa maison. Philippe, qui avait épousé une princesse danoise dans l'unique espoir d'obtenir contre Richard une diversion des Danois, prit en dégoût la jeune barbare dès le jour des noces ; n'ayant plus besoin du secours de son père, il

---

[1] TELUM LIMOGLÆ
OCCIDIT LEONEM ANGLIÆ

Une religieuse de Kanterbury fit à Richard cette épitaphe :
« L'avarice, l'adultère, le désir aveugle ont régné dix ans sur le trône d'Angleterre ; une arbalète les a détrônés. » Rog. de Hoveden.

la répudia pour épouser Agnès de Méranie de la maison de Franche-Comté. Ce malheureux divorce, qui le brouilla pour plusieurs années avec l'Église, le condamna à l'inaction, et le rendit spectateur immobile et impuissant des grands événements qui se passèrent alors, de la mort de Richard et de la quatrième croisade.

Les Occidentaux avaient peu d'espoir de réussir dans une entreprise où avait échoué leur héros, Richard Cœur de Lion. Cependant, l'impulsion donnée depuis un siècle continuait de soi-même. Les politiques essayèrent de la mettre à profit. L'empereur Henri VI prêcha lui-même l'assemblée de Worms, déclarant qu'il voulait expier la captivité de Richard. L'enthousiasme fut au comble; tous les princes allemands prirent la croix. Un grand nombre s'achemina par Constantinople, d'autres se laissèrent aller à suivre l'empereur, qui leur persuadait que la Sicile était le véritable chemin de la terre sainte. Il en tira un puissant secours pour conquérir ce royaume dont sa femme était héritière, mais dont tout le peuple, normand, italien, arabe, était d'accord pour repousser les Allemands. Il ne s'en rendit maître qu'en faisant couler des torrents de sang. On dit que sa femme elle-même l'empoisonna, vengeant sa patrie sur son époux. Henri, nourri par les juristes de Bologne dans l'idée du droit illimité des Césars, comptait se faire un point de départ pour envahir l'empire grec, comme avait fait Robert Guiscard, pour revenir en Italie, et réduire le pape au niveau du patriarche de Constantinople.

Cette conquête de l'empire grec, qu'il ne put accomplir, fut la suite, l'effet imprévu de la quatrième croisade. La mort de Saladin, l'avénement d'un jeune pape plein d'ardeur (Innocent III), semblaient ranimer la chrétienté. La mort d'Henri VI rassurait l'Europe alarmée de sa puissance.

La croisade prêchée par Foulques de Neuilly fut surtout populaire dans le nord de la France. Un comte de Champagne venait d'être roi de Jérusalem; son frère, qui lui succédait en France, prit la croix, et avec lui la plupart de ses vassaux : ce puissant seigneur était à lui seul suzerain de dix-huit cents fiefs. Nommons en tête de ses vassaux son maréchal de Champagne, Geoffroi de Villehardouin, l'historien de cette grande expédition, le premier historien de la France en langue vulgaire ; c'est encore un Champenois, le sire de Joinville, qui devait raconter l'histoire de saint Louis et la fin des croisades.

Les seigneurs du nord de la France prirent la croix en foule, les comtes de Brienne, de Saint-Paul, de Boulogne, d'Amiens, les Dampierre, les Montmorency, le fameux Simon de Montfort, qui revenait de terre sainte, où il avait conclu une trêve avec les Sarrasins au nom des chrétiens de la Palestine. Le mouvement se communiqua au Hainaut, à la Flandre; le comte de Flandre, beau-frère du comte de Champagne, se trouva par la mort prématurée de celui-ci, le chef principal de la croisade. Les rois de France et d'Angleterre avaient trop d'affaires; l'Empire était divisé entre deux empereurs.

On ne songeait plus à prendre la route de terre. On connaissait trop bien les Grecs. Tout récemment, ils avaient massacré les Latins qui se trouvaient à Constantinople, et essayé de faire périr à son passage l'empereur Frédéric Barberousse[1]. Pour faire le trajet par mer, il fallait des vaisseaux; on s'adressa aux Vénitiens[2]. Ces marchands profitèrent du besoin des croisés, et n'accordèrent pas à moins de quatre-vingt-cinq mille marcs d'argent. De plus, ils voulurent être associés à la croisade, en fournissant cinquante galères. Avec cette petite mise, ils stipulaient la moitié des conquêtes. Le vieux doge Dandolo, octogénaire et presque aveugle, ne voulut remettre à personne la direction d'une entreprise qui pouvait être si profitable à la république et déclara qu'il monterait lui-même sur la flotte[3]. Le marquis de Montferrat, Boniface, brave et pauvre prince, qui avait fait les guerres saintes, et dont le frère Conrad s'était illustré par la défense de Tyr, fut chargé du commandement en chef, et promit d'amener les Piémontais et les Savoyards.

Lorsque les croisés furent rassemblés à Venise, les Vénitiens leur déclarèrent, au milieu des fêtes du départ, qu'ils n'appareilleraient pas avant d'être payés. Chacun se saigna et donna ce qu'il avait emporté; avec tout cela, il s'en fallait de trente-quatre mille

---

[1] Un légat fut massacré, et sa tête traînée à la queue d'un chien par les rues de la ville. On passa au fil de l'épée jusqu'aux malades de l'hôpital Saint-Jean. On n'épargna que quatre mille des Latins qui furent vendus aux Turcs.
[2] Ce fut Villehardouin qui porta la parole.
[3] Villehardouin.

marcs que la somme ne fût complète². Alors l'excellent doge intercéda, et remontra au peuple qu'il ne serait pas honorable d'agir à la rigueur dans une si sainte entreprise. Il proposa que les croisés s'acquittassent en assiégeant préalablement, pour les Vénitiens, la ville de Zara, en Dalmatie, qui s'était soustraite au joug des Vénitiens, pour reconnaître le roi de Hongrie.

Le roi de Hongrie avait lui-même pris la croix ; c'était mal commencer la croisade, que d'attaquer une de ses villes. Le légat du pape eut beau réclamer, le doge lui déclara que l'armée pouvait se passer de ses directions, prit la croix sur son bonnet ducal, et entraîna les croisés devant Zara², puis devant Trieste. Ils conquirent, pour leurs bons amis de Venise, presque toutes les villes de l'Istrie.

Pendant que ces braves et honnêtes chevaliers gagnent leur passage à cette guerre, « voici venir, dit Villehardouin, une grande merveille, une aventure inespérée et la plus étrange du monde. » Un jeune prince grec, fils de l'empereur Isaac, alors dépossédé par son frère, vient embrasser les genoux des croisés, et leur promettre des avantages immenses s'ils veulent rétablir son père sur le trône. Ils seront tous ri-

---

[1] Un grand nombre de croisés avaient craint les difficultés du passage par Venise, et s'étaient allés embarquer à d'autres ports. Ces divisions faillirent plusieurs fois faire avorter toute l'entreprise.

[2] Le pape menaça les croisés d'excommunication, parce que le roi de Hongrie, ayant pris la croix, était sous la protection de l'Église.

ches à jamais, l'Église grecque se soumettra au pape, et l'empereur rétabli les aidera de tout son pouvoir à reconquérir Jérusalem. Dandolo est le premier touché de l'infortune du prince. Il décida les croisés à *commencer la croisade par Constantinople*. En vain le pape lança l'interdit, en vain Simon de Montfort et plusieurs autres[1] se séparèrent d'eux et cinglèrent vers Jérusalem. La majorité suivit les chefs, Baudouin et Boniface, qui se rangeaient à l'avis des Vénitiens.

Quelque opposition que mit le pape à l'entreprise, les croisés croyaient faire œuvre sainte en lui soumet-

[1] Guy de Montfort, son frère, Simon de Néaufle, l'abbé de Vaux-Cernay, etc. Villehardouin, p. 171. — A Corfou, un grand nombre de croisés résolurent de rester dans cette île « riche et plenteuroise. » Quand les chefs de l'armée en eurent avis, ils résolurent de les en détourner. « Alons à els et lor crions merci, que il aient por Dieu pitié d'els et de nos, et que il ne se honissent, et que il ne toillent la reseousse d'oltremer. Ensi fu li conseils accordez, et allèrent toz ensemble en une vallée où cil tenoient lor parlemenz, et menèrent avec als le fils l'empereor de Constantinople, et toz les evesques et toz les abbez de l'ost. Et cùm il vindrent là, si descendirent à pié. Et cil cùm il les virent, si descendirent de lor chevaus, et allèrent encontre, et li baron lor cheirent as piez, mult plorant, et distrent que il ne se moveroient tresque cil aroient creancé que il ne se mouroient d'els (avant qu'ils n'eussent promis de ne pas les abandonner). Et quant cil virent ce, si orent mult grant pitié, et plorèrent mult durement. » Ibid., p. 173-177. Lorsque ceux de Zara vinrent proposer à Dandolo de rendre la place, « Endementières (tandis) que il alla parler as contes et as barons, icèle partie dont vos avez oï arrières, qui voloit l'ost depecier, parlèrent as messages, et distrent lor : Pourquoy volez vos rendre vostre cité, etc. » Ces manœuvres firent rompre la capitulation. — Dans Zara, il y eut un combat entre les Vénitiens et les Français.

tant l'Église grecque malgré lui. L'opposition et la haine mutuelle des Latins et des Grecs ne pouvaient plus croître. La vieille guerre religieuse, commencée par Photius au ɪxᵉ siècle [1], avait repris au xɪᵉ (vers l'an 1053) [2]. Cependant l'opposition commune contre les mahométans, qui menaçaient Constantinople semblait devoir amener une réunion. L'empereur Constantin Monomaque fit de grands efforts; il appela les légats du pape; les deux clergés se virent, s'examinèrent, mais dans le langage de leurs adversaires, ils crurent n'entendre que des blasphèmes, et, des deux côtés, l'horreur augmenta. Ils se quittèrent en consacrant la rupture des deux Églises par une excommunication mutuelle (1054).

Avant la fin du siècle, la croisade de Jérusalem, sollicitée par les Comnène eux-mêmes, amena les Latins à Constantinople. Alors les haines nationales s'ajoutèrent aux haines religieuses; les Grecs détestèrent la brutale insolence des Occidentaux; ceux-ci accusèrent la trahison des Grecs. A chaque croisade, les Francs qui passaient par Constantinople délibéraient s'ils ne s'en rendraient pas maîtres, et ils l'auraient fait sans la loyauté de Godefroi de Bouillon et de Louis le Jeune. Lorsque la nationalité grecque eut un réveil si terrible sous le tyran Andronic, les Latins

---

[1] En 858, le laïque Photius fut mis à la place du patriarche Ignace par l'empereur Michel III. Nicolas Iᵉʳ prit le parti d'Ignace. Photius anathématisa le pape en 867.

[2] Par une lettre du patriarche Michel à l'évêque de Trani, sur les azymes et le sabbat, et les observances de l'Église romaine.

établis à Constantinople furent enveloppés dans un même massacre (avril 1182)[1]. L'intérêt du commerce en ramena un grand nombre sous les successeurs d'Andronic, malgré le péril continuel. C'était au sein même de Constantinople, une colonie ennemie, qui appelait les Occidentaux et devait les seconder, si jamais ils tentaient un coup de main sur la capitale de l'empire grec. Entre tous les Latins, les seuls Vénitiens pouvaient et souhaitaient cette grande chose. Concurrents des Génois pour le commerce du Levant, ils craignaient d'être prévenus par eux. Sans parler de ce grand nom de Constantinople et des précieuses richesses enfermées dans ses murs où l'empire romain s'était réfugié, sa position dominante entre l'Europe et l'Asie promettait, à qui pourrait la prendre, le monopole du commerce et la domination des mers. Le vieux doge Dandolo, que les Grecs avaient autrefois privé de la vue, poursuivait ce projet avec toute l'ardeur du patriotisme et de la vengeance. On assure enfin que le sultan Malek-Adhel, menacé par la croisade, avait fait contribuer toute la Syrie pour acheter l'amitié des Vénitiens, et détourner sur Constantinople le danger qui menaçait la Judée et l'Égypte. Nicétas, bien plus instruit que Villehardouin des précédents de

---

[1] Dans une lettre encyclique, où il raconte la prise de Constantinople, Baudouin accuse les Grecs d'avoir souvent contracté des alliances avec les infidèles; de renouveler le baptême, de n'honorer le Christ que par des peintures (Christum solis honorare picturis); d'appeler les Latins du nom de *chiens;* de ne pas se croire coupables en versant leur sang. Il rappelle la mort cruelle du légat envoyé à Constantinople en 1183.

la croisade, assure que tout était préparé, et que l'arrivée du jeune Alexis ne fit qu'augmenter une impulsion déjà donnée : « Ce fut, dit-il, un flot sur un flot. »

Les croisés furent, dans la main de Venise, une force aveugle et brutale qu'elle lança contre l'empire byzantin. Ils ignoraient et les motifs des Vénitiens, et leurs intelligences, et l'état de l'empire qu'ils attaquaient. Aussi, quand ils se virent en face de cette prodigieuse Constantinople, qu'ils aperçurent ces palais, ces églises innombrables, qui étincelaient au soleil avec leurs dômes dorés, lorsqu'ils virent ces myriades d'hommes sur les remparts, ils ne purent se défendre de quelque émotion : « Et sachez, dit Villehardouin, que il ne ot si hardi cui le cuer ne frémist... Chacun regardoit ses armes... que par tems en aront mestier. »

La population était grande, il est vrai, mais la ville était désarmée. Il était convenu, entre les Grecs, depuis qu'ils avaient repoussé les Arabes, que Constantinople était imprenable, et cette opinion faisait négliger tous les moyens de la rendre telle. Elle avait seize cents bateaux pêcheurs et seulement vingt vaisseaux. Elle n'en envoya aucun contre la flotte latine : aucun n'essaya de descendre le courant pour y jeter le feu grégeois. Soixante mille hommes apparurent sur le rivage, magnifiquement armés, mais au premier signe des croisés, ils s'évanouirent[1]. Dans la réalité, cette

---

[1] Dans un autre engagement : « Li Grieu lor tornèrent les dos, si furent desconfiz à la permière assemblée (au premier choc.) » Villehardouin.

cavalerie légère n'eût pu soutenir le choc de la lourde gendarmerie des Latins. La ville n'avait que ses fortes murailles et quelques corps d'excellentes troupes, je parle de la garde varangienne, composée de Danois et de Saxons, réfugiés d'Angleterre. Ajoutez-y quelques auxiliaires de Pise. La rivalité commerciale et politique armait partout les Pisans contre les Vénitiens.

Ceux-ci avaient probablement des amis dans la ville. Dès qu'ils eurent forcé le port, dès qu'ils se présentèrent au pied des murs, l'étendard de Saint-Marc y apparut, planté par une main invisible, et le doge s'empara rapidement de vingt-cinq tours. Mais il lui fallait perdre cet avantage pour aller au secours des Francs, enveloppés par cette cavalerie grecque qu'ils avaient tant méprisée. La nuit même, l'empereur désespéra et s'enfuit; on tira de prison son prédécesseur, le vieil Isaac Comnène, et les croisés n'eurent plus qu'à entrer triomphants dans Constantinople.

Il était impossible que la croisade se terminât ainsi. Le nouvel empereur ne pouvait satisfaire l'exigence de ses libérateurs qu'en ruinant ses sujets. Les Grecs murmuraient, les Latins pressaient, menaçaient. En attendant, ils insultaient le peuple de mille manières, et l'empereur lui-même qui était leur ouvrage. Un jour, en jouant aux dés avec le prince Alexis, ils le coiffèrent d'un bonnet de laine ou de poil. Ils choquaient à plaisir tous les usages des Grecs, et se scandalisaient de tout ce qui leur était nouveau. Ayant vu une mosquée ou une synagogue, ils fondirent sur les infidèles; ceux-ci se défendirent. Le feu fut mis à quelques maisons; l'incendie gagna, il embrasa la partie la plus peuplée de Constantinople, dura huit jours, et s'étendit sur une surface d'une lieue.

Cet événement mit le comble à l'exaspération du peuple. Il se souleva contre l'empereur dont la restauration avait entraîné tant de calamités. La pourpre fut offerte pendant trois jours à tous les sénateurs. Il fallait un grand courage pour l'accepter. Les Vénitiens qui, ce semble, eussent pu essayer d'intervenir, restaient hors des murs, et attendaient. Peut-être craignaient-ils de s'engager dans cette ville immense où ils auraient pu être écrasés. Peut-être leur convenait-il de laisser accabler l'empereur qu'ils avaient fait, pour rentrer en ennemis dans Constantinople. Le vieil Isaac fut en effet mis à mort, et remplacé par un prince de la maison royale, Alexis Murzuphle, qui se montra digne des circonstances critiques où il acceptait l'empire. Il commença par repousser les propositions captieuses des Vénitiens, qui offraient encore de se contenter d'une somme d'argent. Ils l'auraient ainsi ruiné et rendu odieux au peuple, comme son prédécesseur.

Murzuphle leva de l'argent, mais pour faire la guerre. Il arma des vaisseaux et par deux fois essaya de brûler la flotte ennemie. Le péril était grand pour les Latins.

Cependant, il était impossible que Murzuphle improvisât une armée.

Les croisés étaient bien autrement aguerris; les Grecs ne purent soutenir l'assaut; Nicétas avoue naïvement que, dans ce moment terrible, un chevalier latin, qui renversait tout devant lui, leur parut haut de cinquante pieds [1].

Les chefs s'efforcèrent de limiter les abus de la victoire; ils défendirent, sous peine de mort, le viol des femmes mariées, des vierges et des religieuses. Mais la ville fut cruellement pillée. Telle fut l'énormité du butin, que cinquante mille marcs ayant été ajoutés à la part des Vénitiens, pour dernier payement de la dette, il resta aux Francs cinq cent mille marcs [2]. Un nombre innombrable de monuments précieux, entassés dans Constantinople depuis que l'empire avait perdu tant de provinces, périrent sous les mains de ceux qui se les disputaient, qui voulaient les partager, ou qui détruisaient pour détruire. Les églises, les tombeaux, ne furent point respectés. Une prostituée chanta et dansa dans la chaire du patriarche [3]. Les barbares dispersèrent les ossements des empereurs; quand ils en vinrent au tombeau de Justinien, ils s'aperçurent avec

---

[1] Ailleurs il se contente de dire : « Ces Fracns étaient aussi hauts que leurs piques.

[2] Villehardouin.

[3] Nicétas : « Les croisés se revêtaient, non par besoin, mais pour en faire sentir le ridicule, de robes peintes, vêtement ordinaire des Grecs ; ils mettaient nos coiffures de toile sur la tête de leurs chevaux, et leur attachaient au cou les cordons qui, d'après notre coutume, doivent pendre par derrière ; quelques-uns tenaient dans leurs mains du papier, de l'encre et des écritoires pour nous railler, comme si nous n'étions que de mauvais scribes ou de simples copistes. Ils passaient des jours entiers à table ; les uns savouraient des mets délicats ; les autres ne mangeaient, suivant la coutume de leur pays, que du bœuf bouilli et du lard salé, de l'ail, de la farine, des fèves, et une sauce très-forte. »

surprise que le législateur était encore tout entier dans son tombeau.

A qui devait revenir l'honneur de s'asseoir dans le trône de Justinien, et de fonder le nouvel empire? Le plus digne était le vieux Dandolo. Mais les Vénitiens eux-mêmes s'y opposèrent : il ne leur convenait pas de donner à une famille ce qui était à la république. Pour la gloire de restaurer l'empire, elle les touchait peu ; ce qu'ils voulaient, ces marchands, c'étaient des ports, des entrepôts, une longue chaîne de comptoirs, qui leur assurât toute la route de l'Orient. Ils prirent pour eux les rivages et les îles ; de plus, trois des huit quartiers de Constantinople, avec le titre bizarre de *seigneurs d'un quart et demi de l'empire grec*[1].

L'empire, réduit à un quart, fut déféré à Beaudoin, comte de Flandre, descendant de Charlemagne et parent du roi de France. Le marquis de Montferrat se contenta du royaume de Macédoine. La plus grande partie de l'empire, celle même qui était échue aux Vénitiens, fut démembrée en fiefs.

Le premier soin du nouvel empereur fut de s'excuser auprès du pape. Celui-ci se trouva embarrassé de son triomphe involontaire. C'était un grand coup porté à l'infaillibilité pontificale, que Dieu eût justifié par le succès une guerre condamnée par le saint-siége. L'union des deux Églises, le rapprochement des deux moitiés de la chrétienté avaient été consommés par des hommes frappés de l'interdit. Il ne restait au pape qu'à réformer sa sentence et à pardonner à ces conquérants qui

[1] Sanuto

voulaient bien demander pardon. La tristesse d'Innocent III est visible dans sa réponse à l'empereur Beaudoin. Il se compare au pêcheur de l'Évangile, qui s'effraye de la pêche miraculeuse; puis il prétend audacieusement qu'il est pour quelque chose dans le succès; qu'il a, lui aussi, *tendu le filet :* « Hoc unum audacter affirmo, quia laxavi retia in capturam[1]. » Mais il était au-dessus de sa toute-puissance de persuader une telle chose, de faire que ce qu'il avait dit n'eût pas été dit, qu'il eût approuvé ce qu'il avait désapprouvé. La conquête de l'empire grec ébranlait son autorité dans l'Occident plus qu'elle ne l'étendait dans l'Orient.

Les résultats de ce mémorable événement ne furent pas aussi grands qu'on eût pu le penser. L'empire latin de Constantinople dura moins encore que le royaume de Jérusalem (1204-1261). Venise seule en tira d'immenses avantages matériels. La France n'y gagna qu'en influence; ses mœurs et sa langue, déjà portées si loin par la première croisade, se répandirent dans l'Orient. Beaudoin et Boniface, l'empereur et le roi de Macédoine étaient cousins du roi de France. Le comte de Blois eut le duché de Nicée : le comte de Saint-Paul, celui de Demotica, près d'Andrinople. Notre historien, Geoffroi de Villehardouin réunit les offices de maréchal de Champagne et de Romanie. Longtemps encore après la chute de l'empire latin de

---

[1] Il écrivit au clergé et à l'Université de France, qu'on envoyât aussitôt des clercs et des livres pour instruire les habitants de Constantinople.

Constantinople, vers 1300, le catalan Montaner nous assure que, dans la principauté de Morée et le duché d'Athènes, « on parlait français aussi bien qu'à Paris[1]. »

[1] « E parlaven axi bell frances, com dins en Paris. »

CHAPITRE VII

RUINE DE JEAN. — DÉFAITE DE L'EMPEREUR. — GUERRE DES ALBIGEOIS. — GRANDEUR DU ROI DE FRANCE

1204-1216

Voilà le pape vainqueur des Grecs malgré lui. La réunion des deux Églises est opérée. Innocent est le seul chef spirituel du monde. L'Allemagne, la vieille ennemie des papes, est mise hors de combat; elle est déchirée entre deux empereurs, qui prennent le pape pour arbitre. Philippe-Auguste vient de se soumettre à ses ordres, et de reprendre une épouse qu'il hait. L'occident et le midi de la France ne sont pas si dociles. Les Vaudois résistent sur le Rhône, les Manichéens en Languedoc et aux Pyrénées. Tout le littoral de la France, sur les deux mers, semble prêt à se détacher de l'Église. Le rivage de la Méditerranée et celui de l'Océan obéissent à deux princes d'une foi douteuse, les rois d'Aragon et d'Angleterre, et entre eux se trouvent les foyers de l'hérésie, Béziers, Carcassonne, Toulouse, où le grand concile des Manichéens s'est assemblé.

Le premier frappé fut le roi d'Angleterre, duc de Guienne, voisin, et aussi parent du comte de Toulouse, dont il élevait le fils. Le pape et le roi de France profitèrent de sa ruine. Mais cet événement était préparé de longue date. La puissance des rois anglo-normands ne s'appuyait, nous l'avons vu, que sur les troupes mercenaires qu'ils achetaient; ils ne pouvaient prendre confiance ni dans les Saxons, ni dans les Normands. L'entretien de ces troupes supposait des ressources, et un ordre administratif étranger aux habitudes de cet âge. Ces rois n'y suppléaient que par les exactions d'une fiscalité violente, qui augmentaient encore les haines, rendaient leur position plus périlleuse, et les obligeaient d'autant plus à s'entourer de ces troupes qui ruinaient et soulevaient le peuple. Dilemme terrible, dans la solution duquel ils devaient succomber. Renoncer à l'emploi des mercenaires, c'était se mettre entre les mains de l'aristocratie normande; continuer à s'en servir, c'était marcher dans une route de perdition certaine. Le roi devait trouver sa ruine dans la réconciliation des deux races qui divisaient l'île; Normands et Saxons devaient finir par s'entendre pour l'abaissement de la royauté ; la perte des provinces françaises devait être le premier résultat de cette révolution.

Au moins Henri II avait amassé un trésor. Mais Richard ruina l'Angleterre dès son départ pour la croisade. « Je vendrais Londres, disait-il, si je pouvais trouver un acheteur [1]. » D'une mer à l'autre, dit un contemporain, l'Angleterre se trouva pauvre [2]. Il fallut pourtant trouver de l'argent pour payer l'énorme rançon exigée par l'empereur. Il en fallut encore lorsque Richard, de retour, voulut guerroyer contre le roi de France. Tout ce qu'il avait vendu à son départ, il le reprit sans rembourser les acheteurs. Après avoir ruiné le présent, il ruinait l'avenir. Dès lors il ne devait plus se trouver un homme qui voulût rien prêter ou acheter au roi d'Angleterre. Son successeur, bon ou mauvais, habile ou inhabile, se trouvait d'avance condamné à une incurable impuissance.

Cependant le progrès des choses aurait au contraire exigé de nouvelles ressources. La désharmonie de l'empire anglais n'avait jamais été plus loin. Cet empire se composait de populations qui toutes s'étaient fait la guerre avant d'être réunies sous un même joug. La Normandie ennemie de l'Angleterre avant Guillaume, la Bretagne ennemie de la Normandie, et l'Anjou ennemi du Poitou, le Poitou qui réclamait sur tout le Midi les droits du duché d'Aquitaine, tous mainte-

---

[1] « Londonias quoque venderem si emptorem idoneum invenirem. » Guill. Neubrig.

[2] Roger de Hoveden.

nant se trouvaient ensemble, bon gré mal gré. Sous les règnes précédents, le roi d'Angleterre avait toujours pour lui quelqu'une de ces provinces continentales. Le Normand Guillaume et ses deux premiers successeurs purent compter sur la Normandie, Henri II sur les Angevins ses compatriotes; Richard Cœur de Lion plut généralement aux Poitevins, aux Aquitains, compatriotes de sa mère Éléonore de Guienne. Il releva la gloire des méridionaux qui le regardaient comme un des leurs; il faisait des vers en leur langue, il les avait en foule autour de lui : son principal lieutenant était le Basque Marcader. Mais peu à peu ces diverses populations s'éloignèrent des rois d'Angleterre; elles s'apercevaient qu'en réalité, Normand, Angevin ou Poitevin, ce roi, séparé d'elles par tant d'intérêts différents, était en réalité un prince étranger. La fin du règne de Richard acheva de désabuser les sujets continentaux de l'Angleterre.

Ces circonstances expliqueraient la violence, les emportements, les revers de Jean, quand même il eût été meilleur et plus habile. Il lui fallut recourir à des expédients inouïs pour tirer de l'argent d'un pays tant de fois ruiné. Que restait-il après l'avide et prodigue Richard ? Jean essaya d'arracher de l'argent aux barons, et ils lui firent signer la grande Charte; il se rejeta sur l'Église; elle le déposa. Le pape et son protégé, le roi de France, profitèrent de sa ruine. Le roi d'Angleterre, sentant son navire enfoncer, jeta à la mer la Normandie, la Bretagne. Le roi de France n'eut qu'à ramasser.

Ce déchirement infaillible et nécessaire de l'empire

anglais se trouva provoqué d'abord par la rivalité de Jean et d'Arthur son neveu. Celui-ci, fils de l'héritière de Bretagne et d'un frère de Jean, avait été dès sa naissance accepté par les Bretons, comme un libérateur et un vengeur. Ils l'avaient, malgré Henri II, baptisé du nom national d'Arthur. Les Aquitains favorisaient sa cause. La vieille Éléonore seule tenait contre son petit-fils pour Jean son fils, pour l'unité de l'empire anglais que l'élévation d'Arthur aurait divisé [1]. Arthur en effet faisait bon marché de cette unité : il offrait au roi de France de lui céder la Normandie, pourvu qu'il eût la Bretagne, le Maine, la Touraine, l'Anjou, le Poitou et l'Aquitaine. Jean eût été réduit à l'Angleterre. Philippe acceptait volontiers, mettait ses garnisons dans les meilleures places d'Arthur, et n'espérant pas s'y maintenir, il les démolissait. Le neveu de Jean, trahi ainsi par son allié, se tourna de nouveau vers son oncle; puis revint au parti de la France, envahit le Poitou, et assiégea sa grand'mère Éléonore dans Mirebeau. Ce n'était pas chose nouvelle dans cette race de voir les fils armés contre leurs parents. Cependant Jean vint au secours, délivra sa mère, défit Arthur, et le prit avec la plupart des grands seigneurs de son parti. Que devint le prisonnier? c'est ce qu'on n'a bien su jamais. Mathieu Pâris prétend que Jean, qui l'avait bien traité d'abord, fut alarmé des menaces et de l'obstination du jeune Breton; « Arthur disparut, dit-il, et Dieu veuille qu'il

---

[1] Au fait, l'Aquitaine était son héritage, et elle avait transféré ses droits à Jean.

en ait été autrement que ne le rapporte la malveillante renommée ! » Mais Arthur avait excité trop d'espérances pour que l'imagination des peuples se soit résignée à cette incertitude. On assura que Jean l'avait fait périr. On ajouta bientôt qu'il l'avait tué de sa propre main. Le chapelain de Philippe-Auguste raconte, comme s'il l'eût vu, que Jean prit Arthur dans un bateau, qu'il lui donna lui-même deux coups de poignard, et le jeta dans la rivière, à trois milles du château de Rouen [1]. Les Bretons rapprochaient de leur pays le lieu de la scène ; ils la plaçaient près de Cherbourg, au pied de ces falaises sinistres qui présentent un précipice tout le long de l'Océan. Ainsi allait la tradition grandissant de détails et d'intérêt dramatique. Enfin, dans la pièce de Shakespeare, Arthur est un tout jeune enfant sans défense, dont les douces et innocentes paroles désarment le plus farouche assassin.

Cet événement plaçait Philippe-Auguste dans la meilleure position. Il avait déjà nourri contre Richard le bruit de ses liaisons avec les infidèles, avec le Vieux de la Montagne ; il avait pris des gardes pour se préserver de ses émissaires [2]. Il exploita contre Jean le bruit de la mort d'Arthur. Il se porta pour vengeur et pour juge du crime. Il assigna Jean à comparaître devant la cour des hauts barons de France, la cour des pairs, comme on disait alors d'après les romans

---

[1] Guillaume le Breton.
[2] Mais il eut peine à persuader. Il suffit pour détruire l'accusation, d'une fausse lettre du Vieux de la Montagne, que Richard fit circuler.

de Charlemagne. Déjà il l'y avait appelé pour se justifier d'avoir enlevé au comte de la Marche, Isabelle de Lusignan. Jean demanda au moins un sauf-conduit. Il lui fut refusé. Condamné sans être entendu, il leva une armée en Angleterre et en Irlande, employant les dernières violences pour forcer les barons à le suivre, jusqu'à saisir les biens de ceux qui refusaient; à d'autres, le septième de leur revenu. Tout cela ne servit de rien. Ils s'assemblèrent, mais une fois réunis à Portsmouth, ils firent déclarer par l'archevêque Hubert qu'ils étaient décidés à ne point s'embarquer. Au fait, que leur importait cette guerre? La plupart, quoique Normands d'origine, étaient devenus étrangers à la Normandie. Ils ne se souciaient pas de se battre pour fortifier leur roi contre eux, et le mettre à même de réduire ses sujets insulaires avec ceux du continent.

Jean s'était adressé au pape, accusant Philippe d'avoir rompu la paix et violé ses serments. Innocent se porta pour juge, *non du fief, mais du péché* [1]. Ses légats ne décidèrent rien. Philippe s'empara de la Normandie (1204). Jean lui-même avait déclaré aux Normands qu'ils n'avaient aucun secours à attendre. Il était plongé en désespéré dans les plaisirs. Les envoyés de Rouen le trouvèrent jouant aux échecs, et, avant de répondre, il voulut achever sa partie. Il dînait tous les jours splendidement avec sa belle reine, et prolongeait le sommeil jusqu'à l'heure du repas [2]. »

---

[1] Lettre d'Innocent III.
[2] Math. Paris : « Cum regina epulabatur quotidie splendide,

Cependant, s'il n'agissait point lui-même, il négociait avec les ennemis de l'Église et du roi de France. Il payait des subsides à l'empereur Othon IV, son neveu; il s'entendait d'une part avec les Flamands, de l'autre avec les seigneurs du midi de la France, et élevait à sa cour son autre neveu, fils du comte de Toulouse.

Ce comte, le roi d'Aragon et le roi d'Angleterre, suzerains de tout le Midi, semblaient réconciliés aux dépens de l'Église; ils gardaient à peine quelques ménagements extérieurs. Le danger était immense de ce côté pour l'autorité ecclésiastique. Ce n'étaient point des sectaires isolés, mais une Église tout entière qui s'était formée contre l'Église. Les biens du clergé étaient partout envahis. Le nom même de prêtre était une injure. Les ecclésiastiques n'osaient laisser voir leur tonsure en public [1]. Ceux qui se résignaient à porter la robe cléricale, c'étaient quelques serviteurs des nobles, auxquels ceux-ci la faisaient prendre, pour envahir sous leur nom quelque bénéfice. Dès qu'un missionnaire catholique se hasardait à prêcher, il s'élevait des cris de dérision. La sainteté, l'éloquence, ne leur imposaient point. Ils avaient hué saint Bernard [2].

La lutte était imminente en 1200. L'église hérétique était organisée; elle avait sa hiérarchie, ses prêtres, ses évêques, son pape; leur concile général s'était tenu à Toulouse; cette ville eût été sans doute leur

---

somnosque matutinales usque ad prandendi horam protraxit. — Omnimodis cum regina sua vivebat deliciis. »

[1] Guillelm. de Podio Laur.

[2] Guillelm. de Podio Laur.

Rome, et son Capitole eût remplacé l'autre. L'église nouvelle envoyait partout d'ardents missionnaires : l'innovation éclatait dans les pays les plus éloignés, les moins soupçonnés, en Picardie, en Flandre, en Allemagne, en Angleterre, en Lombardie, en Toscane, aux portes de Rome, à Viterbe. Les populations du Nord voyaient parmi elles les soldats mercenaires, les *routiers*, pour la plupart au service d'Angleterre, réaliser tout ce qu'on racontait de l'impiété du Midi. Ils venaient partie du Brabant, partie de l'Aquitaine; le basque Marcader était l'un des principaux lieutenants de Richard Cœur de Lion. Les montagnards du Midi, qui aujourd'hui descendent en France ou en Espagne pour gagner de l'argent par quelque petite industrie, en faisaient autant au moyen âge, mais alors la seule industrie était la guerre. Ils maltraitaient les prêtres tout comme les paysans, habillaient leurs femmes des vêtements consacrés, battaient les clercs et leur faisaient chanter la messe par dérision. C'était encore un de leurs plaisirs de salir, de briser les images du Christ, de lui casser les bras et les jambes, de le traiter plus mal que les Juifs à la Passion. Ces routiers étaient chers aux princes, précisément à cause de leur impiété, qui les rendait insensibles aux censures ecclésiastiques. Un charpentier, inspiré de la Vierge Marie, forma l'association des *capuchons* pour l'extermination de ces bandes. Philippe-Auguste encouragea le peuple, fournit des troupes, et, en une seule fois, on en égorgea dix mille[1]. »

[1] Le Velay ne tarde pas à faire hommage à Philippe-Auguste.

Indépendamment des ravages des routiers du Midi, les croisades avaient jeté des semences de haine. Ces grandes expéditions, qui rapprochèrent l'Orient et l'Occident, eurent aussi pour effet de révéler à l'Europe du Nord celle du Midi. La dernière se présenta à l'autre sous l'aspect le plus choquant ; esprit mercantile plus que chevaleresque, dédaigneuse opulence [1], élégance et légèreté moqueuse, danses et costumes moresques, figures sarrasines. Les aliments mêmes étaient un sujet d'éloignement entre les deux races ; les mangeurs d'ail, d'huile et de figues, rappelaient aux croisés l'impureté du sang moresque et juif, et le Languedoc leur semblait une autre Judée.

L'Église du XIIIe siècle se fit une arme de ces antipathies de races pour retenir le Midi qui lui échappait. Elle transféra la croisade des infidèles aux hérétiques.

---

[1] « Les princes et les seigneurs provençaux qui s'étaient rendus en grand nombre pendant l'été au château de Beaucaire, y célébrèrent diverses fêtes. Le roi d'Angleterre avait indiqué cette assemblée pour y négocier la réconciliation de Raymond, duc de Narbonne, avec Alphonse, roi d'Aragon ; mais les deux rois ne s'y trouvèrent pas, pour certaines raisons ; en sorte que tout cet appareil ne servit de rien. Le comte de Toulouse y donna cent mille sols à Raymond d'Agout, chevalier, qui, étant fort libéral, les distribua aussitôt à environ dix mille chevaliers qui assistèrent à cette cour. Bertrand Raimbaud fit labourer tous les environs du château, et y fit semer jusqu'à trente mille sols en deniers. On rapporte que Guillaume Gros de Martel, qui avait trois cents chevaliers à sa suite, fit apprêter tous les mets dans sa cuisine, avec des flambeaux de cire. La comtesse d'Urgel y envoya une couronne estimée quarante mille sols. Raymond de Venous fit brûler, par ostentation, trente de ses chevaux devant toute l'assemblée. » Histoire du Languedoc, t. III, p. 37. (D'après Gaufrid, Vos., p. 321.)

Les prédicateurs furent les mêmes, les bénédictins de Cîteaux.

Plusieurs réformes avaient eu lieu déjà dans l'institut de saint Benoît ; mais cet ordre était tout un peuple ; au xi° siècle, se forma un ordre dans l'ordre, une première congrégation, la congrégation bénédictine de Cluny. Le résultat fut immense : il en sortit Grégoire VII. Ces réformateurs eurent pourtant bientôt besoin d'une réforme[1]. Il s'en fit une en 1098, à l'époque même de la première croisade. Cîteaux s'éleva à côté de Cluny, toujours dans la riche et vineuse Bourgogne, le pays des grands prédicateurs, de Bossuet et de saint Bernard. Ceux-ci s'imposèrent le travail, selon la règle primitive de saint Benoît, changèrent seulement l'habit noir en habit blanc, déclarèrent qu'ils s'occuperaient uniquement de leur salut, et seraient soumis aux évêques, dont les autres moines tendaient toujours à s'affranchir. Ainsi l'Église en péril resserrait sa hiérarchie. Plus les Cisterciens se faisaient petits, plus ils grandirent et s'accrurent. Ils eurent jusqu'à dix-huit cents maisons d'hommes et

[1] Dans une Apologie adressée à Guillaume de Saint-Thierry, saint Bernard, tout en se justifiant du reproche qu'on lui avait fait, d'être le détracteur de Cluny, censure pourtant vivement les mœurs de cet ordre (édit. Mabillon, t. IV, p. 33, sqq.), c. x : « Mentior, si non vidi abbatem sexaginta equos et eo amplius in suo ducere comitatu, » c. xi. « Omitto oratoriorum immensas altitudines.... etc. »

Ceux de Cluny répondaient aux attaques de Cîteaux. « O, ò Pharisæorum novum genus !... vos sancti, vos singulares... unde et habitum insoliti coloris prætenditis, et ad distinctionem cunctorum totius fere mundi monachorum, inter nigros vos candidos ostentatis. »

quatorze cents de femmes. L'abbé de Cîteaux était appelé l'abbé des abbés. Ils étaient déjà si riches, vingt ans après leur institution, que l'austérité de saint Bernard s'en effraya; il s'enfuit en Champagne pour fonder Clairvaux. Les moines de Cîteaux étaient alors les seuls moines pour le peuple. On les forçait de monter en chaire et de prêcher la croisade. Saint Bernard fut l'apôtre de la seconde, et le législateur des templiers. Les ordres militaires d'Espagne et de Portugal, Saint-Jacques, Alcantara, Calatrava, et Avis, relevaient de Cîteaux, et lui étaient affiliés. Les moines de Bourgogne étendaient ainsi leur influence spirituelle sur l'Espagne, tandis que les princes des deux Bourgognes lui donnaient des rois.

Toute cette grandeur perdit Cîteaux. Elle se trouva, pour la discipline, presque au niveau de la voluptueuse Cluny. Celle-ci, du moins, avait de bonne heure affecté la douceur et l'indulgence. Pierre le Vénérable y avait reçu, consolé, enseveli Abailard. Mais Cîteaux corrompue conserva, dans la richesse et le luxe, la dureté de son institution primitive. Elle resta animée du génie sanguinaire des croisades, et continua de prêcher la foi en négligeant les œuvres. Plus même l'indignité des prédicateurs rendait leurs paroles vaines et stériles, plus ils s'irritaient. Ils s'en prenaient du peu d'effet de leur éloquence à ceux qui sur leurs mœurs jugeaient leur doctrine. Furieux d'impuissance, ils menaçaient, ils damnaient, et le peuple n'en faisait que rire.

Un jour que l'abbé de Cîteaux partait avec ses moines dans un magnifique appareil pour aller en

Languedoc travailler à la conversion des hérétiques, deux Castillans, qui revenaient de Rome, l'évêque d'Osma et l'un de ses chanoines, le fameux saint Dominique, n'hésitèrent point à leur dire que ce luxe et cette pompe détruiraient l'effet de leurs discours : « C'est pieds nus, dirent-ils, qu'il faut marcher contre les fils de l'orgueil ; ils veulent des exemples, vous ne les réduirez point par des paroles. » Les Cisterciens descendirent de leurs montures et suivirent les deux Espagnols.

Les Espagnols se mirent à la tête de cette croisade spirituelle. Un Dourando d'Huesca, qui avait été Vaudois lui-même, obtint d'Innocent III la permission de former une confrérie des *pauvres catholiques*, où pussent entrer les *pauvres de Lyon*, les Vaudois. La croyance différait, mais l'extérieur était le même ; même costume, même vie. On espérait que les catholiques, adoptant l'habit et les mœurs des Vaudois, les Vaudois prendraient en échange les croyances des catholiques ; enfin, que la forme emporterait le fond. Malheureusement le zélé missionnaire imita si bien les Vaudois, qu'il en devint suspect aux évêques, et sa tentative charitable eut peu de succès.

En même temps, l'évêque d'Osma et saint Dominique furent autorisés par le pape à s'associer aux travaux des Cisterciens. Ce Dominique, ce terrible fondateur de l'inquisition, était un noble Castillan [1]. Personne

---

[1] « Sa prière était si ardente qu'il en devenait comme insensé. Une nuit qu'il priait devant l'autel, le diable, pour le troubler, jeta du haut du toit une énorme pierre qui tomba à grand bruit

n'eut plus que lui le don des larmes qui s'allie si souvent au fanatisme[1]. Lorsqu'il étudiait à Palencia, une grande famine régnant dans la ville, il vendit tout, et jusqu'à ses livres, pour secourir les pauvres.

L'évêque d'Osma venait de réformer son chapitre d'après la règle de saint Augustin ; Dominique y entra. Plusieurs missions l'ayant conduit en France, à la suite de l'évêque d'Osma, il vit avec une pitié profonde tant d'âmes qui se perdaient chaque jour. Il y avait tel château, en Languedoc, où l'on n'avait pas communié depuis trente ans[2]. Les petits enfants mouraient sans baptême. « La nuit d'ignorance couvrait ce pays, et les bêtes de la forêt du diable s'y promenaient librement[3]. »

D'abord l'évêque d'Osma, sachant que la pauvre noblesse confiait l'éducation de ses filles aux hérétiques, fonda un monastère près Montréal pour les soustraire à ce danger. Saint Dominique donna tout ce qu'il possédait ; et entendant dire à une femme que si elle quittait les Albigeois elle se trouverait sans ressources, il voulait se vendre comme esclave, pour avoir de quoi rendre encore cette âme à Dieu.

---

dans l'église, et toucha, dans sa chute, le capuchon du saint ; il ne bougea point, et le diable s'enfuit en hurlant. » Acta S. Dominici.

[1] Lorsqu'on recueillit les témoignages pour la canonisation de saint Dominique, un moine déposa qu'il l'avait souvent vu pendant la messe baigné de larmes, qui lui coulaient en si grande abondance sur le visage, *qu'une goutte d'eau n'attendait pas l'autre.*

[2] Pierre de Vaux-Cernay.

[3] Guill. de Pod. Laur.

Tout ce zèle était inutile. Aucune puissance d'éloquence ou de logique n'eût suffi pour arrêter l'élan de la liberté de penser ; d'ailleurs, l'alliance odieuse des moines de Cîteaux ôtait tout crédit aux paroles de saint Dominique. Il fut même obligé de conseiller à l'un d'eux, Pierre de Castelnau, de s'éloigner quelque temps du Languedoc : les habitants l'auraient tué. Pour lui ils ne mirent point les mains sur sa personne ; ils se contentaient de lui jeter de la boue ; ils lui attachaient, dit un de ses biographes, de la paille derrière le dos. L'évêque d'Osma leva les mains au ciel, et s'écria : « Seigneur, abaisse ta main et punis-les : le châtiment seul pourra leur ouvrir les yeux [1]. »

On pouvait prévoir, dès l'époque de l'exaltation d'Innocent III, la catastrophe du Midi. L'année même où il monta sur le trône pontifical, il avait écrit aux princes des paroles de ruine et de sang [2]. Le comte de Toulouse, Raymond VI, qui avait succédé à son père en 1194, porta au comble le courroux du pape. Réconcilié avec les anciens ennemis de sa famille, les

---

[1] Acta S. Dominici. « Domine, mitte manum, et corrige eos, ut eis saltem hæc vexatio tribuat intellectum ! »

[2] Innocent III écrit à Guillaume, comte de Forcalquier, une lettre, sans salut, pour l'exhorter à se croiser : « Si ad actus tuos Dominus hactenus secundum meritorum tuorum exigentiam respexisset, posuisset te ut rotam et sicut stipulam ante faciem venti, quinimo multiplicasset fulgura, ut iniquitatem tuam de superficie terræ deleret, et justus lavaret manus suas in sanguine peccatoris. Nos etiam et prædecessores nostri... non solum in te (sicut fecimus) anathematis curassemus sententiam promulgare, imo etiam universos fidelium populos in tuum excidium armassemus. » Epist. Inn. III, t. I, p. 239, anno 1198.

rois d'Aragon, comtes de basse Provence, et les rois d'Angleterre, ducs de Guienne, il ne craignait plus rien et ne gardait aucun ménagement. Dans ses guerres de Languedoc et de haute Provence, il se servit constamment de ces routiers que proscrivait l'Église[1]. Il poussa la guerre sans distinguer les terres laïques ou ecclésiastiques, sans égard au dimanche ou au carême, chassa des évêques et s'entoura d'hérétiques et de juifs[2].

Raymond VI était triomphant sur le Rhône à la tête

---

[1] C'était pour la plupart des Aragonais.

[2] Nous citons le fragment suivant comme un monument de la haine des prêtres.

« D'abord, dès le berceau, il chérit et choya toujours les hérétiques ; et comme il les avait dans sa terre, il les honora de toutes manières. Encore aujourd'hui, à ce que l'on assure, il mène partout avec lui des hérétiques, afin que s'il venait à mourir, il meure entre leurs mains. — Il dit un jour aux hérétiques, je le tiens de bonne source, qu'il voulait faire élever son fils à Toulouse, parmi eux, afin qu'il s'instruisît dans leur foi, disons plutôt dans leur infidélité. — Il dit encore un jour qu'il donnerait bien cent marcs d'argent pour qu'un de ses chevaliers pût embrasser la croyance des hérétiques ; qu'il le lui avait maintes fois conseillé, et qu'il le faisait prêcher souvent. De plus, quand les hérétiques lui envoyaient des cadeaux ou des provisions, il les recevait fort gracieusement, les faisait garder avec soin, et ne souffrait pas que personne en goûtât, si ce n'est lui et quelques-uns de ses familiers. Souvent aussi, comme nous le savons de science certaine, il adorait les hérétiques en fléchissant les genoux, demandait leur bénédiction et leur donnait le baiser. Un jour que le comte attendait quelques personnes qui devaient venir le trouver, et qu'elles ne venaient point, il s'écria : « On voit bien que c'est « le diable qui a fait ce monde, puisque rien ne nous arrive à « souhait. » Il dit aussi au vénérable évêque de Toulouse, comme l'évêque me l'a raconté lui-même, que les moines de Cîteaux ne

de son armée, quand il reçut d'Innocent III une lettre terrible qui lui prédisait sa ruine. Le pape exigeait qu'il interrompît la guerre, souscrivît avec ses ennemis un projet de croisade contre ses sujets hérétiques, et ouvrît ses États aux croisés. Raymond refusa

pouvaient faire leur salut, puisqu'ils avaient des ouailles livrées à la luxure. O hérésie inouïe !

« Le comte dit encore à l'évêque de Toulouse qu'il vint la nuit dans son palais, et qu'il entendrait la prédication des hérétiques ; d'où il est clair qu'il les entendait souvent la nuit.

« Il se trouvait un jour dans une église où on célébrait la messe ; or, il avait avec lui un bouffon, qui, comme font les bateleurs de cette espèce, se moquait des gens par des grimaces d'histrion. Lorsque le célébrant se tourna vers le peuple en disant : *Dominus vobiscum*, le scélérat de comte dit à son bouffon de contrefaire le prêtre. — Il dit une fois qu'il aimerait mieux ressembler à un certain hérétique de Castres, dans le diocèse d'Alby, à qui on avait coupé les membres et qui traînait une vie misérable, que d'être roi ou empereur.

« Combien il aima toujours les hérétiques, nous en avons la preuve évidente en ce que jamais aucun légat du siége apostolique ne put l'amener à les chasser de la terre, bien qu'il ait fait, sur les instances de ces légats, je ne sais combien d'abjurations.

« Il faisait si peu de cas du sacrement de mariage, que toutes les fois que sa femme lui déplut, il la renvoya pour en prendre une autre ; en sorte qu'il eut quatre épouses, dont trois vivent encore. Il eut d'abord la sœur du vicomte de Béziers, nommée Béatrix ; après elle, la fille du duc de Chypre ; après elle, la sœur de Richard, roi d'Angleterre, sa cousine au troisième degré ; celle-ci étant morte, il épousa la sœur du roi d'Aragon, qui était sa cousine au quatrième degré. Je ne dois pas passer sous silence que lorsqu'il avait sa première femme, il l'engagea souvent à prendre l'habit religieux. Comprenant ce qu'il voulait dire, elle lui demanda exprès s'il voulait qu'elle entrât à Cîteaux ; il dit que non. Elle lui demanda encore s'il voulait qu'elle se fît religieuse à Fontevrault ; il dit encore que non. Alors elle lui demanda ce

d'abord, fut excommunié, et se soumit; mais il cherchait à éluder l'exécution de ses promesses. Le moine Pierre de Castelnau osa lui reprocher en face ce qu'il appelait sa perfidie ; le prince, peu habitué à de telles paroles, laissa échapper des paroles de colère et de

qu'il voulait donc : il répondit que si elle consentait à se faire solitaire, il pourvoirait à tous ses besoins; et la chose se fit ainsi...

« Il fut toujours si luxurieux et si lubrique, qu'il abusait de sa propre sœur au mépris de la religion chrétienne. Dès son enfance, il recherchait ardemment les concubines de son père et couchait avec elles ; et aucune femme ne lui plaisait guère s'il ne savait qu'elle eût couché avec son père. Aussi son père, tant à cause de son hérésie que pour ce crime énorme, lui prédisait souvent la perte de son héritage. Le comte avait encore une merveilleuse affection pour les routiers, par les mains desquels il dépouillait les églises, détruisait les monastères, et dépossédait tant qu'il pouvait tous ses voisins. C'est ainsi que se comporta toujours ce membre du diable, ce fils de perdition, ce premier-né de Satan, ce persécuteur acharné de la croix et de l'Église, cet appui des hérétiques, ce bourreau des catholiques, ce ministre de perdition, cet apostat couvert de crimes, cet égout de tous les péchés.

« Le comte jouait un jour aux échecs avec un certain chapelain, et tout en jouant il lui dit : « Le Dieu de Moïse, en qui vous « croyez, ne vous aiderait guère à ce jeu, » et il ajouta : « Que « jamais ce Dieu ne me soit en aide ! » « Une autre fois, comme le comte devait aller de Toulouse en Provence pour combattre quelque ennemi, se levant au milieu de la nuit, il vint à la maison où étaient rassemblés les hérétiques toulousains, et leur dit : « Mes seigneurs et mes frères, la fortune de la guerre est varia« ble; quoi qu'il m'arrive, je remets en vos mains mon corps et « mon âme. » Puis il emmena avec lui deux hérétiques en habit séculier, afin que s'il venait à mourir il mourût entre leurs mains. « Un jour que ce maudit comte était malade dans l'Aragon, le mal faisant beaucoup de progrès, il se fit faire une litière, et dans cette litière se fit transporter à Toulouse; et comme on

vengeance, des paroles telles peut-être que celles d'Henri II contre Thomas Becket. L'effet fut le même ; le dévouement féodal ne permettait pas que le moindre mot du seigneur tombât sans effet ; ceux qu'il nourrissait à sa table croyaient lui appartenir corps et âme, sans réserve de leur salut éternel. Un chevalier de Raymond joignit Pierre de Castelnau sur le Rhône et le poignarda. L'assassin trouva retraite dans les Pyrénées, auprès du comte de Foix, alors ami du comte de Toulouse, et dont la mère et la sœur étaient hérétiques.

Tel fut le commencement de cette épouvantable tragédie (1208). Innocent III ne se contenta pas, comme Alexandre III, des excuses et de la soumission du prince, il fit prêcher la croisade dans tout le nord de la France par les moines de Cîteaux. Celle de Constantinople avait habitué les esprits à l'idée d'une guerre sainte contre les chrétiens. Ici la proximité était tentante ; il ne s'agissait point de traverser les mers : on offrait le paradis à celui qui aurait ici-bas pillé les riches campagnes, les cités opulentes du Languedoc. L'humanité aussi était mise en jeu pour rendre les

---

lui demandait pourquoi il se faisait transporter en si grande hâte, quoique accablé par une grave maladie, il répondit, le misérable ! « Parce qu'il n'y a pas de Bons hommes dans cette terre, « entre les mains de qui je puisse mourir. » Or, les hérétiques se font appeler Bons hommes par leurs partisans. Mais il se montrait hérétique par ses signes et ses discours, bien plus clairement encore ; car il disait :

« Je sais que je perdrai ma terre pour ces Bons hommes ; eh « bien ! la perte de ma terre, et encore celle de la tête, je suis « prêt à tout souffrir. »

âmes cruelles ; le sang du légat réclamait, dit-on le sang des hérétiques [1].

La vengeance eût été pourtant difficile, si Raymond VI eût pu user de toutes ses forces, et lutter sans ménagement contre le parti de l'Église. C'était un des plus puissants princes, et probablement le plus riche de la chrétienté. Comte de Toulouse, marquis de haute Provence, maître du Quercy, du Rouergue, du Vivarais, il avait acquis Maguelone ; le roi d'Angleterre lui avait cédé l'Agénois, et le roi d'Aragon le Gévaudan, pour dot de leurs sœurs. Duc de Narbonne, il était suzerain de Nîmes, Béziers, Usez, et des comtés de Foix et Comminges dans les Pyrénées. Mais cette grande puissance n'était pas partout exercée au même titre. Le vicomte de Béziers, appuyé de l'alliance du vicomte de Foix, refusait de dépendre de Toulouse. Toulouse elle-même était une sorte de république. En 1202, nous voyons des consuls de cette cité faire la guerre, en l'absence de Raymond VI, aux chevaliers de l'Albigeois, et les deux partis prennent le comte pour arbitre et pour médiateur. Sous son père, Raymond V, les commencements de l'hérésie avaient été accompagnés d'un tel essor d'indépendance politique, que le comte lui-même sollicita les rois de France et d'Angleterre d'entreprendre une croisade (1178) contre les Toulousains et le vicomte de Béziers. Elle eut lieu, cette croisade, mais sous Raymond VI, et à ses dépens.

Toutefois, on commença par le bas Languedoc, Bé-

---

[1] Innoc., ep. ad Philipp. August. : « Eia igitur, miles Christi ! eia, christianissime princeps !... Clamantem ad te justi sanguinis

ziers, Carcassonne, etc., où les hérétiques étaient plus nombreux. Le pape eût risqué d'unir tout le Midi contre l'Église et de lui donner un chef, s'il eût frappé d'abord le comte de Toulouse. Il feignit d'accepter ses soumissions, l'admit à la pénitence. Raymond s'abaissa devant tout son peuple, reçut des mains des prêtres la flagellation dans l'église même où Pierre de Castelnau était enterré, et l'on affecta de le faire passer devant le tombeau. Mais la plus horrible pénitence, c'est qu'il se chargeait de conduire lui-même l'armée des croisés à la poursuite des hérétiques, lui qui les aimait dans le cœur, de les mener sur les terres de son neveu, le vicomte de Béziers, qui osait persévérer dans la protection qu'il leur accordait. Le malheureux croyait éviter sa ruine en prêtant la main à celle de ses voisins, et se déshonorait pour vivre un jour de plus.

Le jeune et intrépide vicomte avait mis Béziers en état de résistance, lorsqu'arriva du côté du Rhône la principale armée des croisés; d'autres venaient par le Velay, d'autres par l'Agénois. « Il fut tant grand le siége, tant de tentes que de pavillons, qu'il semblait que tout le monde y fût réuni[1]. » Philippe-Auguste n'y vint pas : *il avait à ses côtés deux grands et terribles lions*[2], le roi Jean et l'empereur Othon, le neveu de Jean. Mais les Français y vinrent, si le roi n'y vint

vocem audias. » — Ad Comit., Baron., etc. : « Eia, Christi milites! eia, strenui militiæ christianæ tirones ! »

[1] Chron. Langued.
[2] Pierre de Vaux-Cernay.

pas¹ : à leur tête, les archevêques de Reims, de Sens, de Rouen, les évêques d'Autun, Clermont, Nevers, Bayeux, Lisieux et Chartres ; les comtes de Nevers, de Saint-Pol, d'Auxerre, de Bar-sur-Seine, de Genève, de Forez, une foule de seigneurs. Le plus puissant était le duc de Bourgogne. Les Bourguignons savaient le chemin des Pyrénées ; ils avaient brillé surtout dans les croisades d'Espagne. Une croisade prêchée par les moines de Cîteaux était nationale en Bourgogne. Les Allemands, les Lorrains, voisins des Bourguignons, prirent aussi la croix en foule ; mais aucune province ne fournit à la croisade d'hommes plus habiles et plus vaillants que l'Ile-de-France. L'ingénieur de la croisade, celui qui construisait les machines et dirigeait les siéges, fut un légiste, maître Théodise, archidiacre de l'église Notre-Dame de Paris ; c'est lui encore qui fit, à Rome, devant le pape, l'apologie des croisés (1215) ².

Entre les barons, le plus illustre, non pas le plus puissant, celui qui a attaché son nom à cette terrible guerre, c'est Simon de Montfort, du chef de sa mère comte de Leicester. Cette famille des Montfort semble avoir été possédée par une ambition atroce. Ils prétendaient

---

¹ La religion semblait être devenue plus sombre et plus austère dans le nord de la France. Sous Louis VI, le jeûne du samedi n'était point de règle, sous Louis VII, il était si rigoureusement observé, que les bouffons, les histrions, n'osaient s'en dispenser.

² C'était, dit Pierre de Vaux-Cernay, un homme circonspect, prudent, et très-zélé pour les affaires de Dieu, et il aspirait sur toute chose à trouver dans le droit quelque prétexte pour refuser au comte l'occasion de se justifier, que le pape lui avait accordée. »

descendre ou d'un fils du roi Robert, ou des comtes de Flandre, issus de Charlemagne. Leur grand'mère Bertrade, qui laissa son mari, le comte d'Anjou, pour le roi Philippe Ier, et les gouverna l'un et l'autre en même temps, essaya d'empoisonner son beau-fils Louis le Gros, et de donner la couronne à ses fils. Louis eut pourtant confiance aux Montfort; c'est l'un d'eux qui lui donna, dit-on, après sa défaite de Crenneville, le conseil d'appeler à son secours les milices des communes sous leurs bannières paroissiales. Au xiiie siècle, Simon de Montfort, dont nous allons parler, faillit être roi du Midi. Son second fils, cherchant en Angleterre la fortune qu'il avait manquée en France, combattit pour les communes anglaises, et leur ouvrit l'entrée du parlement. Après avoir eu dans ses mains le roi et le royaume, il fut vaincu et tué. Son fils (petit-fils du célèbre Montfort, chef de la croisade des Albigeois) le vengea en égorgeant, en Italie, au pied des autels, le neveu du roi d'Angleterre qui venait de la Terre sainte [1]. Cette action perdit les Montfort, on prit en horreur cette race néfaste, dont le nom s'attachait à tant de tragédies et de révolutions.

---

[1] Pour venger sur lui la mort de son père qui avait été tué en combattant contre le roi d'Angleterre, il l'attaque au pied de l'autel, et le perce de part en part de son estoc. Il sortit ainsi de l'église sans que Charles osât donner l'ordre de l'arrêter. Arrivé à la porte, il y trouva ses chevaliers qui l'attendaient. — Qu'avez-vous fait ? lui dit l'un d'eux. — Je me suis vengé. — Comment ? Votre père ne fut-il pas traîné ?... — A ces mots Montfort rentre dans l'église, saisit par les cheveux le cadavre du jeune prince, et le traîne jusque sur la place publique.

Simon de Montfort, le véritable chef de la guerre des Albigeois, était déjà un vieux soldat des croisades, endurci dans ces guerres à outrance des Templiers et des Assassins. A son retour de la Terre sainte, il trouva à Venise l'armée de la quatrième croisade qui partait, mais il refusa d'aller à Constantinople; il obéit au pape, et sauva l'abbé de Vaux-Cernay, lorsqu'au grand péril de sa vie, il lut aux croisés la défense du pontife. Cette action signala Montfort et prépara sa grandeur. Au reste, on ne peut nier que ce terrible exécuteur des décrets de l'Église n'ait eu des vertus héroïques. Raymond VI l'avouait, lui dont Montfort avait fait la ruine[1]. Sans parler de son courage, de ses mœurs sévères et de son invariable croyance en Dieu, il montrait aux moindres des siens des égards bien nouveaux dans les croisades. Tous ses nobles ayant avec lui traversé, sur leurs chevaux, une rivière grossie par l'orage, les piétons, les faibles ne pouvaient passer ; Montfort repassa à l'instant suivi de quatre ou cinq cavaliers, et resta avec les pauvres gens, en grand péril d'être attaqué par l'ennemi[2]. On lui tint compte aussi dans cette guerre horrible d'avoir épargné les bouches inutiles qu'on repoussait d'une place, et d'avoir fait respecter l'honneur des femmes prisonnières. Sa femme, à lui-même, Alix de Montmorency, n'était pas indigne de lui; lorsque la plupart des croi-

---

[1] Guill. Podii Laur.: « J'ai entendu le comte de Toulouse vanter merveilleusement en Simon, son ennemi, la constance, la prévoyance, la valeur, et toutes les qualités d'un prince. »

[2] Pierre de Vaux-Cernay.

sés eurent abandonné Montfort, elle prit la direction d'une nouvelle armée, et l'amena à son époux.

L'armée assemblée devant Béziers était guidée par l'abbé de Cîteaux et par l'évêque même de la ville qui avait dressé la liste de ceux qu'il désignait à la mort. Les habitants refusèrent de les livrer, et voyant les croisés tracer leur camp, ils sortirent hardiment pour le surprendre. Ils ne connaissaient pas la supériorité militaire de leurs ennemis. Les piétons suffirent pour les repousser ; avant que les chevaliers eussent pu prendre part à l'action, ils entrèrent dans la ville pêle-mêle avec les assiégés, et s'en trouvèrent maîtres. Le seul embarras était de distinguer les hérétiques des orthodoxes : « Tuez-les tous, dit l'abbé de Cîteaux ; le Seigneur connaîtra bien ceux qui sont à lui.[1] »

« Voyant cela, ceux de la ville se retirèrent, ceux qui le purent, tant hommes que femmes, dans la grande église de Saint-Nazaire ; les prêtres de cette église firent tinter les cloches jusqu'à ce que tout le monde fût mort. Mais il n'y eut ni son de cloche, ni prêtre vêtu de ses habits, ni clerc, qui pût empêcher que tout ne passât par le tranchant de l'épée. Un tant seulement n'en put échapper. Ces meurtres et tueries furent la grande pitié qu'on eût depuis vue ni entendue. La ville fut pillée ; on mit le feu partout, tellement que tout fut dévasté et brûlé, comme on le voit encore à présent, et qu'il n'y demeura chose vivante. Ce fut une cruelle vengeance, vu que le comte n'était pas héré-

---

[1] « Cædite eos ; novit enim Dominus qui sunt ejus. » Cæsar Heistrbach.

tique ni de la secte. A cette destruction furent le duc de Bourgogne, le comte de Saint-Pol, le comte Pierre d'Auxerre, le comte de Genève, appelé Gui le Comte, le seigneur d'Anduze, appelé Pierre Vermont ; et aussi y étaient les Provençaux, les Allemands, les Lombards ; il y avait des gens de toutes les nations du monde, lesquels y étaient venus plus de trois cent mille, comme on l'a dit, à cause du pardon[1]. »

Quelques-uns veulent que soixante mille personnes aient péri ; d'autres disent trente-huit mille. L'exécuteur lui-même, l'abbé de Cîteaux, dans sa lettre à Innocent III, avoue humblement qu'il n'en put égorger que vingt mille.

L'effroi fut tel que toutes les places furent abandonnées sans combat. Les habitants s'enfuirent dans les montagnes. Il ne resta que Carcassonne où le vicomte s'était enfermé. Le roi d'Aragon, son oncle, vint inutilement intercéder pour lui en abandonnant tout le reste. Tout ce qu'il obtint, c'est que le vicomte pourrait sortir lui treizième. « Plutôt me laisser écorcher tout vif, dit le courageux jeune homme ; le légat n'aura pas le plus petit des miens, car c'est pour moi qu'ils se trouvent tous en danger. » Cependant il y avait tant d'hommes, de femmes et d'enfants réfugiés de la campagne, qu'il fut impossible de tenir. Ils s'enfuirent par une issue souterraine qui conduisait à trois lieues.

Le vicomte demanda un sauf-conduit pour plaider sa cause devant les croisés, et le légat le fit arrêter

---

[1] Chron. Langued.

en trahison. Cinquante prisonniers furent, dit-on, pendus, quatre cents brûlés.

Tout ce sang eût été versé en vain, si quelqu'un ne s'était chargé de perpétuer la croisade, et de veiller en armes sur les cadavres et sur les cendres. Mais qui pouvait accepter cette rude tâche, consentir à hériter des victimes, s'établir dans leurs maisons désertes, et vêtir leur chemise sanglante ? Le duc de Bourgogne n'en voulut pas. « Il me semble, dit-il, que nous avons fait bien assez de mal au vicomte, sans lui prendre son héritage. » Les comtes de Nevers et de Saint-Pol en dirent autant. Simon de Montfort accepta, après s'être fait un peu prier. Le vicomte de Béziers, qui était entre ses mains, mourut bientôt, tout à fait à propos pour Montfort[1]. Il ne lui resta plus qu'à se faire confirmer par le pape le don des légats : il mit sur chaque maison un tribut annuel de trois deniers au profit de l'Église de Rome.

Cependant il n'était pas facile de conserver un bien acquis de cette manière. La foule des croisés s'écoulait; Montfort avait gagné, c'était à lui de garder, s'il pouvait. Il ne lui resta guère de cette immense armée que quatre mille cinq cents Bourguignons et Allemands. Bientôt il n'eut plus de troupes que celles qu'il soldait à grand prix. Il lui fallut donc attendre une nouvelle croisade, et amuser les comtes de Toulouse et de Foix qu'il avait d'abord menacés. Le dernier profita de ce répit pour se rendre auprès de Philippe-Auguste,

---

[1] « ... Donc fouc bruyt per tota la terra, que lo dit conte de Montfort l'avia fait morir. » Chron. Langued.

puis à Rome, et protester au pape de la pureté de sa foi. Innocent lui fit bonne mine, et le renvoya à ses légats. Ceux-ci, qui avaient le mot, gagnèrent encore du temps, lui assignèrent le terme de trois mois pour se justifier, en stipulant je ne sais combien de conditions minutieuses, sur lesquelles on pouvait équivoquer. Au terme fixé, le malheureux Raymond accourt, espérant enfin obtenir cette absolution qui devait lui assurer le repos. Alors maître Théodise, qui conduisait tout, déclare que toutes les conditions ne sont pas remplies : « S'il a manqué aux petites choses, dit-il, comment serait-il trouvé fidèle dans les grandes ? » Le comte ne put retenir ses larmes. « Quel que soit le débordement des eaux, dit le prêtre par une allusion dérisoire, elles n'arriveront pas jusqu'au Seigneur[1]. »

Cependant l'épouse de Montfort lui avait amené une nouvelle armée de croisés. Les Albigeois n'osant plus se fier à aucune ville, après le désastre de Béziers et de Carcassonne, s'étaient réfugiés dans quelques châteaux forts, où une vaillante noblesse faisait cause commune avec eux ; ils avaient beaucoup de nobles dans leur parti, comme les protestants du XVIe siècle. Le château de Minerve, qui se trouvait à la porte de Narbonne, était une de leurs principales retraites. L'archevêque et les magistrats de Narbonne avaient espéré détourner la croisade de leur pays, en faisant des lois terribles contre les hérétiques ; mais ceux-ci, traqués dans tous les anciens domaines du vicomte de

---

[1] Pierre de Vaux-Cernay : « In diluvio aquarum multarum ad Deum non approximabis. »

Béziers, se réfugièrent en foule vers Narbonne. La multitude, enfermée dans le château de Minerve, ne pouvait subsister qu'en faisant des courses jusqu'aux portes de cette ville. Les Narbonnais appelèrent eux-mêmes Montfort et l'aidèrent. Ce siége fut terrible. Les assiégés n'espéraient et ne voulaient aucune pitié. Forcés de se rendre, le légat offrit la vie à ceux qui abjureraient. Un des croisés s'en indignait : « N'ayez pas peur, dit le prêtre, vous n'y perdrez rien ; pas un ne se convertira. » En effet, ceux-ci étaient *parfaits*, c'est-à-dire les premiers dans la hiérarchie des hérétiques ; tous, hommes et femmes, au nombre de cent quarante, coururent au bûcher, et s'y jetèrent d'eux-mêmes. Montfort, poussant au midi, assiégea le fort château de Termes, autre asile de l'Église albigeoise. Il y avait trente ans que personne, dans ce château, n'avait approché des sacrements. Les machines nécessaires pour battre la place furent construites par l'archidiacre de Paris. Il y fallut des efforts incroyables ; les assiégeants plantèrent le crucifix au haut de ces machines, pour désarmer les assiégés, ou pour les rendre plus coupables encore s'ils continuaient de se défendre, au risque de frapper le Christ. Parmi ceux qu'on brûla, il y en avait un qui déclara vouloir se convertir ; Montfort insista pour qu'il fût brûlé[1] ; il est vrai que les flammes refusèrent de le toucher, et ne firent que consumer ses liens.

---

[1] « S'il ment, dit Montfort, il n'aura que ce qu'il mérite : s'il veut réellement se convertir, le feu expiera ses péchés. » Pierre de Vaux-Cernay.

Il était visible qu'après s'être emparé de tant de lieux forts dans les montagnes, Montfort reviendrait vers la plaine et attaquerait Toulouse. Le comte, dans son effroi, s'adressait à tout le monde, à l'Empereur, au roi d'Angleterre, au roi de France, au roi d'Aragon. Les deux premiers, menacés par l'Église et la France, ne pouvaient le secourir. L'Espagne était occupée des progrès des Maures. Philippe-Auguste écrivit au pape. Le roi d'Aragon en fit autant, et essaya de gagner Montfort lui-même. Il consentait à recevoir son hommage pour les domaines du vicomte de Béziers, et pour l'assurer de sa bonne foi, il lui confiait son propre fils. En même temps, ce prince généreux, voulant montrer qu'il s'associait sans réserve à la fortune du comte de Toulouse, lui donna une de ses sœurs en mariage, l'autre au jeune fils du comte, qui fut depuis Raymond VII. Il alla lui-même intercéder pour le comte au concile d'Arles. Mais ces prêtres n'avaient pas d'entrailles. Les deux princes furent obligés de s'enfuir de la ville sans prendre congé des évêques, qui voulaient les faire arrêter. Voici le traité dérisoire auquel ils voulaient que Raymond se soumît :

« Premièrement, le comte donnera congé incontinent à tous ceux qui sont venus lui porter aide et secours, ou viendront lui en porter, et les renverra tous sans en retenir un seul. Il sera obéissant à l'Église, fera réparation de tous les maux et dommages qu'elle a reçus, et lui sera soumis tant qu'il vivra, sans aucune contradiction. Dans tout son pays, il ne se mangera que deux espèces de viandes. Le comte

Raymond chassera et rejettera hors de ses terres tous les hérétiques et leurs alliés. Ledit comte baillera et délivrera entre les mains desdits légats et comte de Montfort, pour en faire à leur volonté et plaisir, tous et chacun de ceux qu'ils lui diront et déclareront, et cela dans le terme d'un an. Dans toutes ses terres, qui que ce soit, tant noble qu'homme de bas lieu, ne portera aucun vêtement de prix, mais rien que de mauvaises capes noires. Il fera abattre et démolir, en son pays, jusqu'à ras de terre, et sans en rien laisser, tous les châteaux et places de défense. Aucun des gentilshommes ou nobles de ce pays ne pourra habiter dans aucune ville ou place, mais ils vivront tous dehors aux champs, comme vilains et paysans. Dans toutes ses terres, il ne se payera aucun péage, si ce n'est ceux qu'on avait accoutumé de payer et lever par les anciens usages. Chaque chef de maison payera chaque année quatre deniers toulousains au légat, ou à ceux qu'il aura chargés de les lever. Le comte fera rendre tout ce qui lui sera rentré des revenus de sa terre, et tous les profits qu'il en aura eus. Quand le comte de Montfort ira et chevauchera par ses terres et pays, lui ou quelqu'un de ses gens, tant petits que grands, on ne lui demandera rien pour ce qu'il prendra, ni ne lui résistera en quoi que soit. — Quand le comte Raymond aura fait et accompli tout ce que dessus, il s'en ira outre mer pour faire la guerre aux Turcs et infidèles dans l'ordre de Saint-Jean, sans jamais en revenir que le légat ne le lui ait mandé. Quand il aura fait et accompli tout ce que dessus, toutes ses terres et seigneuries lui seront rendues et livrées par le légat ou le comte de Montfort, quand il leur plaira¹. »

C'était la guerre qu'une telle paix. Montfort n'attaquait pas encore Toulouse. Mais son homme, Folquet, autrefois troubadour, maintenant évêque de Toulouse, aussi furieux dans le fanatisme et la vengeance qu'il l'avait été autrefois dans le plaisir, travaillait dans cette ville pour la croisade. Il y organisait le parti catholique sous le nom de Compagnie blanche. La compagnie s'arma malgré le comte pour secourir Montfort qui assiégeait le château de Lavaur². Ce refus de secours fut le prétexte dont celui-ci se servit pour assiéger Toulouse. Il voulait profiter d'une armée de croisés qui venait d'arriver des Pays-Bas et de l'Allemagne, et qui, entre autres grands seigneurs, comptait le duc d'Autriche. Les prêtres sortirent de Toulouse, en procession, chantant des litanies, et dé-

---

¹ « A la prise de Lavaur, dit le moine de Vaux-Cernay, on entraîna hors du château Aimery, seigneur de Montréal, et d'autres chevaliers, jusqu'au nombre de quatre-vingts. Le noble comte ordonna aussitôt qu'on les suspendît tous à des potences; mais dès qu'Aimery, qui était le plus grand d'entre eux, eut été pendu, les potences tombèrent, car, dans la grande hâte où l'on était, on ne les avait pas suffisamment fixées en terre. Le comte, voyant que cela entraînerait un grand retard, ordonna qu'on égorgeât les autres; et les pèlerins, recevant cet ordre avec la plus grande avidité, les eurent bientôt tous massacrés en ce même lieu. La dame du château, qui était sœur d'Aimery et hérétique exécrable, fut, par l'ordre du comte, jetée dans un puits que l'on combla de pierres; ensuite nos pèlerins rassemblèrent les innombrables hérétiques que contenait le château, et les brûlèrent vifs avec une joie extrême. »

² Chron. Langued.

vouant à la mort le peuple qu'ils abandonnaient. L'évêque demandait expressément que son troupeau fût traité comme Béziers et Carcassonne.

Il était désormais visible que la religion était moins intéressée en tout ceci que l'ambition et la vengeance. Les moines de Cîteaux, cette année même, prirent pour eux les évêchés du Languedoc; l'abbé eut l'archevêché de Narbonne, et prit par-dessus le titre de duc, du vivant de Raymond, sans honte et sans pudeur. Peu après, Montfort ne sachant plus où trouver des hérétiques à tuer pour une nouvelle armée qui lui venait, conduisit celle-ci dans l'Agénois, et continua la croisade en pays orthodoxe [1].

Alors tous les seigneurs des Pyrénées se déclarèrent ouvertement pour Raymond. Les comtes de Foix, de Béarn, de Comminges, l'aidèrent à forcer Simon de lever le siége de Toulouse. Le comte de Foix faillit l'accabler à Castelnaudary, mais les troupes plus exercées de Montfort ressaisirent la victoire. Ces petits princes étaient encouragés en voyant les grands souverains avouer plus ou moins ouvertement l'intérêt qu'ils portaient à Raymond. Le sénéchal du roi d'Angleterre, Savary de Mauléon, était avec les troupes d'Aragon et de Foix à Castelnaudary [2]. Malheureusement, le roi d'Angleterre n'osait pas agir directement.

---

[1] « Cependant ils trouvèrent au château de Maurillac sept Vaudois, « les brûlèrent, dit Pierre de Vaux-Cernay, *avec une joie indicible.* » — A Lavaur, ils avaient brûlé « d'innombrables hérétiques *avec une joie extrême.* »

[2] Jean lui-même s'opposa formellement au siége de Marmande, et menaça d'attaquer les croisés.

Le roi d'Aragon était obligé de joindre toutes ses forces à celles des autres princes d'Espagne pour repousser la terrible invasion des Almohades, qui s'avançaient au nombre de trois ou quatre cent mille. On sait avec quelle gloire les Espagnols forcèrent, à las Navas de Tolosa, les chaînes dont les musulmans avaient essayé de se fortifier. Cette victoire est une ère nouvelle pour l'Espagne ; elle n'a plus à défendre l'Europe contre l'Afrique ; la lutte des races et des religions est terminée (16 juillet 1212).

Les réclamations du roi d'Aragon en faveur de son beau-frère semblèrent alors avoir quelque poids. Le pape fut un instant ébranlé [1]. Le roi de France ne cacha point l'intérêt que lui inspirait Raymond. Mais le pape ayant été confirmé dans ses premières idées par ceux qui profitaient de la croisade, le roi d'Aragon sentit qu'il fallait recourir à la force, et envoya défier Simon. Celui-ci, toujours humble et prudent autant que fort, fit demander d'abord au roi s'il était bien vrai qu'il l'eût défié, et en quoi lui, vassal fidèle de la couronne d'Aragon, il avait pu démériter de son suzerain. En même temps il se tenait prêt. Il avait peu de monde, et presque tout le peuple était pour ses adversaires. Mais les hommes de Montfort étaient des che-

---

[1] Il reprocha à Monfort « d'étendre des mains avides jusque sur celles des terres de Raimond qui n'étaient nullement infectées d'hérésie, et de ne lui avoir guère laissé que Montauban et Toulouse... » Don Pedro se plaignait qu'on envahît injustement les possessions de ses vassaux les comtes de Foix, de Comminges et de Béarn, et que Montfort lui vînt enlever ses propres terres tandis qu'il combattait les Sarrasins. Epist. Innoc. III, 708-10.

valiers pesamment armés et comme invulnérables, ou bien des mercenaires d'un courage éprouvé et qui avaient vieilli dans cette guerre. Don Pedro avait force milices des villes, et quelques corps de cavalerie légère, habituée à voltiger comme les Maures. La différence morale des deux armées était plus forte encore. Ceux de Montfort étaient confessés, administrés, et avaient baisé les reliques. Pour don Pedro, tous les historiens, son fils lui-même, nous le représentent comme occupé de toute autre pensée.

Un prêtre vint dire au comte : « Vous avez bien peu de compagnons en comparaison de vos adversaires, parmi lesquels est le roi d'Aragon, fort habile et fort expérimenté dans la guerre, suivi de ses comtes et d'une armée nombreuse, et la partie ne serait pas égale pour si peu de monde contre le roi et une telle multitude. » A ces mots, le comte tira une lettre de sa bourse, et dit : « Lisez cette lettre. » Le prêtre y trouva que le roi d'Aragon saluait l'épouse d'un noble du diocèse de Toulouse, lui disant que c'était pour l'amour d'elle qu'il venait chasser les Français de sa terre, et d'autres douceurs encore. Le prêtre ayant lu, répondit : « Que voulez-vous donc dire par là ? — Ce que je veux dire ? reprit Montfort. Que Dieu m'aide autant que je crains peu un roi qui vient traverser les desseins de Dieu pour l'amour d'une femme. »

Quoi qu'il en soit de l'exactitude de ces circonstances, Montfort s'étant trouvé en présence des ennemis, à Muret, près Toulouse, il feignit de vouloir éluder le combat, se détourna, puis, tombant sur eux de tout le poids de sa lourde cavalerie, il les dispersa, et en tua, dit-on, plus de quinze mille ; il n'avait perdu que huit hommes et un seul chevalier. Plusieurs des partisans de Montfort s'étaient entendus pour attaquer uniquement le roi d'Aragon. L'un prit d'abord pour lui un des siens auquel il avait fait porter ses armes ; puis il dit : « Le roi est pourtant meilleur chevalier. » Don Pedro s'élança alors et dit : « Ce n'est pas le roi, le voici. » A l'instant ils le percèrent de coups.

Ce prince laissa une longue et chère mémoire. Brillant troubadour, époux léger ; mais qui aurait eu le cœur de s'en souvenir ? Quand Montfort le vit couché par terre et reconnaissable à sa grande taille, le farouche général du Saint-Esprit ne put retenir une larme.

L'Église semblait avoir vaincu dans le midi de la France comme dans l'empire grec. Restaient ses ennemis du Nord, les hérétiques de Flandre, l'excommunié Jean, et l'anti-César, Othon.

Depuis cinq ans (1208-1213), l'Angleterre n'avait plus de relations avec le saint-siége ; la séparation semblait accomplie déjà, comme au XVIe siècle. Innocent avait poussé Jean à l'extrémité, et lancé contre lui un nouveau Thomas Becket. En 1208, précisément à l'époque où le pontife commençait la croisade du Midi, il en fit une sous forme moins belliqueuse contre le roi d'Angleterre, en portant un de ses ennemis à la primatie. L'archevêque de Kenterbury, chef de l'Église anglicane, était, en outre, comme nous l'avons vu, un personnage politique. C'était bien plus que les comtes et les lieutenants du roi, le chef de la Kentie, de ces comtés méridionaux de l'Angleterre qui en formaient la partie la moins gouvernable, la plus fidèle au vieil esprit breton et saxon. Rien n'était plus important pour le roi que de mettre dans une telle place un homme à lui; il y faisait nommer par les prélats, par son Église normande. Mais les moines du couvent de Saint-Augustin à Kenterbury réclamaient toujours cette élection, comme un droit imprescriptible de leur maison, métropole primitive du christianisme anglais.

Innocent profita de ce conflit. Il se déclara pour les moines; puis ceux-ci n'étant pas d'accord entre eux, il annula les premières élections, et sans attendre l'autorisation du roi qu'il avait fait demander, il fit élire par les délégués des moines à Rome et sous ses yeux un ennemi personnel de Jean. C'était un savant ecclésiastique, d'origine saxonne, comme Becket; son nom de Langton l'indique assez. Il avait été professeur à l'Université de Paris, puis chancelier de cette Université. Il nous reste de lui des vers galants adressés à la Vierge Marie. Jean n'apprit pas plutôt la consécration de l'archevêque qu'il chassa d'Angleterre les moines de Kenterbury, mit la main sur leurs biens, et jura que si le pape lançait contre lui l'interdit, il confisquerait le bien de tout le clergé, et couperait le nez et les oreilles à tous les Romains qu'il trouverait dans sa terre. L'interdit vint et l'excommunication aussi. Mais il ne se trouva personne qui osât en donner signification au roi. *Effecti sunt quasi canes muti non audentes latrare.* On se disait tout bas la terrible nouvelle; mais personne n'osait ni la promulguer, ni s'y conformer. L'archidiacre Geoffroi s'étant démis de l'échiquier, Jean le fit périr sous une chape de plomb.

De crainte d'être abandonné de ses barons, il avait exigé d'eux des otages. Ils n'osèrent pas refuser de communier avec lui. Pour lui, il acceptait hardiment ce rôle d'adversaire de l'Église; il récompensa un prêtre qui avait prêché au peuple que le roi était le fléau de Dieu, qu'il fallait l'endurer comme le ministre de la colère divine. Cet endurcissement et cette sécurité de Jean faisaient trembler : il semblait s'y complaire. Il mangeait à son aise les biens ecclésiastiques, violait les filles nobles, achetait des soldats, et se moquait de tout. De l'argent, il en prenait tant qu'il voulait aux prêtres, aux villes, aux Juifs; il enfermait ceux-ci quand ils refusaient de financer, et leur arrachait les dents une à une. Il jouit cinq ans de la colère de Dieu. Le serment de Jean c'était : Par Dieu et ses dents! *Per dentes Dei*[1]!... C'était le dernier terme de cet esprit satanique que nous avons remarqué dans les rois d'Angleterre, dans les violences furieuses de Guillaume le Roux et du Cœur de Lion, dans le meurtre de Becket, dans les guerres parricides de cette famille. *Mal! sois mon bien*[2]!...

Il n'avait rien à craindre tant que la France et l'Europe étaient tournées tout entières vers la croisade des Albigeois. Mais à mesure que le succès de Montfort fut décidé, son danger augmenta[3]. Cette terreur,

---

[1] Son père jurait : « Par les yeux de Dieu ! »

[2] « Evil, be thou my good. » Milton. — Je regrette que Shakespeare n'ait pas osé donner une seconde partie de *Jean*.

[3] Le roi d'Angleterre était l'ennemi personnel des Montfort; le grand-père de Simon, comte de Leicester, avait osé mettre la main sur Henri II. Le frère utérin de Simon, l'un des plus vail-

cette vie sans Dieu, où les prêtres officiaient sous peine de mort, on sentait qu'elle ne pouvait durer. Quand plus tard Henri VIII sépara l'Angleterre du pape, c'est qu'il se fit pape lui-même. La chose n'était pas faisable au xiii° siècle; Jean n'essaya pas. En 1212, Innocent III, rassuré du côté du Midi, prêcha la croisade contre Jean, et chargea le roi de France d'exécuter la sentence apostolique. Une flotte, une armée immense, furent assemblées par Philippe. De son côté, Jean réunit, dit-on, à Douvres, jusqu'à soixante mille hommes. Mais dans cette multitude, il n'y avait guère de gens sur qui il pût compter. Le légat du pape, qui avait passé le détroit, lui fit comprendre son péril; la cour de Rome voulait abaisser Jean, mais non pas donner l'Angleterre au roi de France. Il se soumit et fit hommage au pape, s'engageant de lui payer un tribut de mille marcs sterling d'or[1]. La cérémonie de l'hommage féodal n'avait rien

---

lants chevaliers qui combattirent à la bataille de Muret, était ce Guillaume des Barres, homme d'une force prodigieuse, qui, en Sicile, lutta devant les deux armées contre Richard Cœur de Lion, et lui donna l'humiliation d'avoir trouvé son égal. — Le second fils de Simon de Montfort doit, comme nous l'avons dit, poursuivre, au nom des communes anglaises, la lutte de sa famille contre les fils de Jean. Celui-ci n'osa pas envoyer des troupes à Raymond, son beau-frère, mais il témoigna la plus grande colère à ceux de ses barons qui se joignaient à Montfort; lorsqu'il vint en Guienne, ils quittèrent tous l'armée des croisés. Des seigneurs de la cour de Jean défendirent, contre Montfort, Castelnaudary et Marmande.

[1] Rymer, t. I, P. I, p. 111 : « Johannes Dei gratia rex Angliæ... libere concedimus Deo et SS. Apostolis, etc., ac domino nostro papæ Innocentio ejusque catholicis successoribus totum regnum

de honteux. Les rois étaient souvent vassaux de seigneurs peu puissants, pour quelques terres qu'ils tenaient d'eux en fief. Le roi d'Angleterre avait toujours été vassal du roi de France pour la Normandie ou l'Aquitaine. Henri II avait fait hommage de l'Angleterre à Alexandre III et Richard à l'Empereur. Mais les temps avaient changé. Les barons affectèrent de croire leur roi dégradé par sa soumission aux prêtres. Lui-même cacha à peine sa fureur. Un ermite avait prédit, qu'à l'Ascension Jean ne serait plus roi; il voulut prouver qu'il l'était encore, et fit traîner le prophète à la queue d'un cheval qui le mit en pièces.

Philippe-Auguste eût peut-être envahi l'Angleterre malgré les défenses du légat, si le comte de Flandre ne l'eût abandonné. La Flandre et l'Angleterre avaient eu, de bonne heure, des liaisons commerciales; les ouvriers flamands avaient besoin des laines anglaises. Le légat encouragea Philippe à tourner cette grande armée contre les Flamands. Les tisserands de Gand et de Bruges n'avaient guère meilleure réputation d'orthodoxie que les Albigeois du Languedoc. Philippe envahit en effet la Flandre, et la ravagea cruellement. Dam fut pillée, Cassel, Ypres, Bruges, Gand, rançon-

---

Angliæ, et totum regnum Hiberniæ, etc..., illa tanquam feodatarius recipientes... Ecclesia romana mille marcas sterlingorum percipiat annuatim, etc. »

Matth. Pâris, p. 271 : « Tu Johannes lugubris memoriæ pro futuris sæculis, ut terra tua, ab antiquo libera, ancillaret, excogitasti, factus de Rege liberrimo tributaris, firmarius et vasallus servitutis. »

nées. Les Français assiégeaient cette dernière ville, lorsqu'ils apprirent que la flotte de Jean bloquait la leur. Ils ne purent la soustraire à l'ennemi qu'en la brûlant eux-mêmes, et se vengèrent en incendiant les villes de Dam et de Lille[1].

Cet hiver même, Jean tenta un effort désespéré. Son beau-frère, le comte de Toulouse, venait de perdre toutes ses espérances avec la bataille de Muret et la mort du roi d'Aragon (12 septembre 1213). Celui d'Angleterre dut se repentir d'avoir laissé écraser les Albigeois, qui auraient été ses meilleurs alliés. Il en chercha d'autres en Espagne, en Afrique; il s'adressa, dit-on, aux mahométans, au chef même des Almohades[2], aimant mieux se damner et se donner au diable qu'à l'Église.

Cependant il achetait une nouvelle armée (la sienne l'avait encore abandonné à la dernière campagne); il envoyait des subsides à son neveu Othon, et soulevait tous les princes de la Belgique. Au cœur de l'hiver (vers le 15 février 1214), il passa la mer et débarqua à la Rochelle. Il devait attaquer Philippe par le Midi, tandis que les Allemands et les Flamands tomberaient sur lui du côté du Nord. Le moment était bien choisi; les Poitevins, déjà las du joug de la France, vinrent en foule se ranger autour de Jean. D'autre part, les seigneurs du Nord étaient alarmés des progrès de la puissance du roi. Le comte de Boulogne avait été dépouillé par lui des cinq comtés qu'il possédait. Le

---

[1] Où pourtant on parlait français.
[2] Matth. Pâris.

comte de Flandre redemandait en vain Aire et Saint-Omer. La dernière campagne avait porté au comble la haine des Flamands contre les Français. Les comtes de Limbourg, de Hollande, de Louvain, étaient entrés dans cette ligue, quoique le dernier fût gendre de Philippe. Il y avait encore Hugues de Boves, le plus célèbre des chefs de routiers ; enfin, le pauvre empereur de Brunswick, qui n'était lui-même qu'un routier au service de son oncle, le roi d'Angleterre. On prétend que les confédérés ne voulaient rien moins que diviser la France. Le comte de Flandre eût eu Paris ; celui de Boulogne, Péronne et le Vermandois. Ils auraient donné les biens des ecclésiastiques aux gens de guerre, à l'imitation de Jean [1].

La bataille de Bouvines, si fameuse et si nationale, ne semble pas avoir été une action fort considérable.

Il est probable que chaque armée ne passait pas quinze ou vingt mille hommes. Philippe, ayant envoyé contre Jean la meilleure partie de ses chevaliers, avait composé en partie son armée, qu'il conduisait lui-même, des milices de Picardie. Les Belges laissèrent Philippe dévaster les terres *royalement* [2] pendant un mois. Il allait s'en retourner sans avoir vu l'ennemi, lorsqu'il le rencontra entre Lille et Tournai, près du pont de Bouvines (27 août 1214). Les détails de la bataille nous ont été transmis par un témoin oculaire, Guillaume le Breton, Chapelain de Philippe-Auguste,

---

[1] Othon avait déclaré qu'un archevêque ne devait avoir que douze chevaux, un évêque six, un abbé trois.

[2] Guillaume le Breton.

qui se tenait derrière lui pendant la bataille. Malheureusement ce récit, évidemment altéré par la flatterie, l'est bien plus encore par la servilité classique avec laquelle l'historien-poëte se croit obligé de calquer sa Philippide sur l'*Enéide* de Virgile. Il faut, à toute force, que Philippe soit Énée et l'empereur Turnus. Tout ce qu'on peut adopter comme certain, c'est que nos milices furent d'abord mises en désordre, que les chevaliers firent plusieurs charges, que dans l'une le roi de France courut risque de la vie ; il fut tiré à terre par des fantassins armés de crochets. L'empereur Othon eut son cheval blessé par Guillaume des Barres, ce frère de Simon de Montfort, l'adversaire de Richard Cœur de Lion ; et fut emporté dans la déroute des siens. La gloire du courage, mais non pas la victoire, resta aux routiers brabançons ; ces vieux soldats, au nombre de cinq cents, ne voulurent pas se rendre aux Français, et se firent plutôt tuer. Les chevaliers s'obstinèrent moins, ils furent pris en grand nombre ; sous ces lourdes armures, un homme démonté était pris sans remède. Cinq comtes tombèrent entre les mains de Philippe-Auguste, ceux de Flandre, de Boulogne, de Salisbury, de Tecklembourg et de Dortmund. Les deux premiers n'étant point rachetés par les leurs, restèrent prisonniers de Philippe. Il donna d'autres prisonniers à rançonner aux milices des communes qui avaient pris part au combat.

Jean ne fut pas plus heureux dans le Midi qu'Othon dans le Nord ; il eut d'abord de rapides succès sur la Loire ; il prit Saint-Florent, Ancenis, Angers. Mais à peine les deux armées furent en présence, qu'une terreur panique leur fit tourner le dos en même temps. Jean perdit plus vite qu'il n'avait gagné. Les Aquitains firent à Louis[1] tout aussi bon accueil qu'ils avaient fait à Jean; il se tint heureux que le pape lui obtint une trêve pour soixante mille marcs d'argent et il repassa en Angleterre, vaincu, ruiné, sans ressource. L'occasion était belle pour les barons ; ils la saisirent. Au mois de janvier 1215, et de nouveau le 15 juin, ils lui firent signer l'acte célèbre, connu sous le nom de *Grande Charte*. L'archevêque de Kenterbury, Langton, ex-professeur de l'Université de Paris, prétendit que les libertés qu'on réclamait du roi n'étaient autres que les vieilles libertés anglaises, reconnues déjà par Henri Beauclerc par une charte semblable [2]. Jean promettait aux barons de ne plus marier leurs filles et veuves malgré elles; de ne plus ruiner les pupilles sous prétexte de tutelle féodale ou garde-noble; aux habitants des villes de respecter leurs franchises; à tous les hommes libres de leur permettre d'aller et venir comme ils voudraient; de ne plus emprisonner ni dépouiller personne arbitrairement; de ne point faire saisir le *contenment* des pauvres gens (outils, ustensiles, etc.); de ne point lever, sans consentement du parlement des barons, l'escuage ou taxe de guerre (hors les trois cas prévus par les lois féodales); enfin, de ne plus faire prendre par ses officiers les denrées et les voitures nécessaires à sa maison. La cour royale des plaids communs ne devait plus suivre le roi, mais

---

[1] Le fils de Philippe Auguste, plus tard Louis VIII. (*N. de l'Éd.*)

[2] Hallam soupçonne ici une fraude pieuse.

siéger au milieu de la cité, sous l'œil du peuple, à Westminster. Enfin, les juges, constables et baillis devaient être désormais des personnes versées dans la science des lois. Cet article seul transférait la puissance judiciaire aux scribes, aux clercs, aux légistes, aux hommes de condition inférieure. Ce que le roi accordait à ses tenanciers immédiats, ils devaient à leur tour l'accorder à leurs tenanciers inférieurs. Ainsi, pour la première fois, l'aristocratie sentait qu'elle ne pouvait affirmer sa victoire sur le roi, qu'en stipulant pour tous les hommes libres. Ce jour-là l'ancienne opposition des vainqueurs et des vaincus, des fils des Normands et des fils des Saxons, disparut et s'effaça.

Quand on lui présenta cet acte, Jean s'écria : « Ils pourraient tout aussi bien me demander ma couronne [1]. » Il signa et tomba ensuite dans un horrible accès de fureur, rongeant la paille et le bois, comme une bête enfermée qui mord ses barreaux. Dès que les barons furent dispersés, il fit publier par tout le continent que les aventuriers brabançons, flamands, normands, poitevins, gascons, qui voudraient du service, pouvaient venir en Angleterre et prendre les terres de ses barons rebelles [2]; il voulait refaire sur les Normands la conquête de Guillaume sur les Saxons. Il s'en

---

[1] Il est dit dans la Grande Charte, que si les ministres du roi la violent en quelque chose, il en sera référé au conseil des vingt-cinq barons. « Alors ceux-ci, avec la communauté de toute la terre, nous molesteront et poursuivront de toute façon : i. e. par par la prise de nos châteaux, etc... » La consécration de la guerre civile, tel est le premier essai de garantie.

[2] Matthieu Pâris.

présenta une foule. Les barons effrayés appelèrent les rois d'Écosse et de France. Le fils de celui-ci avait épousé Blanche de Castille, nièce de Jean. Mais cette princesse n'était pas l'héritière immédiate de son oncle, elle ne pouvait transmettre à son mari un droit qu'elle n'avait pas elle-même. Le pape intervenait d'ailleurs. Il trouvait que l'archevêque de Kenterbury avait été trop loin contre Jean. Il défendait au roi de France d'attaquer le roi d'Angleterre, vassal de l'Église. Le jeune Louis, fils de Philippe, feignant d'agir contre le gré de son père [1], n'en passa pas moins en Angleterre à la tête d'une armée. Tous les comtés de la Kentie, l'archevêque lui-même et la ville de Londres, se déclarèrent pour les Français. Jean se trouva encore une fois abandonné, seul, exilé dans son propre royaume. Il fallut qu'il cherchât sa vie chaque jour dans le pillage, comme un chef de routiers. Le lendemain il brûlait la maison où il avait passé la nuit. Il passa quelques mois dans l'île de Wight et y subsista de pirateries. Il portait cependant avec lui un trésor avec lequel il comptait acheter encore des soldats. Cet argent périt au passage d'un fleuve. Alors il perdit tout espoir, prit la fièvre et mourut. C'était ce qui pouvait

---

[1] On assembla à Melun la cour des Pairs. Louis dit à Philippe : « Monseigneur, je suis votre homme lige pour les fiefs que vous m'avez donnés en deçà de la mer; mais quant au royaume d'Angleterre, il ne vous appartient point d'en décider... Je vous demande seulement de ne pas mettre obstacle à mes entreprises, car je suis déterminé à combattre jusqu'à la mort, s'il le faut, pour recouvrer l'héritage de ma femme. » Le roi déclara qu'il ne donnerait à son fils aucun appui.

arriver de pis aux Français. Le fils de Jean, Henri III, était innocent des crimes de son père. Louis vit bientôt tous les Anglais ralliés contre lui, et se tint heureux de repasser en France, en renonçant à la couronne d'Angleterre [1].

Innocent III était mort trois mois avant le roi Jean (1216, 16 juillet, 19 octobre), aussi grand, aussi triomphant, que l'ennemi de l'Église était abaissé. Et pourtant cette fin victorieuse avait été triste. Que souhaitait-il donc? Il avait écrasé Othon, et fait un empereur de son jeune Italien Frédéric II : la mort des rois d'Aragon et d'Angleterre avait montré au monde ce que c'était que se jouer de l'Église : l'hérésie des Albigeois avait été noyée dans de tels flots de sang, qu'on cherchait en vain un aliment aux bûchers. Ce grand, ce terrible dominateur du monde et de la pensée, que lui manquait-il?

Rien qu'une chose, la chose immense, infinie, à quoi rien ne supplée : son approbation, la foi en soi. Sa confiance au principe de la persécution ne s'était peut-être pas ébranlée; mais il lui arrivait par-dessus sa victoire un cri confus du sang versé, une plainte à voix basse, douce, modeste, et d'autant plus terrible. Quand on venait lui conter que son légat de Citeaux avait égorgé en son nom vingt mille hommes dans Béziers, que l'évêque Folquet avait fait périr dix mille hommes dans Toulouse, était-il possible que dans ces immenses exécutions le glaive ne se fût point trompé?

---

[1] A en croire les Anglais, il aurait même promis de rendre, à son avènement, les conquêtes de Philippe-Auguste.

Tant de villes en cendres, tant d'enfants punis des fautes de leurs pères, tant de péchés pour punir le péché! Les exécuteurs avaient été bien payés : celui-ci était comte de Toulouse et marquis de Provence [1], celui-là archevêque de Narbonne; les autres, évêques. L'Église qu'y avait-elle gagné? Une exécration immense, et le pape un doute.

Ce fut surtout un an avant sa mort, en 1215, lorsque le comte de Toulouse, le comte de Foix et les autres seigneurs du Midi, vinrent se jeter à ses pieds, lorsqu'il entendit les plaintes, et qu'il vit les larmes; alors il fut étrangement troublé. Il voulut, dit-on [2], ré-

---

[1] Dans une charte de l'an 1216, Montfort s'intitule : « Simon, providentia Dei dux Narbonæ, comes Tolosæ, et marchio Provinciæ et Carcassonæ vicecomes, et dominus Montis-fortis. »

[2] Chronique languedocienne. « Quand le saint-père eut entendu tout ce que lui voulurent dire les uns et les autres, il jeta un grand soupir : puis s'étant retiré en son particulier avec son conseil, lesdits seigneurs se retirèrent aussi en leur logis, attendant la réponse que leur voudrait faire le saint-père.

« Quand le saint-père se fut retiré, vinrent devers lui les prélats du parti du légat et du comte de Montfort, qui lui dirent et montrèrent que, s'il rendait à ceux qui étaient venus recourir à lui leurs terres et seigneuries et refusait de les croire eux-mêmes, il ne fallait plus qu'homme du monde se mêlât des affaires de l'Église, ni fît rien pour elle. Quand tous les prélats eurent dit ceci, le saint-père prit un livre; et leur montra à tous comment, s'ils ne rendaient pas lesdites terres et seigneuries à ceux à qui on les avait ôtées, ce serait leur faire grandement tort, car il avait trouvé et trouvait le comte Ramon fort obéissant à l'Église et à ses commandements, ainsi que tous les autres qui étaient avec lui. « Pour laquelle raison, dit-il, je leur donne congé et licence de recouvrer leurs terres et seigneuries sur ceux qui les retiennent injustement. » Alors vous auriez vu lesdits prélats murmurer contre le saint-père et les princes, en telle sorte qu'on aurait dit

parer, et ne le put pas. Ses agents ne lui permirent point une restitution qui les ruinait et les condamnait. Ce n'est pas impunément qu'on immole l'humanité à une idée. Le sang versé réclame dans votre propre

qu'ils étaient plutôt gens désespérés qu'autrement, et le saint-père fut tout ébahi de se trouver en tel cas que les prélats fussent émus comme ils l'étaient contre lui.

« Quand le chantre de Lyon d'alors, qui était un des grands clercs que l'on connût dans tout le monde, vit et ouït lesdits prélats murmurer en cette sorte contre le saint-père et les princes, il se leva, prit la parole contre les prélats, disant et montrant au saint-père que tout ce que les prélats disaient et avaient dit n'était autre chose sinon une grande malice et méchanceté combinées contre lesdits princes et seigneurs, et contre toute vérité; — « Car, seigneur, dit-il, tu sais bien, en ce qui touche le comte Ramon, qu'il t'a toujours été obéissant, et que c'est une vérité qu'il fut des premiers à mettre ses places en tes mains et ton pouvoir, ou celui de ton légat. Il a été aussi un des premiers qui se sont croisés; il a été au siége de Carcassonne contre son neveu le vicomte de Béziers, ce qu'il fît pour te montrer combien il t'était obéissant, bien que le vicomte fût son neveu, de laquelle chose aussi ont été faites des plaintes. C'est pourquoi il me semble, seigneur, que tu feras grand tort au comte Ramon, si tu ne lui rends et fais rendre ses terres, et tu en auras reproche de Dieu et du monde, et dorénavant, seigneur, il ne sera homme vivant qui se fie en toi ou en tes lettres, et qui y donne foi ni créance, ce dont toute l'Église militante pourra encourir diffamation et reproche. C'est pourquoi je vous dis que vous, évêque de Toulouse, vous avez grand tort, et montrez bien par vos paroles que vous n'aimez pas le comte Ramon, non plus que le peuple dont vous êtes pasteur; car vous avez allumé un tel feu dans Toulouse, que jamais il ne s'éteindra; vous avez été la cause principale de la mort de dix mille hommes, et en ferez périr encore autant, puisque, par vos fausses représentations, vous montrez bien persévérer en les mêmes torts; et par vous et votre conduite la cour de Rome a été tellement diffamée que par tout le monde il en est bruit et renommée; et il me semble, seigneur,

cœur, il ébranle l'idole à laquelle vous avez sacrifié ; elle vous manque aux jours du doute, elle chancelle, elle pâlit, elle échappe ; la certitude qu'elle laisse, c'est celle du crime accompli pour elle.

que pour la convoitise d'un seul homme tant de gens ne devraient pas être détruits ni dépouillés de leurs biens. »

« Le saint-père pensa donc un peu à son affaire ; et quand il eut pensé, il dit : « Je vois bien et reconnais qu'il a été fait grand tort aux seigneurs et princes qui sont ainsi venus devers moi ; mais toutefois j'en suis innocent, et n'en savais rien ; ce n'est pas par mon ordre qu'ont été faits ces torts, et je ne sais aucun gré à ceux qui les ont faits, car le comte Ramon s'est toujours venu rendre vers moi comme véritablement obéissant, ainsi que les princes qui sont avec lui. »

« Alors donc se leva debout l'archevêque de Narbonne. Il prit la parole et dit et montra au saint-père comment les princes n'étaient coupables d'aucune faute pour qu'on les dépouillât ainsi, et qu'on fît ce que voulait l'évêque de Toulouse, « qui toujours, continua-t-il, nous a donné de très-damnables conseils, et le fait encore à présent ; car je vous jure la foi que je dois à la sainte Église, que le comte Ramon a toujours été obéissant à toi, saint-père, et à la sainte Église, ainsi que tous les autres seigneurs qui sont avec lui ; et s'ils se sont révoltés contre ton légat et le comte de Montfort, ils n'ont pas eu tort ; car le légat et le comte de Montfort leur ont ôté toutes leurs terres, ont tué et massacré de leurs gens sans nombre, et l'évêque de Toulouse, ici présent, est cause de tout le mal qu'il s'y fait, et tu peux bien connaître, seigneur, que les paroles dudit évêque n'ont pas de vraisemblance ; car si les choses étaient comme il le dit et le donne à entendre, le comte Ramon et les seigneurs qui l'accompagnent ne seraient venus vers toi, comme ils l'ont fait, et comme tu le vois... »

« Quand l'archevêque eut parlé, vint un grand clerc appelé maître Théodise, lequel dit et montra au saint-père tout le contraire de ce qui lui avait dit l'archevêque de Narbonne. « Tu sais bien, seigneur, lui dit-il, et es averti des très-grandes peines que le comte de Montfort et le légat ont prises nuit et jour avec grand

Les souhaits ou plutôt les remords d'un vieillard impuissant, s'ils furent exprimés, devaient rester stériles. Ce ne furent ni les Raymond, ni les Montfort qui

> danger de leurs personnes, pour réduire et changer le pays des princes dont on a parlé, lequel était tout plein d'hérétiques. Ainsi, seigneur, tu sais bien que maintenant le comte de Montfort et ton légat ont balayé et détruit lesdits hérétiques, et pris en leurs mains le pays; ce qu'ils ont fait avec grand travail et peine; ainsi que chacun le peut bien voir; et maintenant que ceux-ci viennent à toi, tu ne peux rien faire ni user de rigueur contre ton Légat. Le comte de Montfort a bon droit et bonne cause pour prendre leurs terres; et si tu les lui ôtais maintenant, tu ferais grand tort, car nuit et jour le comte de Montfort se travaille pour l'Église et pour ses droits, ainsi qu'on te l'a dit. »
>
> « Le saint-père ayant ouï et écouté chacun des deux partis, répondit à maître Théodise et à ceux de sa compagnie, qu'il savait bien tout le contraire de leur dire, car il avait été bien informé que le légat détruisait les bons et les justes, et laissait les méchants sans punition, et grandes étaient les plaintes qui, chaque jour, lui venaient de toutes parts contre le légat et le comte de Montfort. Tous ceux donc qui tenaient le parti du légat et du comte de Montfort se réunirent et vinrent devant le saint-père lui dire et le prier qu'il voulût laisser au comte de Montfort, puisqu'il les avait conquis, les pays de Bigorre, Carcassonne, Toulouse, Agen, Quercy, Albigeois, Foix et Comminges : « Et s'il arrive, seigneur, lui dirent-ils, que tu veuilles ôter lesdits pays et terres, nous te jurons et promettons que tous nous t'aiderons et secourrons envers et contre tous. »
>
> « Quand ils eurent ainsi parlé, le saint-père leur dit que, ni pour eux, ni pour aucune chose qu'ils lui eussent dite, il ne ferait rien de ce qu'ils voulaient, et qu'homme au monde ne serait dépouillé par lui; car en pensant que la chose fût ainsi qu'ils le disaient, et que le comte Ramon eût fait tout ce qu'on a dit et exposé, il ne devrait pas pour cela perdre sa terre et son héritage; car Dieu a dit de sa bouche « que le père ne payerait pas l'iniquité du fils, ni le fils celle du père, » et il n'est homme qui ose soutenir et maintenir le contraire; d'un autre côté il était

recucillirent le patrimoine du comte de Toulouse. L'héritier légitime ne le recouvra que pour le céder bien-

bien informé que le comte de Montfort avait fait mourir à tort et sans cause le vicomte de Béziers pour avoir sa terre : « Car, ainsi que je l'ai reconnu, dit-il, jamais le vicomte de Béziers ne contribua à cette hérésie.... Et je voudrais bien savoir entre vous autres, puisque vous prenez si fort parti pour le comte de Montfort, quel est celui qui voudra charger et inculper le vicomte, et me dire pourquoi le comte de Montfort l'a fait ainsi mourir, a ravagé sa terre et la lui a ôtée de cette sorte? » Quand le saint-père eut ainsi parlé, tous ses prélats lui répondirent que bon gré mal gré, que ce fût bien ou mal, le comte de Montfort garderait les terres et seigneuries, car ils l'aideraient à se défendre envers et contre tous, vu qu'il les avait bien et loyalement conquises.

« L'évêque d'Osma voyant ceci, dit au saint-père : « Seigneur, ne t'embarrasse pas de leurs menaces, car je te le dis en vérité, l'évêque de Toulouse est un grand vantard, et leurs menaces n'empêcheront pas que le fils du comte Ramon ne recouvre sa terre sur le comte de Montfort. Il trouvera pour cela aide et secours, car il est neveu du roi de France, et aussi de celui d'Angleterre et d'autres grands seigneurs et princes. C'est pourquoi il saura bien défendre son droit, quoiqu'il soit jeune. »

« Le saint-père répondit : « Seigneurs, ne vous inquiétez pas de l'enfant, car si le comte de Montfort lui retient ses terres et seigneuries, je lui en donnerai d'autres avec quoi il reconquerra Toulouse, Agen, et aussi Beaucaire; je lui donnerai en toute propriété le comté de Venaissin, qui a été à l'empereur, et s'il a pour lui Dieu et l'Église, et qu'il ne fasse tort à personne au monde, il aura assez de terres et seigneuries. » Le comte Ramon vint donc devers le saint-père avec tous les princes et seigneurs, pour avoir réponse sur leurs affaires et la requête que chacun avait faite au saint-père, et le comte Ramon lui dit et montra comment ils avaient demeuré un long temps en attendant la réponse de leur affaire et de la requête que chacun lui avait faite. Le saint-père dit donc au comte Ramon que pour le moment il ne pouvait rien faire pour eux, mais qu'il s'en retournât et lui laissât son fils, et quand le comte de Ramon eut ouï la réponse du saint-père, il prit congé de lui et lui laissa son fils ; et le saint-père lui donna

tôt. L'usurpateur, avec tout son courage et sa prodigieuse vigueur d'âme, était vaincu dans le cœur,

sa bénédiction. Le comte Ramon sortit de Rome avec une partie de ses gens, et laissa les autres à son fils, et entre autres y demeura le comte de Foix, pour demander sa terre et voir s'il la pourrait recouvrer ; et le comte Ramon s'en alla droit à Viterbe pour attendre son fils et les autres qui étaient avec lui, comme on l'a dit.

« Tout ceci fait, le comte de Foix se retira devers le saint-père pour savoir si la terre lui reviendrait ou non ; et lorsque le saint-père eut vu le comte de Foix, il lui rendit ses terres et seigneuries, lui bailla ses lettres comme il était nécessaire en telle occasion, dont le comte de Foix fut grandement joyeux et allègre, et remercia grandement le saint-père, lequel lui donna sa bénédiction et absolution de toutes choses jusqu'au jour présent. Quand l'affaire du comte de Foix fut finie, il partit de Rome, tira droit à Viterbe devers le comte Ramon, et lui conta toute son affaire, comment il avait eu son absolution, et comment aussi le saint-père lui avait rendu sa terre et seigneurie ; il lui montra ses lettres, dont le comte Ramon fut grandement joyeux et allègre ; ils partirent donc de Viterbe, et vinrent droit à Gênes, où ils attendirent le fils du comte Ramon.

« Or, l'histoire dit qu'après tout ceci, et lorsque le fils du comte Ramon eut demeuré à Rome l'espace de quarante jours, il se retira un jour devers le saint-père avec ses barons et ses seigneurs qui étaient de sa compagnie. Quand il fut arrivé, après salutation faite par l'enfant au saint-père, ainsi qu'il le savait bien faire, car l'enfant était sage et bien morigéné, il demanda congé au saint-père de s'en retourner, puisqu'il ne pouvait avoir d'autre réponse ; et quand le saint-père eut entendu et écouté tout ce que l'enfant lui voulut dire et montrer, il le prit par la main, le fit asseoir à côté de lui, et se prit à lui dire : « Fils, écoute, que je te parle, et ce que je veux te dire, si tu le fais, jamais tu ne fauldras en rien.

« Premièrement, que tu aimes Dieu et le serves, et ne prennes rien du bien d'autrui : le tien, si quelqu'un veut te l'ôter, défends-le, en quoi faisant tu auras beaucoup de terres et seigneuries ; et afin que tu ne demeures pas sans terres ni seigneu-

quand une pierre, lancée des murs de Toulouse, vint le délivrer de la vie (1218) [1]. Son fils, Amaury de Montfort, céda au roi de France ses droits sur le Languedoc; tout le Midi, sauf quelques villes libres, se jeta dans les bras de Philippe-Auguste [2]. En 1222,

---

ries, je te donne le comté de Venaissin avec toutes ses appartenances, la Provence et Beaucaire, pour servir à ton entretien, jusqu'à ce que la sainte Église ait assemblé son concile. Ainsi tu pourras revenir deçà les monts pour avoir droit et raison de ce que tu demandes contre le comte de Montfort. »

« L'enfant remercia donc le saint-père de ce qu'il lui avait donné, et lui dit : « Seigneur, si je puis recouvrer ma terre sur le comte de Montfort et ceux qui la retiennent, je te prie, seigneur, que tu ne me saches pas mauvais gré, et ne sois pas courroucé contre moi. « Le saint-père lui répondit : « Quoi que tu fasses, Dieu te permet de bien commencer et mieux achever. »

Nous avons copié mot pour mot une ancienne chronique qui n'est qu'une traduction du Poëme des Albigeois, sans oublier pourtant que la poésie est fiction, sans fermer les yeux sur ce que présente d'improbable la supposition du poëte qui prête au pape l'intention de défaire tout ce qu'il a fait avec tant de peine et une si grande effusion de sang.

Les actes d'Innocent III donnèrent une idée toute contraire. On peut lire surtout ses deux lettres, jusqu'ici inédites (*Archives, Trésor des chartes,*, reg. J. xiii-18, folio 32, et cart. J. 430), aux évêques et barons du Midi. Il y manifeste la joie la plus vive pour les résultats de la croisade et l'extermination de l'hérésie; bien loin d'encourager le jeune Raymond VII à reprendre son patrimoine, il enjoint aux barons de rester fidèles à Simon de Montfort.

[1] Guill. de Pod. Laur. : « Le comte était malade de fatigue et d'ennui, ruiné par tant de dépenses et épuisé, et ne pouvait guère supporter l'aiguillon dont le légat le pressait sans relâche pour son insouciance et sa mollesse; aussi priait-il, dit-on, le Seigneur de remédier à ses maux par le repos de la mort. La veille de saint Jean-Baptiste, une pierre lancée par un mangonnot lui tomba sur la tête, et il expira sur la place.

[2] Raymond VII écrit à Philippe-Auguste (juillet 1222) : « Ad

le légat lui-même et les évêques du Midi le suppliaient
à genoux d'accepter l'hommage de Montfort. C'est
qu'en effet les vainqueurs ne savaient plus que faire de

vos, domine, sicut ad meum unicum et principale recurro refugium... humiliter vos deprecans et exorans quatenus mei misereri velitis. » Preuves de l'histoire du Languedoc., III, 275. — (Décembre 1222.) « Cum... Amalricus supplicaverit nobis et dignemini juxta beneplacitum vestrum, terram accipere vobis et hæredibus vestris in perpetuum, quam tenuit vel tenere debuit, ipse, vel pater suus in partibus Albigensibus et sibi vicinis, gaudemus super hoc, desiderantes Ecclesiam et terram illam sub umbra vestri nominis gubernari et rogantes affectuose quantum possumus, quatenus celsæ majestatis vestræ regia potestas, intuitu regis regum, et pro honore sanctæ matris Ecclesiæ ac regni vestri, terram prædictam ad oblationem et resignationem dicti comitis recipiatis; et invenietis nos et cæteros prælatos paratos vires nostras effundere in hoc negotio pro vobis, et expendere quidquid ecclesia in partibus illis habet, vel est habitura. » Preuv. de l'Hist. du Langued., III, 276. — (1223.) « Dum dudum et diu soli sederemus in Biterris civitate, singulis momentis mortem expectantes, optataque nobis fuit in desiderio, vita nobis existente in supplicium, hostibus fidei et pacis undique gladios suos in capita nostra exerentibus, ecce, rex reverende, intravit kal. Maii cursor ad nos, qui.... nuntiavit nobis verbum bonum, verbum consolationis, et totius miseriæ nostræ allevationis, quod videlicet placet celsitudinis vestræ magnificentiæ, convocatis prælatis et baronibus regni vestri apud Melodunum, ad tractandum super remedio et succursu terræ, quæ facta est in horrendam desolationem et in sibilum sempiternum, nisi Dominus ministerio regiæ dexteræ vestræ citius succurratus, super quo, tanto mœrore scalidi, tanta lugubratione defecti respirantes, gratias primum, elevatis oculis ac manibus in cœlum, referimus altissimo, in cujus manu corda regum consistunt, scientes hoc divinitus vobis esse inspiratum, etc... Flexis itaque genibus, reverendissime Rex, lacrymis in torrentem deductis, et singultibus laceratis, regiæ supplicamus majestati quatinus vobis inspiratæ gratiæ Dei non deesse velitis... quod universalis Ecclesiæ imminet subversio in regno vestro, nisi vos occurratis et succurratis, etc... » Ibid., 278.

leur conquête et doutaient de s'y maintenir. Les quatre cent trente fiefs que Simon de Montfort avait donnés pour être régis selon la coutume de Paris, pouvaient être arrachés aux nouveaux possesseurs s'ils ne s'assuraient un puissant protecteur. Les vaincus, qui avaient vu en plusieurs occasions le roi de France opposé au pape, espéraient de lui un peu plus d'équité et de douceur.

Si nous jetons à cette époque un regard sur l'Europe entière, nous découvrirons dans tous les États une faiblesse, une inconséquence de principe et de situation, qui devait tourner au profit du roi de France.

Avant l'effroyable guerre qui amena la catastrophe du Midi, don Pedro et Raymond V avaient été ennemis des libertés municipales de Toulouse et de l'Aragon. Le roi d'Aragon avait voulu être couronné des mains du pape, et lui rendre hommage pour être moins dépendant des siens. Le comte de Toulouse, Raymond V, avait sollicité lui-même les rois de France et d'Angleterre de faire une croisade contre les libertés religieuses et politiques de la cité de Toulouse, représentant du principe municipal qui gênait son pouvoir. Le roi d'Angleterre continuait contre Kenterbury, contre ses barons, la lutte d'Henri II. Enfin, l'empereur Othon de Brunswick, fils d'Henri le Lion, sorti d'une famille toute guelfe, tout ennemie des empereurs, mais Anglais par sa mère, élevé à la cour d'Angleterre, près de ses oncles, Richard et Jean, se souvint de sa mère plus que de son père, tourna des Guelfes aux Gibelins, tandis que la maison gibeline des princes de Souabe était relevée par les papes, par Innocent III, tuteur du jeune Frédéric II. Othon abandonné des Guelfes, abandonné des Gibelins, se trouvait renfermé dans ses États de Brunswick, et recevait une solde de son oncle Jean pour combattre l'Église et Philippe-Auguste, qui le défit à Bouvines. Telle était l'immense contradiction de l'Europe. Les princes étaient contre les libertés municipales pour les libertés religieuses. L'empereur était guelfe et le pape gibelin. Le pape en attaquant les rois sous le rapport religieux les soutenait contre les peuples sous le rapport politique. Il sacra le roi d'Aragon, il annula la grande charte, et blâma l'archevêque de Kenterbury, de même qu'Alexandre III avait abandonné Becket. Le pape renonçait ainsi à son ancien rôle de défenseur des libertés politiques et religieuses. Le roi de France, au contraire, sanctionnait à cette époque une foule de chartes communales. Il prenait part à la croisade du Midi, mais seulement autant qu'il fallait pour constater sa foi. Lui seul, en Europe, avait une position forte et simple; à lui seul était l'avenir.

CHAPITRE VIII

PREMIÈRE MOITIÉ DU XIIIe SIÈCLE — MYSTICISME — LOUIS IX — SAINTETÉ DU ROI DE FRANCE

1218-1270

Cette lutte immense, dont nous avons présenté le tableau dans le chapitre précédent, s'est terminée, ce semble, à l'avantage du pape. Il a triomphé partout, et de l'Empereur, et du roi Jean, et des Albigeois hérétiques, et des Grecs schismatiques. L'Angleterre et Naples sont devenus deux fiefs du saint-siége, et la mort tragique du roi d'Aragon a été un grand enseignement pour tous les rois. Cependant, ces succès divers ont si peu fortifié le pape, que nous le verrons, au milieu du xiiie siècle, abandonné d'une grande partie de l'Europe, mendiant à Lyon la protection française ; au commencement du siècle suivant, outragé, battu, souffleté par son bon ami le roi de France, obligé enfin de venir se mettre sous sa main, à Avignon. C'est au profit de la France qu'auront succombé les vaincus et les vainqueurs, les ennemis de l'Église et l'Église elle-même.

Comment expliquer cette décadence précipitée d'Innocent III à Boniface VIII, une telle chute après une telle victoire ? D'abord c'est que la victoire a été plus apparente que réelle. Le fer est impuissant contre la pensée ; c'est plutôt sa nature, à cette plante vivace, de croître sous le fer, de germer et fleurir sous l'acier. Combien plus, si le glaive se trouve dans la main qui devait le moins user du glaive, si c'est la main pacifique, la main du prêtre ; si l'agneau mord et déchire, si le père assassine !... L'Église perdant ainsi son caractère de sainteté, ce caractère va tout à l'heure passer à un laïque, à un roi, au roi de France. Les peuples vont transporter leur respect au sacerdoce laïque, à la royauté. Le pieux Louis IX porte ainsi, à son insu, un coup terrible à l'Église.

Les remèdes mêmes sont devenus des maux. Le pape n'a vaincu le mysticisme indépendant qu'en ouvrant lui-même de grandes écoles de mysticisme, je parle des ordres mendiants. C'est combattre le mal par le mal même ; c'est entreprendre la chose difficile et contradictoire entre toutes, vouloir régler l'inspiration, déterminer l'illumination, constituer le délire ! On ne joue pas ainsi avec la liberté, c'est une lame à deux tranchants, qui blesse celui qui croit la tenir et veut s'en faire un instrument.

Les ordres de saint Dominique et de saint François, sur lesquels le pape essaya de soutenir l'Église en ruine, eurent une mission commune, la prédication. Le premier âge des monastères, l'âge du travail et de la culture, où les bénédictins avaient défriché la terre et l'esprit des barbares, cet âge était passé. Celui des prédicateurs de la croisade, des moines de Cîteaux et de Clairvaux, avait fini avec la croisade. Au temps de Grégoire VII, l'Église avait déjà été sauvée par les moines auxiliaires de la papauté. Mais les moines sédentaires et reclus ne servaient plus guère, lorsque les hérétiques couraient le monde pour répandre leurs doctrines. Contre de tels prêcheurs, l'Église eut ses *prêcheurs*, c'est le nom même de l'ordre de saint Dominique. Le monde venant moins à elle, elle alla à lui[1]. Le tiers ordre de saint Dominique et de saint François reçut une foule d'hommes qui ne pouvaient quitter le siècle, et cherchaient à accorder les devoirs du monde et la perfection monastique. Saint Louis et sa mère appartenaient au tiers ordre de saint François.

Telle fut l'influence commune des deux ordres. Toutefois, ils eurent, dans cette ressemblance, un caractère divers. Celui de saint Dominique, fondé par un esprit austère, par un gentilhomme espagnol, né sous l'inspiration sanguinaire de Cîteaux, au milieu de la croisade de Languedoc, s'arrêta de bonne heure dans

[1] Les universités venaient de quitter saint Augustin pour Aristote : les Mendiants remontèrent à saint Augustin.

la carrière mystique, et n'eut ni la fougue ni les écarts de l'ordre de saint François. Il fut le principal auxiliaire des papes jusqu'à la fondation des jésuites. Les dominicains furent chargés de régler et de réprimer. Ils eurent l'inquisition et l'enseignement de la théologie dans l'enceinte même du palais pontifical[1]. Pendant que les franciscains couraient le monde dans le dévergondage de l'inspiration, tombant, se relevant de l'obéissance à la liberté, de l'hérésie à l'orthodoxie, embrassant le monde et l'agitant des transports de l'amour mystique, le sombre esprit de saint Dominique s'enferma au sacré palais de Latran, aux voûtes granitiques de l'Escurial[2].

L'ordre de saint François fut moins embarrassé ; il se lança tête baissée dans l'amour de Dieu[3] ; il s'écria, comme plus tard Luther : « Périsse la loi, vive la grâce ! » Le fondateur de cet ordre vagabond fut un marchand ou colporteur d'Assise. On appelait cet Italien *François*, parce qu'en effet il ne parlait guère que *français*. C'était, dit son biographe, dans sa première jeunesse, un homme de vanité, un bouffon,

[1] Honorius III approuva la règle de saint Dominique, en 1216, et créa en sa faveur l'office de Maître du Sacré Palais.

[2] Fondé par Philippe II.

[3] Cet énervant mysticisme ne fit pas le salut de l'Église. Le franciscain Eude Rigaud, devenu archevêque de Rouen (1249-1269), enregistre chaque soir dans son journal les témoignages les plus accablants contre l'épouvantable corruption des couvents et des églises de son diocèse. Ce journal a été publié en 1845. D'autre part la publication du cartulaire de saint Bertin jette le plus triste jour sur la vie des moines aux XIe et XIIe siècles (1860). Voy. Renaissance, Introduction.

un farceur, un chanteur ; léger, prodigue, hardi.... Tête ronde, front petit, yeux noirs et sans malice, sourcils droits, nez droit et fin, oreilles petites et comme dressées, langue aiguë et ardente, voix véhémente et douce ; dents serrées, blanches, égales ; lèvres minces, barbe rare, col grêle, bras courts, doigts longs, ongles longs, jambe maigre, pied petit, de chair peu ou point[1]. » Il avait vingt-cinq ans lorsqu'une vision le convertit. Il monte à cheval, va vendre ses étoffes à Foligno, en rapporte le prix à un vieux prêtre, et sur son refus jette l'argent par la croisée. Il veut du moins rester avec le prêtre, mais son père le poursuit ; il se sauve, vit un mois dans un trou ; son père le rattrape, le charge de coups ; le peuple le poursuit à coups de pierres. Les siens l'obligent de renoncer juridiquement à tout son bien en présence de l'évêque. C'était sa plus grande joie ; il rend à son père tous ses habits, sans garder même un caleçon : l'évêque lui jette son manteau.

Le voilà lancé sur la terre ; il parcourt les forêts en chantant les louanges du Créateur. Des voleurs l'arrêtent et lui demandent qui il est : « Je suis, dit-il, le héraut qui proclame le grand roi. » Ils le plongent dans une fondrière pleine de neige ; nouvelle joie pour le saint ; il s'en tire et poursuit sa route. Les oiseaux chantent avec lui ; il les prêche, ils écoutent : Oiseaux, mes frères, disait-il, n'aimez-vous pas votre Créateur,

---

[1] Vie de saint François, par Thomas Cellano. (Thomas de Cellano fut son disciple, et écrivit deux fois sa vie, par ordre de Grégoire IX.)

qui vous donne ailes et plumes et tout ce qu'il vous faut ? Puis, satisfait de leur docilité, il les bénit et leur permet de s'envoler [1]. Il exhortait ainsi toutes les créatures à louer et remercier Dieu. Il les aimait, sympathisait avec elles ; il sauvait, quand il pouvait, le lièvre poursuivi par les chasseurs, et vendait son manteau pour racheter un agneau de la boucherie. La nature morte elle-même, il l'embrassait dans son immense charité. Moissons, vignes, bois, pierres, il fraternisait avec eux tous et les appelait tous à l'amour divin [2].

Cependant, un pauvre idiot d'Assise s'attacha à lui, puis un riche marchand laissa tout pour le suivre. Ces premiers franciscains et ceux qui se joignirent à eux, donnèrent d'abord dans des austérités forcenées, comparables à celles des faquirs de l'Inde, se pendant à des cordes, se serrant de chaînes de fer et d'entraves de bois. Puis, quand ils eurent un peu calmé cette soif de douleur, saint François chercha longtemps en lui-même lequel valait mieux de la prière ou de la prédication [3]. Il y serait encore, s'il ne se fût avisé de consulter sainte Claire et le frère Sylvestre ; ils le décidèrent pour la prédication. Dès lors, il n'hésita plus, se

---

[1] Th. Cellan. : « Fratres mei aves, multum debetis laudare creatorem, etc... » Un jour que des hirondelles l'empêchaient de prêcher par leur ramage, il les pria de se taire : « Sorores meæ hirundines, etc. » Elles obéirent aussitôt.

[2] Th. Cellan. : « Segetes, vineas, lapides et silvas, et omnia speciosa camporum... terramque et ignem, aërem et ventum ad divinum monebat amorem, etc... Omnes creaturas *fratres* nomine nuncupabat ; *frater* cinis, *soror* musca, etc. »

[3] *Vie de saint François*, par saint Bonaventure.

ceignit les reins d'une corde et partit pour Rome. « Tel était son transport, dit le biographe, quand il parut devant le pape, qu'il pouvait à peine contenir ses pieds, et tressaillait comme s'il eût dansé [1]. » Les politiques de la cour de Rome le rebutèrent d'abord ; puis le pape réfléchit et l'autorisa. Il demandait pour grâce unique de prêcher, de mendier, de n'avoir rien au monde, sauf une pauvre église de Sainte-Marie-des-Anges, dans le petit champ de la *Portioncule*, qu'il rebâtit de ce qu'on lui donnait. Cela fait, il partagea le monde à ses compagnons, gardant pour lui l'Égypte où il espérait le martyre ; mais il eut beau faire, le sultan s'obstina à le renvoyer.

Tels furent les progrès du nouvel ordre, qu'en 1219 saint François réunit cinq mille franciscains en Italie, et il y en avait dans tout le monde. Ces apôtres effrénés de la grâce couraient partout pieds nus, jouant tous les mystères dans leurs sermons, traînant après eux les femmes et les enfants, riant à Noël, pleurant le Vendredi saint, développant sans retenue tout ce que le christianisme a d'éléments dramatiques. Le système de la grâce, où l'homme n'est plus rien qu'un jouet de Dieu, le dispense aussi de toute dignité personnelle ; c'est pour lui un acte d'amour de s'abaisser, de s'annuler, de montrer les côtés honteux de sa nature ; il semble exalter Dieu d'autant plus. Le scandale et le cynisme deviennent une jouissance pieuse, une sensualité de dévotion. L'homme immole avec délices sa fierté et sa pudeur à l'objet aimé.

[1] *Vie de saint François*, par saint Bonaventure.

C'était une grande joie pour saint François d'Assise de faire pénitence dans les rues pour avoir rompu le jeûne et mangé un peu de volaille par nécessité. Il se faisait traîner tout nu, frapper de coups de corde, et l'on criait : « Voici le glouton qui s'est gorgé de poulet à votre insu ! » A Noël il se préparait, pour prêcher, une étable comme celle où naquit le Sauveur. On y voyait le bœuf, l'âne, le foin ; pour que rien n'y manquât, lui-même il bêlait comme un mouton, en prononçant *Bethléem*, et quand il en venait à nommer le doux Jésus, il passait la langue sur les lèvres et les léchait comme s'il eût mangé du miel[1].

Ces folles représentations, ces courses furieuses, à travers l'Europe, qu'on ne pouvait comparer qu'aux bacchanales ou aux pantomimes des prêtres de Cybèle, donnaient lieu, on peut le croire, à bien des excès. Elles ne furent même pas exemptes du caractère sanguinaire qui avait marqué les représentations orgiastiques de l'antiquité. Le tout-puissant génie dramatique qui poussait saint François à l'imitation complète de Jésus, ne se contenta pas de le jouer dans sa vie et sa naissance ; il lui fallut aussi la passion. Dans ses dernières années on le portait sur une charrette, par les rues et les carrefours, versant le sang par le côté, et imitant, par ses stigmates, celles du Seigneur.

Ce mysticisme ardent fut vivement accueilli par les femmes, et, en revanche, elles eurent bonne part dans la distribution des dons de la grâce. Sainte Clara d'As-

---

[1] Le foin de l'étable fit des miracles ; il guérissait les animaux malades.

sise commença les Clarisses[1]. Le dogme de l'immaculée conception devint de plus en plus populaire[2]. Ce fut le point principal de la religion, la thèse favorite que soutinrent les théologiens, la croyance chère et sacrée pour laquelle les Franciscains, chevaliers de la Vierge, rompirent des lances. Une dévotion sensuelle embrassa la chrétienté. Le monde entier apparut à saint Dominique dans le capuchon de la Vierge, comme l'Inde l'a vu dans la bouche de Crishna, ou comme Brama reposant dans la fleur du lotos. « La Vierge ouvrit son capuchon devant son serviteur Dominique, qui était tout en pleurs, et il se trouvait, ce capuchon, de telle capacité et immensité qu'il contenait et embrassait doucement toute la céleste patrie. »

Nous avons remarqué déjà à l'occasion d'Héloïse, d'Éléonore de Guienne et des Cours d'amour que, dès le XIIe siècle, la femme prit sur la terre une place pro-

---

[1] Cet ordre obtint de saint François, en 1224, une règle particulière. Agnès de Bohême l'établit en Allemagne.

[2] L'Église de Lyon l'avait instituée en 1134. Saint Bernard lui écrivit une longue lettre pour la tancer de cette nouveauté (Epist. 174). Elle fut approuvée par Alain de Lille et par Petrus Cellensis (L. VI, epist. 23; IX, 9 et 10). Le concile d'Oxford la condamna en 1222. — Les Dominicains se déclarèrent pour saint Bernard, l'Université pour l'Église de Lyon. Bulæus, Hist Univers. Paris, II, 138, IV, 618, 964. Voyez Duns Scot, Sententiarum liber III, dist. 3, qu. I, et dist. 18, qu. I. Il disputa, dit-on, pour l'immaculée conception, contre deux cents Dominicains, et amena l'Université à décider : « Ne ad ullos gradus scholasticos admitteretur ullus, qui prius non juraret se defensurum B. Virginem a noxa originaria. » Wadding., Ann. Minorum, ann. 1394. Bulæus, IV, p. 71.

Acta SS. Theodor. de Appoldia, p. 583. « Totam cœlestem pa-

portionnée à l'importance nouvelle qu'elle avait acquise dans la hiérarchie céleste. Au XIIIe, elle se trouve, au moins comme mère et régente, assise sur plusieurs des trônes d'Occident. Blanche de Castille gouverne au nom de son fils enfant, comme la comtesse de Champagne pour le jeune Thibaut, comme celle de Flandre pour son mari prisonnier. Isabelle de la Marche exerce aussi la plus grande influence sur son fils Henri III, roi d'Angleterre. Jeanne de Flandre ne se contenta pas du pouvoir, elle en voulut les honneurs et les insignes vi-

triam amplexando dulciter continebat. » — Pierre Damiani disait que Dieu lui-même avait été enflammé d'amour pour la Vierge. Il s'écrie dans un sermon (Sermo XI, de Annunt B. Mar., p. 171) : « O venter diffusior cœlis, terris amplior, capacior elementis! etc. » — Dans un sermon sur la Vierge, de l'archevêque de Kenterbury, Étienne Langton, on trouve ces vers :

> Bele Aliz matin leva,
> Sun cors vesti et para,
> Ens un vergier s'en entra,
> Cink fleurettes y truva;
> Un chapelet fit en a
> De bele rose flurie.
> Pur Dieu trahez vus en là,
> Vus ki ne amez mie!

Ensuite il applique mystiquement chaque vers à la mère du Sauveur, et s'écrie avec enthousiasme :

> Ceste est la belle Aliz,
> Ceste est la flur,
> Ceste est le lys.
>
> Roquefort, Poésie du XIIe et du XIIIe siècles.

On a attribué au franciscain saint Bonaventure le Psalterium minus et le Psalterium majus B. Mariæ Virginis. Ce dernier est une sorte de parodie sérieuse où chaque verset est appliqué à la Vierge. Psalm. I : « ... Universas enim fœminas vincis pulchritudine carnis ! »

rils; elle réclama au sacre de saint Louis le droit du comte de Flandre, celui de porter l'épée nue, l'épée de la France [1].

Avant d'expliquer comment une femme gouverna la France et brisa la force féodale au nom d'un enfant, il faut pourtant se rappeler combien toute circonstance favorisait alors les progrès du pouvoir royal. La royauté n'avait qu'à se laisser aller, le fil de l'eau la portait. La mort de Philippe-Auguste n'y avait rien changé (1218). Son fils, le faible et maladif Louis VIII, nommé, ce semble ironiquement, Louis le Lion, ne joua pas moins le rôle d'un conquérant. Il échoua en Angleterre, il est vrai, mais il prit aux Anglais le Poitou. En Flandre, il maintint la comtesse Jeanne, lui rendant le service de garder son mari prisonnier à la tour du Louvre. Cette Jeanne était fille de Baudouin, le premier empereur de Constantinople, qu'on croyait tué par les Bulgares. Un jour, le voilà qui reparaît en Flandre; sa fille refuse de le reconnaître, mais le peuple l'accueille, et elle est obligée de fuir près de Louis VIII, qui la ramène avec une armée. Le vieillard ne pouvait répondre à certaines questions; et vingt ans d'une dure captivité pouvaient bien avoir altéré sa mémoire. Il passa pour imposteur, et la comtesse le fit périr. Tout le peuple la regarda comme parricide.

La Flandre se trouvait ainsi soumise à l'influence française; il en fut bientôt de même du Languedoc.

---

[1] Par une singulière coïncidence, en 1250, une femme succédait, pour la première fois, à un sultan (Chegger-Eddour à Almoadan).

Louis VIII y était appelé par l'Église contre les Albigeois, qui reparaissaient sous Raymond VII[1]. D'autre part, une bonne partie des méridionaux désiraient finir à tout prix, par l'intervention de la France, cette guerre de tigres, qui se faisait chez eux depuis si longtemps. Louis avait prouvé sa douceur et sa loyauté au siége de Marmande, où il essaya en vain de sauver les assiégés. Vingt-cinq seigneurs et dix-sept archevêques et évêques déclaraient qu'ils conseillaient au roi de se charger de l'affaire des Albigeois. Louis VIII se mit en effet en marche à la tête de toute la France du Nord; les cavaliers seuls étaient dans cette armée au nombre de cinquante mille. L'alarme fut grande dans le Midi. Une foule de seigneurs et de grandes villes s'empressèrent d'envoyer au-devant, et de faire hommage. Les républiques de Provence, Avignon, Arles, Marseille et Nice, espéraient pourtant que le torrent passerait à côté. Avignon offrit passage hors de ses murs; mais en même temps, elle s'entendait, avec le comte de Toulouse, pour détruire tous les fourrages à l'approche de la cavalerie française. Cette ville était étroitement unie avec Raymond; elle était restée douze ans excommuniée pour l'amour de lui. Les podestats d'Avignon prenaient le titre de bayles ou lieutenants du comte de Toulouse. Louis VIII insista pour passer par la ville même, et sur son refus, il l'assiégea. Les réclamations de Frédéric II, en faveur de cette ville

---

[1] Voy. la lettre des évêques du Midi à Louis VIII. Preuves de l'Histoire du Lang., p. 289, et les lettres d'Honorius III, ap. Scr. fr. XIX, 699-723.

impériale, ne furent point écoutées. Il fallut qu'elle payât rançon, donnât des otages et abattît ses murailles. Tout ce qu'on trouva dans la ville, de Français et de Flamands, fut égorgé par les assiégeants. Une grande partie du Languedoc s'effraya; Nîmes, Albi, Carcassonne, se livrèrent, et Louis VIII établit des sénéchaux dans cette dernière ville et à Beaucaire. Il semblait qu'il dût accomplir dans cette campagne toute la conquête du Midi. Mais le siége d'Avignon avait été un retard fatal; les chaleurs occasionnèrent une épidémie meurtrière dans son armée. Lui-même il languissait, lorsque le duc de Bretagne et les comtes de Lusignan, de la Marche, d'Angoulême et de Champagne s'entendirent pour se retirer; ils se repentaient tous d'avoir aidé au succès du roi; le comte de Champagne, amant de la reine (telle est du moins la tradition), fut accusé d'avoir empoisonné Louis, qui mourut peu après son départ (1226).

La régence et la tutelle du jeune Louis IX eût appartenu, d'après les lois féodales, à son oncle Philippe le Hurepel (le grossier), comte de Boulogne. Le légat du pape et le comte de Champagne, qu'on disait également favorisés de la reine mère, Blanche de Castille, lui assurèrent la régence. C'était une grande nouveauté qu'une femme commandât à tant d'hommes; c'était sortir d'une manière éclatante du système militaire et barbare qui avait prévalu jusque-là, pour entrer dans la vie pacifique de l'esprit moderne. L'Église y aida. Outre le légat, l'archevêque de Sens et l'évêque de Beauvais voulurent bien attester que le dernier roi avait, sur son lit de mort, nommé sa veuve régente.

Son testament, que nous avons encore, n'en fait aucune mention [1]. Il est douteux, d'ailleurs, qu'il eût confié le royaume à une Espagnole, à la nièce du roi Jean, à une femme que le comte de Champagne avait prise, dit-on, pour l'objet de ses galanteries poétiques. Ce comte, ennemi d'abord du roi, comme les autres grands seigneurs, n'en fut pas moins le plus puissant appui de la royauté après la mort de Louis VIII. Il aimait sa veuve, dit-on, et, d'autre part, la Champagne aimait la France; les grandes villes industrielles de Troyes, de Bar-sur-Seine, etc., devaient sympathiser avec le pouvoir pacifique et régulier du roi, plus qu'avec la turbulence militaire des seigneurs. Le parti du roi, c'était le parti de la paix, de l'ordre, de la sûreté des routes. Quiconque voyageait, marchand ou pèlerin, était, à coup sûr, pour le roi. Ceci explique encore la haine furieuse des grands seigneurs contre la Champagne, qui avait de bonne heure abandonné leur ligue. La jalousie de la féodalité contre l'industrialisme, qui entra pour beaucoup dans les guerres de Flandre et de Languedoc, ne fut point certainement étrangère aux affreux ravages que les seigneurs firent dans la Champagne pendant la minorité de saint Louis.

Le chef de la ligue féodale, ce n'était point Philippe, oncle du jeune roi, ni les comtes de la Marche et de Lusignan, beau-père et frère du roi d'Angleterre, mais le duc de Bretagne, Pierre Mauclerc, descendu d'un

---

[1] *Archives du royaume*, J., carton 401, Lettre et témoignage de l'archevêque de Sens et de l'évêque de Beauvais. — J. carton 403, *Testament de Louis VIII*.

fils de Louis le Gros. La Bretagne, relevant de la Normandie, et par conséquent de l'Angleterre aussi bien que de la France, flottait entre les deux couronnes. Le duc était d'ailleurs l'homme le plus propre à profiter d'une telle position. Élevé aux écoles de Paris, grand dialecticien, destiné d'abord à la prêtrise, mais de cœur légiste, chevalier, ennemi des prêtres, il en fut surnommé *Mauclerc*.

Cet homme remarquable, certainement le premier de son temps, entreprit bien des choses à la fois, et plus qu'il ne pouvait : en France, d'abaisser la royauté ; en Bretagne, d'être absolu, malgré les prêtres et les seigneurs. Il s'attacha les paysans ; leur accorda des droits de pâture, d'usage du bois mort, des exemptions du péage. Il eut encore pour lui les seigneurs de l'intérieur du pays, surtout ceux de la Bretagne française (Avaugour, Vitré, Fougères, Châteaubriant, Dol, Châteaugiron) ; mais il tâcha de dépouiller ceux des côtes (Léon, Rohan, le Faou, etc.). Il leur disputa ce précieux droit de *bris*, qui leur donnait des vaisseaux naufragés. Il luttait aussi contre l'Église, l'accusait de simonie par-devant les barons, employait contre les prêtres la science du droit canonique qu'il avait apprise d'eux-mêmes. Dans cette lutte, il se montra inflexible et barbare ; un curé refusant d'enterrer un excommunié, il ordonna qu'on l'enterrât lui-même avec le corps[1].

---

[1] Elle lui écrivit, dit-on : « Sire Thibaud de Champaigne, j'ai entendu que vous avez convenancé et promis à prendre à femme la fille au comte Perron de Bretaigne. Partant vous mande que si ne voulez perdre quan que vous avez au royaume de France,

Cette lutte intérieure ne permit guère à Mauclerc d'agir vigoureusement contre la France. Il eût fallu du moins être bien appuyé de l'Angleterre. Mais les Poitevins qui gouvernaient et volaient le jeune Henri III, ne lui laissaient point d'argent pour une guerre honorable. Il devait passer la mer en 1226; une révolte le retint. Mauclerc l'attendait encore en 1229, mais le favori de Henri III fut corrompu par la régente, et rien ne se trouva prêt. Elle eût encore l'adresse d'empêcher le comte de Champagne d'épouser la fille de Mauclerc. Les barons, sentant la faiblesse de la ligue, n'osaient, malgré toute leur mauvaise volonté, désobéir formellement au roi enfant, dont la régente employait le nom. En 1228, sommés par elle d'amener leurs hommes contre la Bretagne, ils vinrent chacun avec deux chevaliers seulement.

L'impuissance de la ligue du Nord permit à Blanche et au légat qui la conseillait d'agir vigoureusement contre le Midi. Une nouvelle croisade fut conduite en Languedoc. Toulouse aurait tenu longtemps, mais les croisés se mirent à détruire méthodiquement toutes les vignes qui faisaient la richesse du pays. Les indigènes avaient résisté tant qu'il n'en coûtait que du sang. Ils obligèrent leur comte à céder. Il fallut qu'il râsât les murs de sa ville, y reçut garnison française, y autorisât l'établissement de l'inquisition, confirmât à la France la possession du bas Languedoc, promît

que vous ne le faites. Si cher que avez tout tant qua amez au dit royaume, ne le faites pas. La raison pourquoy vous sçavez bien. Je n'ai jamais trouvé pis qui mal m'ait voulu faire que luy. » D. Morice, I, 158.

Toulouse après sa mort, comme dot de sa fille Jeanne, qu'un frère du roi devait épouser[1]. Quant à la haute Provence, il l'a donnait à l'Église : c'est l'origine du droit des papes sur le comtat d'Avignon. Lui-même il vint à Paris, s'humilia, reçut la discipline dans l'église de Notre-Dame, et se constitua, pour six semaines, prisonnier à la tour du Louvre. Cette tour, où six comtes avaient été enfermés après Bouvines, d'où le comte de Flandre venait à peine de sortir, où l'ancien comte de Boulogne se tua de désespoir, était devenu le château, la maison de plaisance, où les grands barons logeaient chacun à son tour.

La régente osa alors défier le comte de Bretagne et le somma de comparaître devant les pairs. Ce tribunal des douze pairs, calqué sur le nombre mystique des douze apôtres, et sur les traditions poétiques des romans carlovingiens, n'était point une institution fixe et régulière. Rien n'était plus commode pour les rois. Cette fois, les pairs se trouvèrent l'archevêque de Sens, les évêques de Chartres et de Paris, les comtes de Flandre, de Champagne, de Nevers, de Blois, de Chartres, de Montfort, de Vendôme, les seigneurs de Coucy et de Montmorency, et beaucoup d'autres barons et chevaliers.

Leur sentence n'aurait pas fait grand'chose, si Mauclerc eût été mieux soutenu par les Anglais et par les barons. Ceux-ci traitèrent séparément avec la

---

[1] Voyez les articles du Traité, inséré au tome III des Preuves de l'Histoire du Languedoc, p. 329, sqq., et au tome XIX du recueil des Historiens de France, p. 219, sqq.

régente. Toute la haine des seigneurs, forcés de céder à Blanche, retomba sur le comte de Champagne ; il fut obligé de se réfugier à Paris, et ne rentra dans ses domaines qu'en promettant de prendre la croix en expiation de la mort de Louis VIII ; c'était s'avouer coupable.

Tout le mouvement qui avait troublé la France du Nord s'écoula pour ainsi dire vers le Midi et l'Orient. Les deux chefs opposés, Thibaut et Mauclerc, furent éloignés par des circonstances nouvelles, et laissèrent le royaume en paix. Thibaut se trouva roi de Navarre par la mort du père de sa femme ; il vendit à la régente Chartres, Blois, Sancerre et Châteaudun. Une noblesse innombrable le suivit. Le roi d'Aragon, qui, à la même époque, commençait sa croisade contre Majorque et Valence, amena aussi beaucoup de chevaliers, surtout un grand nombre de *faidits* provençaux et languedociens ; c'étaient les proscrits de la guerre des Albigeois. Peu après, Pierre Mauclerc, qui n'était comte de Bretagne que du chef de sa femme, abdiqua le comté, le laissa à son fils, et fut nommé par le pape Grégoire IX, général en chef de la nouvelle croisade d'Orient.

Telle était la favorable situation du royaume à l'époque de la majorité de saint Louis (1236). La royauté n'avait rien perdu depuis Philippe-Auguste. Arrêtons-nous un instant ici, et récapitulons les progrès de l'autorité royale et du pouvoir central depuis l'avénement du grand-père de saint Louis.

Philippe-Auguste avait, à vrai dire, fondé ce royaume en réunissant la Normandie à la Picardie. Il avait, en quelque sorte, fondé Paris, en lui donnant sa cathédrale, sa halle, son pavé, des hôpitaux, des aqueducs, une nouvelle enceinte, de nouvelles armoiries, surtout en autorisant et soutenant son université. Il avait fondé la juridiction royale en inaugurant l'assemblée des pairs par un acte populaire et humain, la condamnation de Jean et la punition du meurtre d'Arthur. Les grandes puissances féodales s'affaissaient ; la Flandre, la Champagne, le Languedoc, étaient soumis à l'influence royale. Le roi s'était formé un grand parti dans la noblesse, si je puis dire : je parle des cadets ; il fit consacrer en principe qu'ils ne dépendraient plus de leurs aînés.

Le prince dans les mains duquel tombait ce grand héritage, Louis IX, avait vingt et un ans en 1236. Il fut déclaré majeur, mais dans la réalité il resta longtemps encore dépendant de sa mère, la fière Espagnole qui gouvernait depuis dix ans. Les qualités de Louis n'étaient pas de celles qui éclatent de bonne heure ; la principale fut un sentiment exquis, un amour inquiet du devoir, et pendant longtemps le devoir lui apparut comme la volonté de sa mère. Espagnol du côté de Blanche [1], Flamand par son aïeule Isabelle, le

---

[1] Il était parent par sa mère d'Alphonse X, roi de Castille ; celui-ci lui avait promis des secours pour la croisade ; mais il mourut en 1252, et saint Louis « en fut fort affligé. » Matth. Pâris, p. 565. — « A son retour, il fit frapper, dit Villani, des monnaies où les uns voient des menottes, en mémoire de sa captivité ; les autres, les tours de Castille. » Ce qui vient à l'appui de cette dernière opinion, c'est que les frères de saint Louis, Charles et Alphonse, mirent les tours de Castille dans leurs armes. Michaud, IV, 445.

jeune prince suça avec le lait une piété ardente, qui semble avoir été étrangère à la plupart de ses prédécesseurs, et que ses successeurs n'ont guère connue davantage.

Cet homme, qui apportait au monde un tel besoin de croire, se trouva précisément au milieu de la grande crise, lorsque toutes les croyances étaient ébranlées. Ces belles images d'ordre que le moyen âge avait rêvées, le saint pontificat et le saint empire, qu'étaient-elles devenues? La guerre de l'empire et du sacerdoce avait atteint le dernier degré de violence, et les deux partis inspiraient presque une égale horreur. D'un côté, c'était l'Empereur[1], au milieu de son cortége de légistes bolonais et de docteurs arabes, penseur hardi, charmant poëte et mauvais croyant. Il avait des gardes sarrasines, une université sarrasine, des concubines arabes. Le sultan d'Egypte était son meilleur ami[2]. Il avait, disait-on, écrit ce livre horrible dont on parlait

---

[1] L'empereur d'Allemagne était alors Frédéric II de Hohenstaufen, petit-fils de Frédéric Barberousse. (*N. de l'Éd.*)

[2] Extraits d'historiens arabes, par Reinaud (Bibl. des Croisades IV, 417, sqq.) « L'émir Fakr-Eddin était entré fort avant, dit Yaféi, dans la confiance de l'empereur; ils avaient de fréquents entretiens sur la philosophie, et leurs opinions paraissaient se rapprocher sur beaucoup de points. — Ces étroites relations scandalisèrent beaucoup les chrétiens... « Je n'aurais pas tant insisté, dit-il à Fakr-Eddin, pour qu'on me remît Jérusalem, si je n'avais craint de perdre tout crédit en Occident ; mon but n'a pas été de délivrer la ville sainte, ni rien de semblable ; j'ai voulu conserver l'estime des Francs. » — « L'empereur était roux et chauve; il avait la vue faible; s'il avait été esclave, on n'en aurait pas donné deux cents drachmes. Ses discours montraient assez qu'il ne croyait pas à la religion chrétienne; quand il en

tant : *De Tribus impostoribus*, Moïse, Mahomet et Jésus, qui n'a jamais été écrit. Beaucoup de gens soupçonnaient que Frédéric pouvait fort bien être l'Antechrist.

Le Pape n'inspirait guère plus de confiance que l'Empereur. La foi manquait à l'un, mais à l'autre la charité. Quelque désir, quelque besoin qu'on eût de révérer encore le successeur des apôtres, il était difficile de le reconnaître sous cette cuirasse d'acier qu'il avait revêtue depuis la croisade des Albigeois. Il semblait que la soif du meurtre fût devenue le génie même du prêtre. Ces hommes de paix ne demandaient que mort et ruine, des paroles effroyables sortaient de leur bouche. Ils s'adressaient à tous les peuples, à tous les princes, ils prenaient tour à tour le ton de la menace ou de la plainte : ils demandaient, grondaient, priaient, pleuraient. Que voulaient-ils avec tant d'ar-

---

parlait, c'était pour s'en railler... etc... Un muezzin récita près de lui un verset de l'Alcoran qui nie la divinité de Jésus-Christ. Le sultan le voulut punir; Frédéric s'y opposa. » — Il se fâcha contre un prêtre qui était entré dans une mosquée l'Évangile à la main, et jura de punir sévèrement tout chrétien qui y entrerait sans une permission spéciale. — On a vu plus haut quelles relations amicales Richard entretenait avec Salaheddin et Malek-Adhel. — Lorsque Jean de Brienne fut assiégé dans son camp (en 1221), il fut comblé par le sultan de témoignages de bienveillance : « Dès lors, dit un auteur arabe (Makrizi), il s'établit entre eux une liaison sincère et durable, et tant qu'ils vécurent, ils ne cessèrent de s'envoyer des présents et d'entretenir un commerce d'amitié. » Dans une guerre contre les Kharismiens, les chrétiens de Syrie se mirent pour ainsi dire sous les ordres des infidèles. On voyait les chrétiens marcher leurs croix levées; les prêtres se mêlaient dans les rangs, donnaient des bénédictions, et offraient à boire aux musulmans dans leurs calices. Ibid., 445, d'après Ibn-Giouzi, témoin oculaire.

deur ? la délivrance de Jérusalem ? Aucunement. L'amélioration des Chrétiens, la conversion des Gentils ? Rien de tout cela. Eh ! quoi donc ? Du sang. Une soif horrible de sang semblait avoir embrasé le leur, depuis qu'une fois ils avaient goûté de celui des Albigeois.

La destinée de ce jeune et innocent Louis IX fut d'être héritier des Albigeois et de tant d'autres ennemis de l'Église. C'était pour lui que Jean, condamné sans être entendu, avait perdu la Normandie, et son fils Henri le Poitou ; c'était pour lui que Montfort avait égorgé vingt mille hommes dans Béziers, et Folquet dix mille dans Toulouse. Ceux qui avaient péri étaient, il est vrai, des hérétiques, des mécréants, des ennemis de Dieu ; il y avait pourtant, dans tout cela, bien des morts ; et dans cette magnifique dépouille, une triste odeur de sang. Voilà, sans doute, ce qui fit l'inquiétude et l'indécision de saint Louis. Il avait grand besoin de croire et de s'attacher à l'Église, pour se justifier à lui-même son père et son aïeul, qui avaient accepté de tels dons. Position critique pour une âme timorée ; il ne pouvait restituer sans déshonorer son père et indigner la France. D'autre part, il ne pouvait garder, ce semble, sans consacrer tout ce qui s'était fait, sans accepter tous les excès, toutes les violences de l'Église.

Le seul objet vers lequel une telle âme pouvait se tourner encore, c'était la croisade, la délivrance de Jérusalem. Cette grande puissance, bien ou mal acquise, qui se trouvait dans ses mains, c'était là, sans doute, qu'elle devait s'exercer et s'expier. De ce côté, il y avait tout au moins la chance d'une mort sainte.

Jamais la croisade n'avait été plus nécessaire et plus légitime. Agressive jusque-là, elle allait devenir défensive. On attendait dans tout l'Orient un grand et terrible événement ; c'était comme le bruit des grandes eaux avant le déluge, comme le craquement des digues, comme le premier murmure des cataractes du ciel. Les Mongols s'étaient ébranlés du Nord, et peu à peu descendaient par toute l'Asie. Ces pasteurs, entraînant les nations, chassant devant eux l'humanité avec leurs troupeaux, semblaient décidés à effacer de la terre toute ville, toute construction, toute trace de culture, à refaire du globe un désert, une libre prairie, où l'on pût désormais errer sans obstacle. Ils délibérèrent s'ils ne traiteraient pas ainsi toute la Chine septentrionale, s'ils ne rendraient pas cet empire, par l'incendie de cent villes et l'égorgement de plusieurs millions d'hommes, à cette beauté primitive des solitudes du monde naissant. Où ils ne pouvaient détruire les villes sans grand travail, ils se dédommageaient du moins par le massacre des habitants ; témoin ces pyramides de têtes de morts qu'ils firent élever dans la plaine de Bagdad [1].

Toutes les sectes, toutes les religions qui se partageaient l'Asie, avaient également à craindre ces barbares, et nulle chance de les arrêter. Les sunnites et les schyytes, le calife de Bagdad et le calife du Caire, les Assassins, les chrétiens de Terre sainte, attendaient

---

[1] Tamerlan, après avoir ruiné Damas de fond en comble, fit frapper des monnaies portant un mot arabe dont le sens était : DESTRUCTION.

le Jugement. Toute dispute allait être finie, toute haine réconciliée ; les Mongols s'en chargeaient. De là, sans doute, ils passeraient en Europe, pour accorder le pape et l'Empereur, le roi d'Angleterre et le roi de France. Alors, ils n'auraient plus qu'à faire manger l'avoine à leurs chevaux sur l'autel de Saint-Pierre de Rome, et le règne de l'Antechrist allait commencer.

Ils avançaient, lents et irrésistibles, comme la vengeance de Dieu ; déjà ils étaient partout présents par l'effroi qu'ils inspiraient. En l'an 1238, les gens de la Frise et du Danemark n'osèrent pas quitter leurs femmes épouvantées pour aller pêcher le hareng, selon leur usage, sur les côtes d'Angleterre[1]. En Syrie,

---

[1] « Ils avaient, dit Matthieu Pâris, ravagé et dépeuplé la grande Hongrie : ils avaient envoyé des ambassadeurs avec des lettres menaçantes à tous les peuples. Leur général se disait envoyé du Dieu très-haut pour dompter les nations qui lui étaient rebelles. Les têtes de ces barbares sont grosses et disproportionnées avec leurs corps, ils se nourrissent de chairs crues et même de chair humaine ; ce sont des archers incomparables ; ils portent avec eux des barques de cuir, avec lesquelles ils passent tous les fleuves ; ils sont robustes, impies, inexorables ; leur langue est inconnue à tous les peuples qui ont quelque rapport avec nous (quos nostra attingit notitia). Ils sont riches en troupeaux de moutons, de bœufs, de chevaux si rapides qu'ils font trois jours de marche en un jour. Ils portent par devant une bonne armure, mais aucune par derrière, pour n'être jamais tentés de fuir. Ils nomment khan leur chef, dont la férocité est extrême. Habitant la plage boréale, les Caspiennes, et celles qui leur confinent, ils sont nommés Tartares, du nom du fleuve Tar. Leur nombre est si grand, qu'ils semblent menacer le genre humain de sa destruction. Quoiqu'on eût déjà éprouvé d'autres invasions de la part des Tartares, la terreur était plus grande cette année, parce qu'ils sem-

on s'attendait d'un moment à l'autre à voir apparaître les grosses têtes jaunes et les petits chevaux échevelés. Tout l'Orient était réconcilié. Les princes mahométans, entre autres le Vieux de la Montagne, avaient envoyé une ambassade suppliante au roi de France, et l'un des ambassadeurs passa en Angleterre.

D'autre part, l'empereur latin de Constantinople venait exposer à saint Louis son danger, son dénûment et sa misère. Ce pauvre Empereur s'était vu obligé de faire alliance avec les Comans, et de leur

---

blaient plus furieux que de coutume; aussi les habitants de la Gothie et de la Frise, redoutant leurs attaques, ne vinrent point cette année, comme ils le faisaient d'ordinaire, sur les côtes d'Angleterre, pour charger leurs vaisseaux de harengs : les harengs se trouvèrent en conséquence tellement abondants en Angleterre, qu'on les vendait presque pour rien : même dans les endroits éloignés de la mer, on en donnait quarante ou cinquante d'excellents pour une petite pièce de monnaie. Un messager sarrasin, puissant et illustre par sa naissance, qui était venu en ambassade solennelle auprès du roi de France, principalement de la part du Vieux de la Montagne, annonçait ces événements au nom de tous les Orientaux, et il demandait du secours aux Occidentaux, pour réprimer la fureur des Tartares. Il envoya un de ses compagnons d'ambassade au roi d'Angleterre pour lui exposer les mêmes choses, et lui dire que si les musulmans ne pouvaient soutenir le choc de ces ennemis, rien ne les empêcherait d'envahir tout l'Occident. L'évêque de Winchester, qui était présent à cette audience (c'était le favori d'Henri III), et qui avait déjà revêtu la croix, prit d'abord la parole en plaisantant. « Laissons, dit-il, ces chiens se dévorer les uns les autres, pour qu'ils périssent plus tôt. Quand ensuite nous arriverons sur les ennemis du Christ qui resteront en vie, nous les égorgerons plus facilement, et nous en purgerons la surface de la terre. Alors le monde entier sera soumis à l'Église catholique, et il ne restera plus qu'un seul pasteur et une seule bergerie. » Matth. Paris, p. 318.

jurer amitié, la main sur un chien mort. Il en était à n'avoir plus pour se chauffer que les poutres de son palais. Quand l'impératrice vint, plus tard, implorer de nouveau la pitié de saint Louis, Joinville fut obligé, pour la présenter, de lui donner une robe. L'Empereur offrait à saint Louis de lui céder à bon compte un inestimable trésor, la vraie couronne d'épines qui avait ceint le front du Sauveur. La seule chose qui embarrassait le roi de France, c'est que le commerce de reliques avait bien l'air d'être un cas de simonie ; mais il n'était pas défendu pourtant de faire un présent à celui qui faisait un tel don à la France. Le présent fut de cent soixante mille livres, et de plus, saint Louis donna le produit d'une confiscation faite sur les Juifs, dont il se faisait scrupule de profiter lui-même. Il alla pieds nus recevoir les saintes reliques jusqu'à Vincennes, et plus tard fonda pour elles la Sainte-Chapelle de Paris.

La croisade de 1235 n'était pas faite pour rétablir les affaires d'Orient. Le roi champenois de Navarre, le duc de Bourgogne, le comte de Montfort, se firent battre. Le frère du roi d'Angleterre n'eut d'autre gloire que celle de racheter les prisonniers. Mauclerc seul y gagna quelque chose. Cependant, le jeune roi de France ne pouvait quitter encore son royaume et réparer ces malheurs. Une vaste ligue se formait contre lui ; le comte de Toulouse, dont la fille avait épousé le frère du roi, Alphonse de Poitiers, voulait tenter encore un effort pour garder ses États, s'il n'avait pu garder ses enfants. Il s'était allié aux rois d'Angleterre, de Navarre, de Castille et d'Aragon. Il voulait épouser ou Marguerite de la Marche, sœur utérine d'Henri III, ou Béatrix de Provence. Par ce dernier mariage, il eût réuni la Provence au Languedoc, déshérité sa fille au profit des enfants qu'il eût eus de Béatrix, et réuni tout le Midi. La précipitation fit avorter ce grand projet. Dès 1242, les inquisiteurs furent massacrés à Avignon ; l'héritier légitime de Nîmes, Béziers et Carcassonne, le jeune Trencavel, se hasarda à reparaître. Les confédérés agirent l'un après l'autre. Raymond était réduit quand les Anglais prirent les armes. Leur campagne en France fut pitoyable ; Henri III avait compté sur son beau-père, le comte de la Marche, et les autres seigneurs qui l'avaient appelé. Quand ils se virent et se comptèrent, alors commencèrent les reproches et les altercations. Les Français n'avançaient pas moins ; ils auraient tourné et pris l'armée anglaise au pont de Taillebourg, sur la Charente, si Henri n'eût obtenu une trêve par l'intercession de son frère Richard, en qui Louis révéra le héros de la dernière croisade, celui qui avait racheté et rendu à l'Europe tant de chrétiens[1]. Henri profita de ce répit pour décamper et se retirer vers Saintes. Louis le serra de près ; un combat acharné eut lieu dans les vignes, et le roi d'Angleterre finit par s'enfuir dans la ville, et de là vers Bordeaux (1242).

Une épidémie, dont le roi et l'armée languirent également, l'empêcha de poursuivre ses succès. Mais le combat de Taillebourg n'en fut pas moins le coup mortel pour ses ennemis, et en général pour la féoda-

---

[1] Matth. Pâris.

lité. Le comte de Toulouse n'obtint grâce que comme cousin de la mère de saint Louis. Son vassal, le comte de Foix, déclara qu'il voulait dépendre immédiatement du roi. Le comte de la Marche et sa femme, l'orgueilleuse Isabelle de Lusignan, veuve de Jean et mère d'Henri III, furent obligés de céder. Ce vieux comte, faisant hommage au frère du roi, Alphonse, nouveau comte de Poitiers, un chevalier parut, qui se disait mortellement offensé par lui, et demandait à le combattre par-devant son suzerain. Alphonse insistait durement pour que le vieillard fît raison au jeune homme. L'événement n'était pas douteux, et déjà Isabelle, craignant de périr après son mari, s'était réfugiée au couvent de Fontevrault. Saint Louis s'interposa et ne permit point ce combat inégal. Telle fut pourtant l'humiliation du comte de la Marche, que son ennemi, qui avait juré de laisser pousser ses cheveux jusqu'à ce qu'il eût vengé son outrage, se les fit couper solennellement devant tous les barons, et déclara qu'il en avait assez.

En cette occasion, comme en toutes, Louis montrait la modération d'un saint et d'un politique. Un baron n'ayant voulu se rendre qu'après en avoir obtenu l'autorisation de son seigneur, le roi d'Angleterre, Louis lui en sut gré, et lui remit son château sans autre garantie que son serment[1]. Mais afin de sauver de la tentation du parjure ceux qui tenaient des fiefs de lui et d'Henri, il leur déclara, aux termes de l'Évangile, qu'on ne pouvait servir deux maîtres, et leur permit

---

[1] Matth. Pâris.

d'opter librement[1]. Il eût voulu, pour ôter toute cause de guerre, obtenir d'Henri la cession expresse de la Normandie ; à ce prix, il lui eût rendu le Poitou.

Telle était la prudence et la modération du roi. Il n'imposa pas à Raymond d'autres conditions que celles du traité de Paris, qu'il avait signé quatorze ans auparavant.

Cependant la catastrophe tant redoutée avait lieu en Orient. Une aile de la prodigieuse armée des Mongols avait poussé vers Bagdad (1258); une autre entrait en Russie, en Pologne, en Hongrie. Les Karismiens, précurseurs des Mongols, avaient envahi la Terre sainte; ils avaient remporté à Gaza, malgré l'union des chrétiens et des musulmans, une sanglante victoire. Cinq cents templiers y étaient restés; c'était tout ce que l'ordre avait alors de chevaliers à la Terre sainte; puis les Mongols avaient pris Jérusalem abandonnée de ses habitants; ces barbares, par un jeu perfide, mirent partout des croix sur les murs ; les habitants, trop crédules, revinrent et furent massacrés.

Saint Louis était malade, alité, et presque mourant, quand ces tristes nouvelles parvinrent en Europe. Il était si mal qu'on désespérait de sa vie, et déjà une des dames qui le gardaient voulait lui jeter le drap sur le visage, croyant qu'il avait passé. Dès qu'il alla un peu mieux, au grand étonnement de ceux qui l'entouraient, il fit mettre la croix rouge sur son lit et sur ses vêtements. Sa mère eût autant aimé le voir mort. Il promettait, lui faible et mourant, d'aller si loin,

[2] Matth. Pâris.

outre-mer, sous un climat meurtrier, donner son sang et celui des siens dans cette inutile guerre qu'on poursuivait depuis plus d'un siècle. Sa mère, les prêtres eux-mêmes le pressaient d'y renoncer. Il fut inflexible; cette idée, qu'on lui croyait si fatale, fut, selon toute apparence, ce qui le sauva; il espéra, il voulut vivre, et vécut en effet. Dès qu'il fut convalescent, il appela sa mère, l'évêque de Paris, et leur dit : « Puisque vous croyez que je n'étais pas parfaitement en moi-même quand j'ai prononcé mes vœux, voilà ma croix que j'arrache de mes épaules, je vous la rends... Mais à présent, continua-t-il, vous ne pouvez nier que je ne sois dans la pleine jouissance de toutes mes facultés; rendez-moi donc ma croix; car celui qui sait toute chose sait aussi qu'aucun aliment n'entrera dans ma bouche jusqu'à ce que j'aie été marqué de nouveau de son signe. » — « C'est le doigt de Dieu, s'écrièrent tous les assistants; ne nous opposons plus à sa volonté. » Et personne, dès ce jour, ne contredit son projet.

Le seul obstacle qui restât à vaincre, chose triste et contre nature, c'était le pape. Innocent IV remplissait l'Europe de sa haine contre Frédéric II. Chassé de l'Italie, il assembla contre lui un grand concile à Lyon[1]. Cette ville impériale tenait pourtant à la France, sur le territoire de laquelle elle avait son faubourg au delà du Rhône. Saint Louis, qui s'était inutilement porté pour médiateur, ne consentit pas

---

[1] Matth. Pâris. — « Écrasons d'abord le dragon, disait-il, et nous écraserons bientôt ces vipères de roitelets. »

sans répugnance à recevoir le pape. Il fallut que tous les moines de Citeaux vinssent se jeter aux pieds du roi; et il laissa attendre le pape quinze jours pour savoir sa détermination. Innocent, dans sa violence, contrariait de tout son pouvoir la croisade d'Orient; il eût voulu tourner les armes du roi de France contre l'Empereur ou contre le roi d'Angleterre, qui était sorti un moment de sa servilité à l'égard du saint-siége. Déjà, en 1239, il avait offert la couronne impériale à saint Louis pour son frère, Robert d'Artois; en 1245, il lui offrit la couronne d'Angleterre. Étrange spectacle, un pape n'oubliant rien pour entraver la délivrance de Jérusalem, offrant tout à un croisé pour lui faire violer son vœu[1].

Louis ne songeait guère à acquérir. Il s'occupait bien plutôt à légitimer les acquisitions de ses pères. Il essaya inutilement de se réconcilier l'Angleterre par une restitution partielle. Il interrogea même les évêques de Normandie pour se rassurer sur le droit qu'il pouvait avoir à la possession de cette province. Il dédommagea par une somme d'argent le vicomte Trencavel, héritier de Nîmes et de Béziers. Il l'emmena à la croisade, avec tous les faidits, les proscrits de la guerre des Albigeois, tous ceux que l'établissement des compagnons de Montfort avait privés de leur patrimoine. Ainsi il faisait de la guerre sainte une expiation, une réconciliation universelle.

---

[1] « Les barons anglais n'osaient passer à la Terre sainte, craignant les piéges de la cour de Rome (muscipulas Romanæ formidantes). » Matth. Pâris.

Ce n'était pas une simple guerre, une expédition, que saint Louis projetait, mais la fondation d'une grande colonie en Égypte. On pensait alors, non sans vraisemblance, que pour conquérir et posséder la Terre sainte, il fallait avoir l'Égypte pour point d'appui. Aussi il avait emporté une grande quantité d'instruments de labourage et d'outils de toute espèce[1]. Pour faciliter les communications régulières, il voulut avoir un port à lui sur la Méditerranée ; ceux de Provence étaient à son frère Charles d'Anjou : il fit creuser celui d'Aigues-Mortes.

Il cingla d'abord vers Chypre, où l'attendaient d'immenses approvisionnements[2]. Là il s'arrêta, et longtemps, soit pour attendre son frère Alphonse qui lui amenait sa réserve, soit peut-être pour s'orienter dans ce monde nouveau. Il y fut amusé par les ambassadeurs des princes d'Asie, qui venaient observer le grand roi des Francs. Les chrétiens vinrent d'abord de Constantinople, d'Arménie, de Syrie ; les musulmans ensuite, entre autres les envoyés de ce Vieux de la Montagne dont on faisait tant de récits[3]. Les Mon-

---

[1] « Ligones, tridentes, trahas, vomeres, aratra, etc. » Matth. Pâris.

[2] Joinville : « Et quand on les véoit il sembloit que ce fussent moutaingnes ; car la pluie qui avoit battu les blez de lonc-temps, les avoit fait germer par dessus, si que il n'i paroit que l'erbe vert. »

[3] Il envoya demander au roi l'exemption du tribut qu'il payait aux hospitaliers et aux templiers. « Darière l'amiral avait un Bacheler bien atourné, qui tenoit trois coutiaus en son poing, dont l'un entroit ou manche de l'autre ; pour ce que se l'amiral eust été refusé, il eust présenté au roy ces trois coutiaus, pour li

gols même parurent. Saint Louis, qui les crut favorables au christianisme d'après leur haine pour les autres mahométans, se ligua avec eux contre les deux papes de l'islamisme, les califes de Bagdad et du Caire.

Cependant les Asiatiques revenaient de leurs premières craintes, ils se familiarisaient avec l'idée de la grande invasion des Francs. Ceux-ci, dans l'abondance, s'énervaient sous la séduction d'un climat corrupteur. Les prostituées venaient placer leurs tentes autour même de la tente du roi et de sa femme, la chaste reine Marguerite, qui l'avait suivi.

Il se décida enfin à partir pour l'Égypte. Il avait à choisir entre Damiette et Alexandrie. Un coup de vent l'ayant poussé vers la première ville[1], il eut hâte d'at-

deffler. Darière celi qui tenoit les trois coutiaus, avoit un autre qui tenoit un bouqueran (pièce de toile de coton) entorteillé entour son bras, que il eut aussi présenté au roi pour li ensevelire se il eust refusée la requeste au Vieil de la Montaigne. » Joinville, p. 95. — « Quand le viex chevauchoit, dit encore Joinville, il avait un crieur devant li qui portoit une hache danoise à lonc manche tout couvert d'argent, à tout pleins de coutiaus ferus ou manche et crioit : Tournés-vous de devant celi qui porte la mort des rois entre ses mains. » P. 97.

Joinville, p. 37 : « Le commun peuple se prist aus foles femmes, dont il avint que le roy donna congié à tout plein de ses gens, quand nous revinmes de prison ; et je li demandé pourquoy il avoit ce fait ; et il me dit que il avoit trouvé de certein, que au giet d'une pierre menue, entour son paveillon tenoient cil leur bordiaus à qui il avoit donné congié, et ou temps du plus grand meschief que l'ost eust onques'été. » — « Les barons qui deussent garder le leur pour bien employer en lieu et en tens, se pristrent à donner les grans mangers et les outrageuses viandes. »

[1] « Il est vraisemblable que saint Louis aurait opéré sa descente

taquer; lui-même il se jeta dans l'eau l'épée à la main. Les troupes légères des Sarrasins, qui étaient en bataille sur le rivage, tentèrent une ou deux charges, et voyant les Francs inébranlables, ils s'enfuirent à toute bride. La forte ville de Damiette, qui pouvait résister, se rendit dans le premier effroi. Maître d'une telle place, il fallait se hâter de saisir Alexandrie ou le Caire. Mais la même foi qui inspirait la croisade, faisait négliger les moyens humains qui en auraient assuré le succès. Le roi d'ailleurs, roi féodal, n'était sans doute pas assez maître pour arracher ses gens au pillage d'une riche ville; il en fut comme en Chypre, ils ne se laissèrent emmener que lorsqu'ils furent las eux-mêmes de leurs excès. Il y avait d'ailleurs une excuse; Alphonse et la réserve se faisaient attendre. Le comte de Bretagne, Mauclerc, déjà expérimenté dans la guerre d'Orient, voulait qu'on s'assurât d'abord d'Alexandrie ; le roi insista pour le Caire. Il fallait donc s'engager dans ce pays coupé de canaux, et suivre la route qui avait été si fatale à Jean de Brienne. La marche fut d'une singulière lenteur; les chrétiens, au lieu de jeter des ponts, faisaient une levée dans chaque canal. Ils mirent ainsi un mois pour franchir les dix lieues qui sont de Damiette à Mansourah[1].

sur le même point que Bonaparte (à une demi-lieue d'Alexandrie), si la tempête qu'il avait essuyée en sortant de Limisso, et les vents contraires peut-être, ne l'avaient porté sur la côte de Damiette. Les auteurs arabes disent que le soudan du Caire, instruit des dispositions de saint Louis, avait envoyé des troupes à Alexandrie comme à Damiette, pour s'opposer au débarquement. » Michaud, IV, 236.

[1] Bonaparte pensait que si saint Louis avait manœuvré comme

Pour atteindre cette dernière ville, ils entreprirent une digue qui devait soutenir le Nil, et leur livrer passage. Cependant ils souffraient horriblement des feux grégeois que leur lançaient les Sarrasins, et qui les brûlaient sans remède enfermés dans leurs armures[1]. Ils restèrent ainsi cinquante jours, au bout desquels ils apprirent qu'ils auraient pu s'épargner tant de peine et de travail. Un Bédouin leur indiqua un gué (8 février).

L'avant-garde, conduite par Robert d'Artois, passa avec quelque difficulté. Les templiers qui se trouvaient avec lui, l'engageaient à attendre que son frère le rejoignît. Le bouillant jeune homme les traita de lâches, et se lança, tête baissée, dans la ville dont les portes étaient ouvertes. Il laissait mener son cheval par un brave chevalier, qui était sourd, et qui criait à tue-tête : Sus! sus! à l'ennemi[2]! Les templiers n'osèrent rester derrière : tous entrèrent, tous périrent. Les mameluks, revenus de leur étonnement, barrèrent les rues de pièces de bois, et des fenêtres ils écrasèrent les assaillants.

Le roi, qui ne savait rien encore, passa, rencontra

les Français en 1798, il aurait pu, en partant de Damiette le 8 juin, arriver le 12 à Mansourah, et le 26 au Caire.

[1] « Toutes les fois que nostre saint roi ooit que il nous getoient le feu grejois, il se vestoit en son lit, et tendoit ses mains vers notre Seigneur, et disoit en plourant : Biau Sire Diex, gardez-moy ma gent. » Joinville.

[2] Joinville : « Le bon comte de Soissons se moquoit à moy, et me disoit; « Seneschal, lessons huer cette chiennaille, que, par la quoife Dieu, encore en parlerons nous de ceste journée es chambres des dames. »

les Sarrassins; il combattit vaillamment. « Là, où j'étois à pied avec mes chevaliers, dit Joinville, aussi blessé vint le roi avec toute sa bataille, avec grand bruit et grande noise de trompes, de nacaires, et il s'arrêta sur un chemin levé; mais oncques si bel homme armé ne vis, car il paroissoit dessus toute sa gent des épaules en haut, un haume d'or à son chef, une épée d'Allemagne en sa main. » Le soir on lui annonça la mort du comte d'Artois, et le roi répondit: « Que Dieu en feust adoré de ce que il li donnoit ; et lors li choient les larmes des yex moult grosses. » Quelqu'un vint lui demander des nouvelles de son frère : « Tout ce que je sais, dit-il, c'est qu'il est en paradis [1]. »

Les mameluks revenant de tous côtés à la charge, les Français défendirent leurs retranchements jusqu'à la fin de la journée. Le comte d'Anjou, qui se trouvait le premier sur la route du Caire, était à pied au milieu de ses chevaliers ; il fut attaqué en même temps par deux troupes de Sarrasins, l'une à pied, l'autre à cheval; il était accablé par le feu grégeois, et on le tenait déjà pour déconfit. Le roi le sauva en s'élançant lui-même à travers les musulmans. La crinière de son cheval fut toute couverte de feu grégeois. Le comte de Poitiers fut un moment prisonnier des Sarrasins; mais il eut le bonheur d'être délivré par les bouchers, les vivandiers et les femmes de l'armée. Le sire de Briançon ne put conserver son terrain qu'à l'aide des machines du duc de Bourgogne, qui tiraient au tra-

[1] Joinville.

vers de la rivière. Gui de Mauvoisin, couvert de feu grégeois, n'échappa qu'avec peine aux flammes. Les bataillons du comte de Flandre, des barons d'outre-mer que commandait Gui d'Ibelin, et de Gauthier de Châtillon, conservèrent presque toujours l'avantage sur les ennemis. Ceux-ci sonnèrent enfin la retraite, et Louis rendit grâce à Dieu, au milieu de toute l'armée, de l'assistance qu'il en avait reçue : c'était, en effet, un miracle d'avoir pu défendre, avec des gens à pied et presque tous blessés, un camp attaqué par une redoutable cavalerie.

Il devait bien voir que le succès était impossible, et se hâter de retourner vers Damiette, mais il ne pouvait s'y décider. Sans doute, le grand nombre de blessés qui se trouvaient dans le camp rendait la chose difficile ; mais les malades augmentaient chaque jour. Cette armée, campant sur les vases de l'Égypte, nourrie principalement des barbots du Nil, qui mangeaient tant de cadavres, avaient contracté d'étranges et hideuses maladies. Leur chair gonflait, pourrissait autour de leurs gencives, et pour qu'ils avalassent, on était obligé de la leur couper ; ce n'était par tout le camp que des cris douloureux comme de femmes en mal d'enfant ; chaque jour augmentait le nombre des morts. Un jour, pendant l'épidémie, Joinville malade, et entendant la messe de son lit, fut obligé de se lever et de soutenir son aumônier prêt à s'évanouir. « Ainsi soutenu, il acheva son sacrement, parchanta la messe tout entièrement : ne oncques plus ne chanta. »

Ces morts faisaient horreur, chacun craignait de les toucher et de leur donner la sépulture ; en vain le roi, plein de respect pour ces martyrs, donnait l'exemple et aidait à les enterrer de ses propres mains. Tant de corps abandonnés augmentaient le mal chaque jour; il fallut songer à la retraite pour sauver au moins ce qui restait. Triste et incertaine retraite d'une armée amoindrie, affaiblie, découragée. Le roi, qui avait fini par être malade comme les autres, eût pu se mettre en sûreté, mais il ne voulut jamais abandonner son peuple [1]. Tout mourant qu'il était, il entreprit d'exécuter sa retraite par terre, tandis que les malades étaient embarqués sur le Nil. Sa faiblesse était telle, qu'on fut bientôt obligé de le faire entrer dans une petite maison, et de le déposer sur les genoux *d'une bourgeoise de Paris*, qui se trouvait là.

Cependant, les chrétiens s'étaient vus bientôt arrêtés par les Sarrasins qui les suivaient par terre et les attendaient dans le fleuve. Un immense massacre commença, ils déclarèrent en vain qu'ils voulaient se rendre; les Sarrasins ne craignaient autre chose que le grand nombre des prisonniers; ils les faisaient donc

[1] « Le roi de France eût pu échapper aux mains des Égyptiens, soit à cheval, soit dans un bateau, mais ce prince généreux ne voulut jamais abandonner ses troupes. » Aboul-Mahassen. — En revenant de l'île de Chypre, le vaisseau de saint Louis toucha sur un rocher, et trois toises de la quille furent emportées. On conseilla au roi de le quitter. « A ce respondi le roy : Seigneurs, je vois que se je descens de ceste nef, que elle sera de refus, et voy que il a céans huit cents personnes et plus; et pour ce que chascun aime autretant sa vie comme je fais la moie, n'oseroit nulz demourez en ceste nef, ainçois demourroient en Cypre; parquoy, se Dieu plaît, je ne mettrai ja tant de gent commè il a céans en péril de mort; ainçois demourrai céans pour mon peuple sauver. » Joinville.

entrer dans un clos, leur demandaient s'ils voulaient renier le Christ. Un grand nombre obéit, entre autres tous les mariniers de Joinville.

Cependant le roi et les prisonniers de marque avaient étaient été réservés. Le sultan ne voulait pas les délivrer, à moins qu'ils ne rendissent Jérusalem; ils objectèrent que cette ville était à l'empereur d'Allemagne, et offrirent Damiette avec quatre cent mille besants d'or. Le sultan avait consenti lorsque les mameluks, auxquels il devait sa victoire, se révoltent et l'égorgent au pied des galères où les Français étaient détenus. Le danger était grand pour ceux-ci; les meurtriers pénétrèrent en effet jusqu'auprès du roi. Celui même qui avait arraché le cœur au soudan vint au roi, sa main tout ensanglantée, et lui dit : « Que me donneras-tu, que je t'aie occi ton ennemi, qui t'eût fait mourir s'il eût vécu? » Et le roi ne lui répondit oncques rien. Il en vint bien trente, les épées toutes nues et les haches danoises aux mains dans notre galère, continue Joinville : Je demandai à monseigneur Baudoin d'Ibelin, qui savait bien le sarrasinois, ce que ces gens disoient; et il me répondit qu'ils disoient qu'ils nous venoient les têtes trancher. Il y avoit tout plein de gens qui se confessoient à un frère de la Trinité, qui étoit au comte Guillaume de Flandre; mais, quant à moi, je ne me souvins oncques de péché que j'eusse fait. Ainçois me pensai que plus je me défendrois ou plus je me gauchirois, pis me vaudroit. Et lors me signai et m'agenouillai aux pieds de l'un d'eux qui tenoit une hache danoise à charpentier, et dis : « Ainsi mourut sainte Agnès. » Messire Gui d'Ibelin, connétable de Chypre, s'agenouilla à côté de moi, et je lui dis : « Je vous absous de tel pouvoir comme Dieu m'a donné. Mais quand je me levai d'illec, il ne me souvint oncques de choses qu'il m'eût dite ni racontée[1]. »

Il y avait trois jours que Marguerite avait appris la captivité de son mari, lorsqu'elle accoucha d'un fils nommé Jean, et qu'elle surnomma Tristan. Elle faisait coucher au pied de son lit, pour se rassurer, un vieux chevalier âgé de quatre-vingts ans. Peu de temps

---

[1] Joinville. On dit au roi que les amiraux avaient délibéré de le faire soudan de Babylone... « Et il me dit qu'il ne l'eust mie refusé. Et sachiez que il ne demoura (que ce dessein n'échoua) pour autre chose que pour ce que ils disoient que le Roy estoit le plus ferme crestien que en peust trouver ; et cest exemple en monstroient, à ce que quant ils se partoient de la héberge, il prenoit sa croiz à terre et seignoit tout son cors ; et disoient que se celle gent fesoient soudanc de li, il les occiroit tous, où ils devendroient crestiens. » Joinville, p. 78.

Suivant M. Rifaut, la chanson qui fut composée à cette occasion, se chante encore aujourd'hui. Reinaud, extraits d'historiens arabes (Biblioth. des croisades, IV, 475). — Suivant Villani, Florence, où dominaient les Gibelins, célébra par des fêtes le revers des croisés. Michaud, IV, 373.

Joinville, p. 126 : « A Sayette vindrent les nouvelles au Roy que sa mère estoit morte. Si grand deuil en mena, que de deux jours on ne pot onques parler à li. Après ce m'envoia querre par un vallet de sa chambre. Quant je ving devant li en sa chambre, là où il estoit tout seul, et il me vit et estandi ses bras, et me dit : A! Seneschal! j'ai perdu ma mère. » — Lorsque saint Louis traitait avec le soudan pour sa rançon, il lui dit que s'il voulait désigner une somme raisonnable, il manderait à sa mère qu'elle la payât. « Et ils distrent : Comment est-ce que vous ne nous voulez dire que vous ferez ces choses ? et le roy respondi que il ne savoit se la reine le vourroit faire, pour ce que elle estoit sa dame. » Ibid., 73.

avant d'accoucher, elle s'agenouilla devant lui et lui requit un don, et le chevalier le lui octroya par son serment, et elle lui dit : « Je vous demande, par la foi que vous m'avez baillée, que si les Sarrasins prennent cette ville, que vous me coupiez la tête avant qu'ils me prennent ; » et le chevalier répondit : « Soyez certaine que je le ferai volontiers, car je l'avois bien pensé que je vous occirois avant qu'ils vous eussent pris [1]. »

Rien ne manquait au malheur et à l'humiliation de saint Louis. Les Arabes chantèrent sa défaite, et plus d'un peuple chrétien en fit des feux de joie. Il resta pourtant un an à la Terre sainte pour aider à la défendre, au cas que les mameluks poursuivissent leur victoire hors de l'Égypte. Il releva les murs des villes, fortifia Césarée, Jaffa, Sidon, Saint-Jean-d'Acre et ne se sépara de ce triste pays que lorsque les barons de la Terre sainte lui eurent eux-mêmes assuré que son séjour ne pouvait plus leur être utile. Il venait d'ailleurs de recevoir une nouvelle qui lui faisait un devoir de retourner au plus tôt en France. Sa mère était morte ; malheur immense pour un tel fils qui, pendant si longtemps, n'avait pensé que par elle, qui l'avait quittée malgré elle pour cette désastreuse expédition, où il devait laisser sur la terre infidèle un de ses frères, tant de loyaux serviteurs, les os de tant de martyrs. La vue de la France elle-même ne put le consoler. « Si j'endurais seul la honte et le malheur, disait-il à un évêque, si mes péchés n'avaient pas tourné au préjudice de l'Église universelle, je me rési-

---

[1] Joinville.

gnerais. Mais, hélas! toute la chrétienté est tombée par moi dans l'opprobre et la confusion[1]. »

L'état où il retrouvait l'Europe n'était pas propre à le consoler. Le revers qu'il déplorait était encore le moindre des maux de l'Église; c'en était un bien autre que cette inquiétude extraordinaire qu'on remarquait dans tous les esprits. Le mysticisme, répandu dans le peuple par l'esprit des croisades, avait déjà porté son fruit, l'enthousiasme sauvage de la liberté politique et religieuse. Ce caractère révolutionnaire du mysticisme, qui devait se produire nettement dans les jacqueries des siècles suivants, particulièrement dans la révolte des paysans de Souabe, en 1525, et des anabaptistes, en 1538, il apparut déjà dans l'insurrection des *Pastoureaux*[2], qui éclata pendant l'absence de saint Louis. C'étaient les plus misérables habitants des campagnes, des bergers surtout, qui, entendant dire que le roi était prisonnier, s'armèrent, s'attroupèrent, formèrent une grande armée, déclarè-

---

[1] Matth. Pâris.

[2] Matth. Pâris, p. 550, sqq. — « Aux premiers soulèvements du peuple de Sens, les rebelles se créèrent un clergé, des évêques, un pape avec ses cardinaux. » Continuateur de Nangis, 1315. — Les pastoureaux avaient aussi une espèce de tribunal ecclésiastique. Ibid., 1320. — Les Flamands s'étaient soumis à une hiérarchie, à laquelle ils durent de pouvoir prolonger longtemps leur opiniâtre résistance. Grande Chron. de Flandres, XIV⁰ siècle. — Les plus fameux routiers avaient pris le titre d'archiprêtres. Froissart, vol. I, ch. CLXXVII. — Les Jacques eux-mêmes avaient formé une monarchie. Ibid., ch. CLXXXIV. — Les Maillotins s'étaient de même classés en dizaines, cinquantaines et centaines. Ibid., ch. CLXXXII-III-IV. Juvén. des Ursins, ann. 1382, et Anon. de Saint.Denis. hist. de Ch. VI. Monteil, t. I, p. 286.

rent qu'ils voulaient aller le délivrer. Peut-être fut-ce un simple prétexte, peut-être l'opinion que le pauvre peuple s'était déjà formée de Louis, lui avait-elle donné un immense et vague espoir de soulagement et de délivrance. Ce qui est certain, c'est que ces bergers se montraient partout ennemis des prêtres et les massacraient; ils conféraient eux-mêmes les sacrements. Ils reconnaissaient pour chef un homme inconnu, qu'ils appelaient le grand maître de Hongrie[1]. Ils traversèrent impunément Paris, Orléans, une grande partie de la France. On parvint cependant à dissiper et détruire ces bandes[2].

Saint Louis de retour sembla repousser longtemps toute pensée, toute ambition étrangère; il s'enferma avec un scrupule inquiet dans son devoir de chrétien, comprenant toutes les vertus de la royauté dans les pratiques de la dévotion, et s'imputant à lui-même comme péché tout désordre public. Les sacrifices ne lui coûtèrent rien pour satisfaire cette conscience timorée et inquiète. Malgré ses frères, ses enfants, ses barons, ses sujets, il restitua au roi d'Angleterre le Périgord, le Limousin, l'Agénois, et ce qu'il avait en Quercy et en Saintonge, à condition que Henri renonçât à ses droits sur la Normandie, la Touraine, l'Anjou, le Maine et le Poitou (1258). Les provinces cédées ne lui pardonnèrent jamais, et quand il fut canonisé, elles refusèrent de célébrer sa fête.

[1] Il prétendait avoir à la main une lettre de la Vierge Marie, qui appelait les bergers à la Terre sainte, et pour accréditer cette fable il tenait cette main constamment fermée.

[2] « Quasi canes rabidi passim detruncati. » Matthieu Pâris.

Cette préoccupation excessive des choses de la conscience aurait ôté à la France toute action extérieure. Mais la France n'était pas encore dans la main du roi. Le roi se resserrait, se retirait en soi. La France débordait au dehors.

D'une part, l'Angleterre, gouvernée par des Poitevins, par des Français du Midi, s'affranchit d'eux par le secours d'un Français du Nord, Simon de Monfort, comte de Leicester, second fils du fameux Montfort, chef de la croisade des Albigeois. De l'autre côté, les Provençaux, sous Charles d'Anjou, frère de saint Louis, conquirent le royaume des Deux-Siciles, et consommèrent en Italie la ruine de la maison de Souabe.

Le roi d'Angleterre, Henri III, avait porté la peine des fautes de Jean. Son père lui avait légué l'humiliation et la ruine. Il n'avait pu se relever qu'en se mettant sans réserve entre les mains de l'Église; autrement les Français lui prenaient l'Angleterre, comme ils avaient pris la Normandie. Le pape usa et abusa de son avantage; il donna à des Italiens tous les bénéfices d'Angleterre, ceux même que les barons normands avaient fondés pour les ecclésiastiques de leur famille. Les barons ne souffraient pas patiemment cette tyrannie de l'Église, et s'en prenaient au roi, qu'ils accusaient de faiblesse. Serré entre ces deux partis, et recevant tous les coups qu'ils portaient, à qui le roi pouvait-il se fier? à nul autre qu'à nos Français du Midi, aux Poitevins surtout, compatriotes de sa mère.

Ces méridionaux, élevés dans les maximes du droit romain, étaient favorables au pouvoir monarchique, et naturellement ennemis des barons. C'était l'époque où saint Louis accueillait les traditions du droit impérial, et introduisait, bon gré, mal gré, l'esprit de Justinien dans la loi féodale. En Allemagne, Frédéric II s'efforçait de faire prévaloir les mêmes doctrines. Ces tentatives eurent un sort différent; elles contribuèrent à l'élévation de la royauté en France, et la ruinèrent en Angleterre et en Allemagne.

Pour imposer à l'Angleterre l'esprit du Midi, il eût fallu des armées permanentes, des troupes mercenaires, et beaucoup d'argent. Henri III ne savait où en prendre; le peu qu'il obtenait, les intrigants qui l'environnaient mettaient la main dessus. Il ne faut pas oublier d'ailleurs une chose importante, c'est la disproportion qui se trouvait nécessairement alors entre les besoins et les ressources. Les besoins étaient déjà grands; l'ordre administratif commençait à se constituer; on essayait des armées permanentes. Les ressources étaient faibles ou nulles; la production industrielle, qui alimente la prodigieuse consommation du fisc dans les temps modernes, avait à peine commencé. C'était encore l'âge du privilége; les barons, le clergé, tout le monde, avaient à alléguer tel ou tel droit pour ne rien payer. Depuis la Grande Charte surtout, une foule d'abus lucratifs ayant été supprimés, le gouvernement anglais semblait n'être plus qu'une méthode pour faire mourir le roi de faim.

La Grande Charte ayant posé l'insurrection en principe et constitué l'anarchie, une seconde crise était nécessaire pour asseoir un ordre régulier, pour introduire entre le roi, le pape et le baronnage un élément nouveau, le peuple, qui peu à peu les mit d'accord. A une révolution, il faut un homme; ce fut Simon de Montfort; ce fils du conquérant du Languedoc était destiné à poursuivre sur les ministres poitevins d'Henri III la guerre héréditaire de sa famille contre les hommes du Midi. Marguerite de Provence, femme de saint Louis, haïssait ces Montfort, qui avaient fait tant de mal à son pays. Simon pensa qu'il ne gagnerait rien à rester à la cour de France, et passa en Angleterre. Les Monfort, comtes de Leicester, appartenaient aux deux pays. Le roi Henri combla Simon; il lui donna sa sœur, et l'envoya en Guienne réprimer les troubles de ce pays. Simon s'y conduisit avec tant de dureté qu'il fallut le rappeler. Alors il tourna contre le roi. Ce roi n'avait jamais été plus puissant en apparence, ni plus faible en réalité. Il s'imaginait qu'il pourrait acheter pièce à pièce les dépouilles de la maison de Souabe. Son frère, Richard de Cornouailles, venait d'acquérir, argent comptant, le titre d'Empereur, et le pape avait concédé à son fils celui de roi de Naples. Cependant toute l'Angleterre était pleine de troubles. On n'avait su d'autre remède à la tyrannie pontificale que d'assassiner les courriers, les agents du pape; une association s'était formée dans ce but [1]. En 1258, un

---

[1] A la tête se trouvait Robert Thwinge, chevalier de Yorkshire, qu'une provision papale avait privé du droit d'élire à un bénéfice provenant de sa famille. Ces associés, bien qu'ils ne fussent que quatre-vingts, parvinrent, par la célérité et le mystère de leurs mouvements, à persuader au peuple qu'ils étaient en bien plus grand nombre. Ils assassinèrent les courriers du pape, écrivirent des lettres menaçantes aux ecclésiastiques étrangers, etc. Au bout de huit mois, le roi interposa son autorité; Thwinge se rendit à

Parlement fut assemblé à Oxford ; c'est la première fois que les assemblées prennent ce titre. Le roi y avait de nouveau juré la Grande Charte, et s'était mis en tutelle entre les mains de vingt-quatre barons. Au bout de six ans de guerres, les deux partis invoquèrent l'arbitrage de saint Louis. Le pieux roi, également inspiré de la Bible et du droit romain, décida qu'*il fallait obéir aux puissances*, et annula les statuts d'Oxford, déjà cassés par le pape. Le roi Henri devait rentrer en possession de toute sa puissance, sauf les chartes et louables coutumes du royaume d'Angleterre antérieures aux statuts d'Oxford (1264).

Aussi les confédérés ne prirent cette sentence arbitrale que comme un signal de guerre. Simon de Montfort eut recours à un moyen extrême. Il intéressa les villes à la guerre, en introduisant leurs représentants dans le Parlement. Étrange destinée de cette famille ! Au XII° siècle, un des ancêtres de Montfort avait conseillé à Louis le Gros, après la bataille de Brenneville, d'armer les milices communales. Son père, l'exterminateur des Albigeois, avait détruit les municipes du midi de la France. Lui, il appela les communes d'Angleterre à la participation des droits politiques, essayant toutefois d'associer la religion à ses projets, et de faire de cette guerre une croisade[1].

Quelque consciencieuse et impartiale que fût la dé-

Rome, où il gagna son procès, et conféra le bénéfice, etc. Lingard, II, 161.

[1] La veille de la bataille de Lewes, il ordonna à chaque soldat de s'attacher une croix blanche sur la poitrine et sur l'épaule, et d'employer le soir suivant à des actes de religion.

cision de saint Louis, elle était téméraire, ce semble ; l'avenir devait juger ce jugement. C'était la première fois qu'il sortait de cette réserve qu'il s'était jusqu'alors imposée. Sans doute, à cette époque, l'influence du clergé d'une part, de l'autre celle des légistes, le préoccupaient de l'idée du droit absolu de la royauté. Cette grande et subite puissance de la France, pendant les discordes et l'abaissement de l'Angleterre et de l'Empire, était une tentation. Elle portait Louis à quitter peu à peu le rôle de médiateur pacifique qu'il s'était contenté autrefois de jouer entre le pape et l'Empereur. L'illustre et infortunée maison de Souabe était abattue ; le pape mettait à l'encan ses dépouilles. Il les offrait à qui en voudrait, au roi d'Angleterre, au roi de France. Louis refusa d'abord pour lui-même, mais il permit à son frère Charles d'accepter. C'était mettre un royaume de plus dans sa maison, mais aussi sur sa conscience le poids d'un royaume. L'Église, il est vrai, répondait de tout. Le fils du grand Frédéric II, Conrad et le bâtard Manfred, étaient, disait-on, des impies, des ennemis du pape, des princes plus mahométans que chrétiens. Cependant, tout cela suffisait-il pour qu'on leur prît leur héritage ? et si Manfred était coupable, qu'avait-il fait le fils de Conrad, le pauvre petit Corradino, le dernier rejeton de tant d'Empereurs ? Il avait à peine trois ans.

Ce frère de saint Louis, ce Charles d'Anjou, dont son admirateur Villani a laissé un portrait si terrible, cet *homme noir, qui dormait peu*[1], fut un démon ten-

« Ce Charles fut sage et prudent dans les conseils, preux

tateur pour saint Louis. Il avait épousé Béatrix, la dernière des quatre filles du comte de Provence. Les trois aînées étaient reines [1], et faisaient asseoir Béatrix sur un escabeau à leurs pieds. Celle-ci irritait encore l'âme violente et avide de son mari ; il lui fallait aussi un trône à elle, et n'importe à quel prix. La Provence, comme l'héritière de Provence, devait souhaiter une consolation pour l'hymen odieux qui la soumettait aux Français ; si les vaisseaux de Marseille assujettie portaient le pavillon de la France, il fallait qu'au moins ce pavillon triomphât sur les mers, et humiliât ceux des Italiens.

Je ne puis raconter la ruine de cette grande et malheureuse maison de Souabe, sans revenir sur ses destinées, qui ne sont autres que la lutte du sacerdoce et de l'Empire. Qu'on m'excuse de cette digression. Cette famille périt ; c'est la dernière fois que nous devons en parler.

---

dans les armes, sévère, et fort redouté de tous les rois du monde, magnanime, et de hautes pensées qui l'égalaient aux plus grandes entreprises ; inébranlable dans l'adversité, ferme et fidèle dans toutes ses promesses, parlant peu et agissant beaucoup, ne riant presque jamais, décent comme un religieux, zélé catholique, âpre à rendre justice, féroce dans ses regards. Sa taille était grande et nerveuse, sa couleur olivâtre, son nez fort grand. Il paraissait plus fait qu'aucun autre seigneur pour la majesté royale. Il ne dormait presque point. Il fut prodigue d'armes envers ses chevaliers ; mais avide d'acquérir, de quelque part que ce fut, des terres, des seigneuries et de l'argent pour fournir à ses entreprises. Jamais il ne prit de plaisir aux mimes, aux troubadours et aux gens de cour. » Villani.

[1] Femmes des rois de France et d'Angleterre, et de l'empereur Richard de Cornouailles.

La maison de Franconie et de Souabe, d'Henri IV à Frédéric Barberousse, de celui-ci à Frédéric II, et jusqu'à Corradino, en qui elle devait s'éteindre, présenta, au milieu d'une foule d'actes violents et tyranniques, un caractère qui ne permet pas de rester indifférent à son sort : ce caractère est l'héroïsme des affections privées. C'était le trait commun de tout le parti gibelin : le dévouement de l'homme à l'homme. Jamais, dans leurs plus grands malheurs, ils ne manquèrent d'amis prêts à combattre et mourir volontiers pour eux. Et ils le méritaient par leur magnanimité. C'est à Godefroi de Bouillon, au fils des ennemis héréditaires de sa famille qu'Henri IV remit le drapeau de l'Empire ; on sait comment Godefroi reconnut cette confiance admirable. Le jeune Corradino eut son Pylade dans le jeune Frédéric d'Autriche, enfants héroïques que le vainqueur ne sépara pas dans la mort. La patrie elle-même, que les Gibelins d'Italie troublèrent tant de fois, elle leur était chère, alors même qu'ils l'immolaient. Dante a placé dans l'enfer le chef des Gibelins de Florence, Farinata degli Uberti. Mais, de la façon dont il en parle, il n'est point de noble cœur qui ne voudrait place à côté d'un tel homme sur la couche de feu. « Hélas ! dit l'ombre héroïque, je n'étais pas seul à la bataille où nous vainquîmes Florence, mais au conseil où les vainqueurs proposaient de la détruire, je parlai seul et la sauvai. »

Un tout autre esprit semble avoir dominé chez les Guelfes. Ceux-ci, vrais Italiens, amis de l'Église tant qu'elle le fut de la liberté, sombres niveleurs, voués au raisonnement sévère, et prêts à immoler le genre humain à une idée. Pour juger ce parti, il faut l'observer, soit dans l'éternelle tempête qui fut la vie de Gênes, soit dans l'épuration successive, par où Florence descendit comme dans les cercles d'un autre enfer de Dante, des Gibelins aux Guelfes, des Guelfes blancs aux Guelfes noirs, puis de ceux-ci sous la terreur de la *Société guelfe*. Là, elle demanda, comme remède, le mal même qui lui avait fait horreur dans les Gibelins, la tyrannie ; tyrannie violente, et puis tyrannie douce, quand le sentiment s'émoussa.

Ce dur esprit guelfe, qui n'épargna pas même Dante, qui fit sa route et par l'alliance de l'Église, et par celle de la France, crut atteindre son but dans la proscription des nobles. On rasa leurs châteaux hors des villes ; dans les villes, on prit leurs maisons fortes ; on les mit si bas, ces Uberti de Florence, ces Doria de Gênes, que, dans cette dernière ville, on anoblissait pour dégrader, et que pour récompenser un noble, on l'élevait à la dignité de plébéien. Alors les marchands furent contents et se crurent forts. Ils dominèrent les campagnes à leur tour, comme avaient fait les citoyens des villes antiques. Toutefois, que substituèrent-ils à la noblesse, au principe militaire qu'ils avaient détruit ? des soldats de louage qui les trompèrent, les rançonnèrent et devinrent leurs maîtres, jusqu'à ce que les uns et les autres furent accablés par l'invasion des étrangers.

Telle fut, en deux mots, l'histoire du vrai parti italien, du parti guelfe. Quant au parti gibelin ou allemand, il périt ou changea de forme dès qu'il ne fut plus allemand et féodal. Il subit une métamorphose hideuse, devint tyrannie pure, et renouvela, par Eccelino et Galeas Visconti, tout ce que l'antiquité avait raconté ou inventé des Phalaris et des Agathocle.

L'acquisition du royaume de Naples qui, en apparence, élevait si haut la maison de Souabe, fut justement ce qui la perdit. Elle entreprit de former le plus bizarre mélange d'éléments ennemis, d'unir et de mêler les Allemands, les Italiens et les Sarrasins. Elle amena ceux-ci à la porte de l'Église; et par ses colonies mahométanes de Luceria et de Nocera[1], elle constitua la papauté en état de siége. Alors devait commencer un duel à mort. D'autre part, l'Allemagne ne s'accommoda pas mieux d'un prince tout Sicilien, qui voulait faire prévaloir chez elle le droit romain, c'est-à-dire le nivellement de l'ancien Empire; la seule loi de succession, en rendant les partages égaux entre les frères, eût divisé et abaissé toutes les grandes maisons. La dynastie de Souabe fut haïe en Allemagne comme italienne, en Italie comme allemande ou comme arabe; tout se retira d'elle. Frédéric II vit son beau-père, Jean de Brienne, saisir le temps où il était à la Terre sainte, pour lui enlever Naples. Son propre fils, Henri, qu'il avait désigné son héritier, renouvela contre lui la révolte d'Henri V contre son père, tandis que son autre fils, le bel Enzio, était enseveli pour toujours dans les prisons de Bologne[2]. Enfin, son

---

[1] 1223, 1247. Nocéra fut surnommée *Nocera de Pagani*.

[2] A la mort de Corradino il voulut s'échapper, enfermé dans un tonneau; mais une boucle de ses cheveux le trahit. « Ah! il n'y a que le roi Enzio qui puisse avoir de si beaux cheveux blonds !...

chancelier, son ami le plus cher, Pierre des Vignes, tenta de l'empoisonner. Après ce dernier coup, il ne restait plus qu'à se voiler la tête, comme César aux Ides de Mars. Frédéric abjura toute ambition, demanda à résigner tout pour se retirer à la terre sainte ; il voulait, du moins, mourir en paix. Le pape ne le permit pas.

Alors le vieux lion s'enfonça dans la cruauté ; au siége de Parme, il faisait chaque jour décapiter quatre de ses prisonniers. Il protégea l'horrible Eccelino, lui donna le vicariat de l'Empire, et l'on vit par toute l'Italie mendier leur pain des hommes, des femmes, mutilés, qui racontaient les vengeances du vicaire impérial.

Frédéric mourut à la peine [1], et le pape en poussa

---

[1] « Frédéric, dit Villani (I. VI, c. I), fut un homme doué d'une grande valeur et de rares talents ; il dut sa sagesse autant aux études qu'à sa prudence naturelle. Versé en toute chose, il parlait la langue latine, notre langue vulgaire (l'italien), l'allemand, le français, le grec et l'arabe. Abondant en vertus, il était généreux, et à ses dons il joignait encore la courtoisie ; guerrier vaillant et sage, il fut aussi fort redouté. Mais il fut dissolu dans la recherche des plaisirs ; il avait un grand nombre de concubines, selon l'usage des Sarrasins ; comme eux, il était servi par des mamelucs ; il s'abandonnait à tous les plaisirs des sens et menait une vie épicurienne, n'estimant pas qu'aucune autre vie dut venir après celle-ci... Aussi ce fut la raison principale pour laquelle il devint l'ennemi de la sainte Église... »

« Frédéric, dit Nicolas de Jamsila (Hist. Conradi et Manfredi, t. VIII, p. 495) fut un homme d'un grand cœur, mais la sagesse, qui ne fut pas moins grande en lui, tempérait sa magnanimité, en sorte qu'une passion impétueuse ne déterminait jamais ses actions, mais qu'il procédait toujours avec la maturité de la raison... Il était zélé pour la philosophie ; il la cultiva pour lui-

des cris de joie. Son fils Conrad n'apparut dans l'Italie que pour mourir aussi[1]. Alors l'Empire échappa à cette maison ; le frère du roi d'Angleterre et le roi de Castille se crurent tous deux Empereurs. Le fils de Conrad, le petit Corradino, n'était pas en âge de disputer rien à personne ; mais le royaume de Naples resta au bâtard Manfred, au vrai fils de Frédéric II, brillant, spirituel, débauché, impie comme son père, homme à part, que personne n'aima ni ne haït à demi. Il se faisait gloire d'être bâtard, comme tant de héros et de dieux païens[2]. Tout son appui était dans les

---

même, il la répandit dans ses États. Avant les temps heureux de son règne, on n'aurait trouvé en Sicile que peu ou point de gens de lettres ; mais l'Empereur ouvrit dans son royaume des écoles pour les arts libéraux et pour toutes les sciences : il appela des professeurs de différentes parties du monde, et leur offrit des récompenses libérales. Il ne se contenta pas de leur accorder un salaire ; il prit sur son propre trésor de quoi payer une pension aux écoliers les plus pauvres afin que dans toutes les conditions les hommes ne fussent point écartés par l'indigence de l'étude de la philosophie. Il donna lui-même une preuve de ses talents littéraires, qu'il avait surtout dirigés vers l'histoire naturelle, en écrivant un livre sur la nature et le soin des oiseaux, où l'on peut voir combien l'Empereur avait fait de progrès dans la philosophie. Il chérissait la justice, et la respectait si fort, qu'il était permis à tout homme de plaider contre l'empereur, sans que le rang du monarque lui donnât aucune faveur auprès des tribunaux, ou qu'aucun avocat hésitât à se charger contre lui de la cause du dernier de ses sujets. Mais, malgré cet amour pour la justice, il en tempérait quelquefois la rigueur par sa clémence. » (Traduction de Sismondi. Remarquez que Villani est guelfe, et Jamsila gibelin.)

[1] Au printemps de l'an 1254. Il n'avait que vingt-six ans.

[2] Voici le portrait qu'en font les contemporains, Math. Spinelli, Ricordon, Summonte, Collonucio, etc. Il était doué d'un grand

Sarrasins, qui lui gardaient les places et les trésors de son père. Il ne se fiait guère qu'à eux ; il en avait appelé neuf mille encore de Sicile, et dans sa dernière bataille, c'est à leur tête qu'il chargeait l'ennemi[1].

On prétend que Charles d'Anjou dut sa victoire à l'ordre déloyal qu'il donna aux siens, *de frapper aux chevaux*. C'était agir contre toute chevalerie. Au reste, ce moyen était peu nécessaire ; la gendarmerie française avait trop d'avantage sur une armée composée principalement de troupes légères. Quand Manfred vit les siens en fuite, il voulut mourir et attacha son casque, mais il tomba par deux fois. *Hoc est signum Dei*, dit-il ; il se jeta à travers les Français et y trouva la mort. Charles d'Anjou voulait refuser la sépulture au pauvre excommunié ; mais les Français eux-mêmes apportèrent chacun une pierre, et lui dressèrent un tombeau [2].

---

courage, aimait les arts, était généreux et avait beaucoup d'urbanité. Il était bien fait, et beau de visage ; mais il menait une vie dissolue ; il déshonora sa sœur, mariée au comte de Caserte ; il ne craignait ni Dieu ni les saints ; il se lia avec les Sarrasins, dont il se servit pour tyranniser les ecclésiastiques, et s'adonna à l'astrologie superstitieuse des Arabes. — Il se vantait de sa naissance illégitime, et disait que les grands naissaient d'ordinaire d'unions défendues. Michaud, V. 43.

[1] Dans sa fuite, en 1254, il ne trouva de refuge qu'à Luceria. Les Sarrasins l'y accueillirent avec des transports de joie. Avant la bataille, Manfred envoya des ambassadeurs pour négocier. Charles répondit : « Va dire au sultan de Nocéra que je ne veux que bataille, et qu'aujourd'hui même je le mettrai en enfer, ou il me mettra en paradis. »

[2] Le légat du pape le fit déterrer, et jeter sur les confins du royaume de Naples et de la campagne de Rome.

Cette victoire facile n'adoucit pas davantage le farouche conquérant de Naples. Il lança par tout le pays une nuée d'agents avides, qui, fondant comme des sauterelles, mangèrent le fruit, l'arbre est presque la terre[1]. Les choses allèrent si loin que le pape lui-même, qui avait appelé le fléau, se repentit, et fit des remontrances à Charles d'Anjou. Les plaintes retentissaient dans toute l'Italie, et au delà des Alpes. Tout le parti gibelin de Naples, de Toscane, Pise surtout, implorait le secours du jeune Corradino. La mère de l'héroïque enfant le retint longtemps, inquiète de le voir si jeune encore entrer dans cette funèbre Italie, où toute sa famille avait trouvé son tombeau. Mais dès qu'il eut quinze ans, il n'y eut plus moyen de le retenir. Son jeune ami, Frédéric d'Autriche, dépouillé comme lui de son héritage, s'associa à sa fortune. Ils passèrent les Alpes avec une nombreuse chevalerie. Parvenus à peine dans la Lombardie, le duc de Bavière s'alarma, et laissa le jeune fils des Empereurs poursuivre son périlleux voyage, avec trois ou quatre mille hommes d'armes seulement. Quand ils passèrent devant Rome, le pape qu'on en avertit dit seulement : « Laissons aller ces victimes. »

Cependant la petite troupe avait grossi : outre les Gibelins d'Italie, des nobles espagnols réfugiés à Rome avaient pris parti pour lui, comme dans un duel ils auraient tiré l'épée pour le plus faible. Il y avait une

---

[1] A tous les emplois qui existaient dans l'ancienne administration, Charles avait joint tous les emplois correspondants qu'il connaissait en France, en sorte que le nombre des fonctionnaires était plus que doublé.

grande ardeur dans cette armée. Lorsqu'ils rencontrèrent, derrière le Tagliacozzo, l'armée de Charles d'Anjou, ils passèrent hardiment le fleuve et dispersèrent tout ce qu'ils trouvèrent devant eux. Ils croyaient la victoire gagnée, lorsque Charles, qui, sur l'avis d'un vieux et rusé chevalier, s'était retiré derrière une colline avec ses meilleurs gendarmes, vint tomber sur les vainqueurs fatigués et dispersés. Les Espagnols seuls se rallièrent et furent écrasés.

Corradino était pris, l'héritier légitime, le dernier rejeton de cette race formidable; grande tentation pour le féroce vainqueur. Il se persuada, sans doute par une interprétation forcée du droit romain, qu'un ennemi vaincu pouvait être traité comme criminel de lèse-majesté; et d'ailleurs l'ennemi de l'Église n'était-il pas hors de tout droit? On prétend que le pape le confirma dans ce sentiment et lui écrivit : *Vita Corradini mors Caroli*[1]. Charles nomma parmi ses créatures des juges pour faire le procès à son prisonnier. Mais la chose était si inouïe qu'entre ses juges mêmes il s'en trouva pour défendre Corradino; les autres se turent. Un seul condamna, et il se chargea de lire la sentence sur l'échafaud. Ce ne fut pas impunément. Le propre gendre de Charles d'Anjou, Robert de Flandre, sauta sur l'échafaud, et tua le juge d'un coup d'épée, en disant : « Il ne t'appartient pas, misérable, de condamner à mort si noble et si gentil seigneur! »

Le malheureux enfant n'en fut pas moins décapité avec son inséparable ami, Frédéric d'Autriche. Il ne

---

[1] Giannone.

laissa échapper aucune plainte : « O ma mère, quelle dure nouvelle on va vous rapporter de moi! » Puis il jeta son gant dans la foule; ce gant, dit-on, fidèlement ramassé, fut porté à la sœur de Corradino à son beau-frère le roi d'Aragon. On sait les Vêpres siciliennes.

Un mot encore, un dernier mot sur la maison de Souabe. Une fille en restait, qui avait été mariée au duc de Saxe, quand toute l'Europe était aux pieds de Frédéric II. Lorsque cette famille tomba, lorsque les papes poursuivirent par tout le monde ce qui restait *de cette race de vipères* [1], le Saxon se repentit d'avoir pris pour femme la fille de l'Empereur. Il la frappa brutalement; il fit plus, il la blessa au cœur en plaçant à côté d'elle dans son propre château et à sa table une odieuse concubine, à laquelle il voulait la forcer de rendre hommage. L'infortunée, jugeant bien que bientôt il voudrait son sang, résolut de fuir. Un fidèle serviteur de sa maison lui amena un bateau sur l'Elbe, au pied de la roche qui dominait le château. Elle devait descendre par une corde, au péril de sa vie. Ce n'était pas le péril qui l'arrêtait; mais elle laissait un petit enfant. Au moment de partir, elle voulut le voir encore et l'embrasser, endormi dans son berceau. Ce fut là un déchirement!... Dans le transport de la douleur maternelle, elle ne l'embrassa pas, elle le mordit. Cet enfant vécut; il est connu dans l'histoire sous le nom de Frédéric-*le-Mordu*; ce fut le plus implacable ennemi de son père.

[1] « De Vipereo semine Frederici secundi. »

Jusqu'à quel point saint Louis eut-il part à cette barbare conquête de Charles d'Anjou, il est difficile de le déterminer. C'est à lui que le pape s'était adressé pour avoir vengeance de la maison de Souabe, « comme à son défenseur, comme à son bras droit [1]. » Nul doute qu'il n'ait du moins autorisé l'entreprise de son frère. Le dernier et le plus sincère représentant du moyen âge devait en épouser aveuglément la violence religieuse. Cette guerre de Sicile était encore une croisade. Faire la guerre aux Hohenstaufen, alliés des Arabes, c'était encore combattre les infidèles ; c'était une œuvre pieuse d'enlever à la maison de Souabe cette Italie du Midi qu'elle livrait aux Arabes de Sicile, de fermer l'Europe à l'Afrique, la chrétienté au mahométisme. Ajoutez que le principe du moyen âge, déjà attaqué de tout côté, devenait plus âpre et plus violent dans les âmes qui lui restaient fidèles. Personne ne veut mourir, pas plus les systèmes que les individus. Ce vieux monde, qui sentait la vie lui échapper tout à l'heure, se contractait et devenait plus farouche. Commençant lui-même à douter de soi, il n'en était que plus cruel pour ceux qui doutaient. Les âmes les plus douces éprouvaient sans se l'expliquer le besoin de se confirmer dans la foi par l'intolérance.

Croire et frapper, se donner bien de garde de raisonner et de discourir, fermer les yeux pour anéantir la lumière, combattre à tâtons, telle était la pensée enfantine du moyen âge. C'est le principe commun des persécutions religieuses et des croisades. Cette idée

---

[1] Nangis.

s'affaiblissait singulièrement dans les âmes au xIIIᵉ siècle. L'horreur pour les Sarrasins avait diminué [1]; le découragement était venu et la lassitude. L'Europe sentait confusément qu'elle avait peu de prise sur cette massive Asie. On avait eu le temps, en deux siècles, d'apprendre à fond ce que c'était que ces effroyables guerres. Les croisés qui, sur la foi de nos poëmes chevaleresques, avaient été chercher des empires de Trébisonde, des paradis de Jéricho, de Jérusalem, d'émeraude et de saphir, n'avaient trouvé qu'âpres vallées, cavalerie de vautours, tranchant acier de Damas, désert aride, et la soif sous le maigre ombrage du palmier. La croisade avait été ce fruit perfide des bords de la mer Morte, qui aux yeux offrait une orange, et qui dans la bouche n'était plus que cendre. L'Europe regarda de moins en moins vers l'Orient. On crut avoir assez fait, on négligea la Terre sainte, et quand elle fut perdue, c'est à Dieu qu'on s'en prit de sa perte : « Dieu à donc juré, dit un troubadour, de

---

[1] Saint Louis montra pour les Sarrasins une grande douceur. « Il fesait riches mout de Sarrasins que il avait fét baptizer, et les assembloit par mariages avecque crestiennes... Quand il estoit outre mer, il commanda et fist commander à sa gent que ils n'occissent pas les femmes ne les enfans des Sarrasins; ainçois les preissent vis et les amenassent pour fère les baptisier. Aussinc il commandoit en tant comme il pooit, que les Sarrasins ne fussent pas ocis, mès fussent pris et tenuz en prison. Et aucune foiz forfesait l'en en sa court d'escueles d'argent ou d'autres choses de telle manière; et donques li benoez rois le soufroit débonnèrement, et donnoit as larrons aucune somme d'argent, et les envéoit outre mer; et ce fist-il de plusieurs. Il fut tosjors à autrui mout plein de miséricorde et piteus. « Le Confesseur, p. 302, 388.

ne laisser vivre aucun chrétien, et de faire une mosquée de Sainte-Marie de Jérusalem? Et puisque son fils, qui devrait s'y opposer, le trouve bon, il y aurait de la folie à s'y opposer. Dieu dort, tandis que Mahomet fait éclater son pouvoir. Je voudrais qu'il ne fut plus question de croisade contre les Sarrasins, puisque Dieu les protége contre les chrétiens [1]. »

Cependant la Syrie nageait dans le sang. Après les Mongols, et contre eux, arrivèrent les mameluks d'Égypte; cette féroce milice, recrutée d'esclaves et nourrie de meurtres, enleva aux chrétiens les dernières places qu'ils eussent alors en Syrie : Césarée, Arzuf, Saphet, Japha, Belfort, enfin la grande Antioche tombèrent successivement. Il y eut je ne sais combien d'hommes égorgés pour n'avoir pas voulu renier leur foi; plusieurs furent écorchés vifs. Dans la seule Antioche, dix-sept mille furent passés au fil de l'épée, cent mille vendus en esclavage.

A ces terribles nouvelles, il y eut en Europe tristesse et douleur, mais aucun élan. Saint Louis seul reçut la plaie dans son cœur. Il ne dit rien, mais il écrivit au pape qu'il allait prendre la croix. Clément IV, qui était un habile homme et plus légiste que prêtre essaya de l'en détourner; il semblait qu'il jugeât la croisade de notre point de vue moderne, qu'il comprît que cette dernière entreprise ne produirait rien encore. Mais il était impossible que l'homme du moyen âge, son vrai fils, son dernier enfant abandonnât le service de Dieu,

---

[1] Le Chevalier du Temple, ap. Raynouard, Choix des poésies des Troubadours.

qu'il reniât ses pères, les héros des croisades, qu'il laissât au vent les os des martyrs, sans entreprendre de les inhumer. Il ne pouvait rester assis dans son palais de Vincennes, pendant que le mameluk égorgeait les chrétiens, ou tuait leurs âmes en leur arrachant leur foi. Saint Louis entendait de la Sainte-Chapelle les gémissements des mourant de la Palestine, et les cris des vierges chrétiennes. Dieu renié en Asie, maudit en Europe, pour les triomphes de l'infidèle, tout cela pesait sur l'âme du pieux roi. Il n'était d'ailleurs revenu qu'à regret de la Terre sainte. Il en avait emporté un trop poignant souvenir ; le désolation d'Égypte, les merveilleuses tristesses du désert, l'occasion perdue du martyre, c'étaient là des regrets pour l'âme chrétienne.

Le 25 mai 1267, ayant convoqué ses barons dans la grande salle du Louvre, il entra au milieu d'eux tenant dans ses mains la sainte couronne d'épines. Tout faible qu'il était et maladif par suite de ses austérités, il prit la croix, il la fit prendre à ses trois fils, et personne n'osa faire autrement. Ses frères, Alphonse de Poitiers, Charles d'Anjou l'imitèrent bientôt, ainsi que le roi de Navarre, comte de Champagne, ainsi que les comtes d'Artois, de Flandre, le fils du comte de Bretagne, une foule de seigneurs ; puis les rois de Castille, d'Aragon, de Portugal et les deux fils du roi d'Angleterre. Saint Louis s'efforçait d'entraîner tous ses voisins à la croisade, il se portait pour arbitre de leur différends, il les aidait à s'équiper. Il donna soixante-dix mille livres tournois aux fils du roi d'Angleterre. En même temps pour s'attacher le Midi, il appelait pour la première fois les représentants des bourgeois aux assemblées de sénéchaussées de Carcassonne et de Beaucaire; c'est le commencement des états de Languedoc.

La croisade était si peu populaire que le sénéchal de Champagne, Joinville, malgré son attachement pour le saint roi, se dispensa de le suivre. Ses paroles, à ce sujet, peuvent être données comme l'expression de la pensée du temps :

« Avint ainsi comme Dieu voult que je me dormis à Matines, et me fu avis en dormant que je véoie le roy devant un autel à genoillons, et m'estoit avis que pluseurs prélas revestus le vestoient d'une chesuble vermeille de sarge de Reins. » Le chapelain de Joinville lui expliqua que ce rêve signifiait que le roi se croiserait, et que la serge de Reims voulait dire que la croisade « serait de petit esploit. » — « Je entendi que touz ceulz firent péché mortel, qui li loèrent l'allée. » — « De la voie que il fist à Thunes ne weil-je riens conter ne dire, pource que je n'i fu pas, la merci Dieu [1]. »

Cette grande armée, lentement rassemblée, découragée d'avance et partant à regret, traîna deux mois dans les environs malsains d'Aigues-Mortes. Personne ne savait encore de quel côté elle allait se diriger. L'effroi était grand en Égypte. On ferma la bouche pélusiaque du Nil, et depuis elle est restée comblée. L'empereur grec, qui craignait l'ambition de Charles d'Anjou, envoya offrir la réunion des deux Églises.

---

[1] Joinville.

Cependant l'armée s'embarqua sur des vaisseaux génois. Les Pisans, Gibelins et ennemis de Gênes, craignirent pour la Sardaigne, et fermèrent leurs ports. Saint Louis obtint à grand'peine que ses malades, déjà fort nombreux, fussent reçus à terre. Il y avait plus de vingt jours qu'on était en mer. Il était impossible, avec cette lenteur, d'atteindre l'Égypte ou la Terre sainte. On persuada au roi de cingler vers Tunis. C'était l'intérêt de Charles d'Anjou, souverain de la Sicile. Il fit croire à son frère que l'Égypte tirait de grands secours de Tunis [1]; peut-être s'imagina-t-il, dans son ignorance, que de l'une il était facile de passer dans l'autre. Il croyait d'abord que l'apparition d'une armée chrétienne déciderait le soudan de Tunis à se convertir. Ce pays était en relation amicale avec la Castille et la France. Naguère saint Louis faisant baptiser à Saint-Denis un juif converti, il voulut que les ambassadeurs de Tunis assistassent à la cérémonie, et il leur dit ensuite : « Rapportez à votre maître que je désire si fort le salut de son âme, que je voudrais être dans les prisons des Sarrasins pour le reste de ma vie et ne jamais revoir la lumière du jour si je pouvais, à ce prix, rendre votre roi et son peuple chrétiens comme cet homme. »

Une expédition pacifique qui eût seulement intimidé le roi de Tunis et l'eût décidé à se convertir, n'était pas ce qu'il fallait aux Génois, sur les vaisseaux desquels saint Louis avait passé; la plupart des croisés

---

[1] De plus, les pirates de Tunis nuisaient beaucoup aux navires chrétiens.

aimaient mieux la violence. On disait que Tunis était une riche ville, dont le pillage pouvait les dédommager de cette dangereuse expédition. Les Génois, sans égard aux vues de saint Louis, commencèrent les hostilités en s'emparant des vaisseaux qu'ils rencontrèrent devant Carthage. Le débarquement eut lieu sans obstacle ; les Maures ne paraissaient que pour provoquer, se faire poursuivre et fatiguer les chrétiens. Après avoir langui quelques jours sur la plage brûlante, les chrétiens s'avancèrent vers le château de Carthage. Ce qui restait de la grande rivale de Rome se réduisait à un fort gardé par deux cents soldats. Les Génois s'en emparèrent ; les Sarrasins, réfugiés dans les voûtes ou les souterrains, furent égorgés ou suffoqués par la fumée ou la flamme. Le roi trouva ces ruines pleines de cadavres, qu'il fit ôter pour y loger avec les siens[1]. Il devait attendre à Carthage son frère, Charles d'Anjou, avant de marcher sur Tunis. La plus grande partie de l'armée resta sous le soleil d'Afrique, dans la profonde poussière du sable soulevé par les vents, au milieu des cadavres et de la puanteur des morts. Tout autour rôdaient les Maures qui enlevaient toujours quelqu'un. Point d'arbres, point de nourriture végétale ; pour eau, des mares infectes, des citernes pleines d'insectes rebutants. En huit jours, la peste avait éclaté ; les comtes de Vendôme, de la Marche, de Viane, Gaultier de Nemours, maréchal de France, les sires de Montmorency, de Piennes, de Brissac, de Saint-Briçon, d'Apremont, étaient déjà morts. Le légat

[1] Joinville.

les suivit bientôt. N'ayant plus la force de les ensevelir, on les jetait dans le canal, et les eaux en étaient couvertes. Cependant le roi et ses fils étaient eux-mêmes malades : le plus jeune mourut sur son vaisseau, et ce ne fut que huit jours après que le confesseur de saint Louis prit sur lui de le lui apprendre. C'était le plus chéri de ses enfants ; sa mort, annoncée à un père mourant, était pour celui-ci une attache de moins à la terre, un appel de Dieu, une tentation de mourir. Aussi, sans trouble et sans regret, accomplit-il cette dernière œuvre de la vie chrétienne, répondant les litanies et les psaumes, dictant pour son fils une belle et touchante instruction, accueillant même les ambassadeurs des Grecs, qui venaient le prier d'intervenir en leur faveur auprès de son frère Charles d'Anjou, dont l'ambition les menaçait. Il leur parla avec bonté, il leur promit de s'employer avec zèle, s'il vivait pour leur conserver la paix ; mais, dès le lendemain, il entra lui-même dans la paix de Dieu.

Dans cette dernière nuit, il voulut être tiré de son lit et étendu sur la cendre. Il y mourut, tenant toujours les bras en croix. « Et el jour le lundi, li benoiez rois tendi ses mains jointes au ciel, et dist : Biau sire Diex, aies merci de ce pueple qui ici demeure, et le condui en son païs, que il ne chiée en la main de ses anemis, et que il ne soit contreint renier ton saint non. »

« En la nuit devant le jour que il trépassast, endementières (tandis) que il se reposoit il soupira et dit bassement : « O Jérusalem ! ô Jérusalem[1] ! »

---

[1] Petri de Condeto epist,

La croisade de saint Louis fut la dernière croisade. Le moyen âge avait donné son idéal, sa fleur et son fruit : il devait mourir. En Philippe le Bel, petit-fils de saint Louis, commencent les temps modernes ; le moyen âge est souffleté en Boniface VIII, la croisade brûlée dans la personne des templiers.

L'on parlera longtemps encore de croisade, ce mot sera souvent répété : c'est un mot sonore, efficace pour lever des décimes et des impôts. Mais les grands et les papes savent très-bien entre eux ce qu'ils doivent en penser [1]. Quelque temps après (1327), nous voyons le Vénitien Sanuto proposer au pape une croisade commerciale : « Il ne suffisait pas, disait-il, d'envahir l'Égypte, il fallait la ruiner. » Le moyen qu'il proposait, c'était de rouvrir au commerce de l'Inde la route de la Perse, de sorte que les marchandises ne passassent plus par Alexandrie et Damiette. Ainsi s'annonce de loin l'esprit moderne ; le commerce, et non la religion, va devenir le mobile des expéditions lointaines.

Que l'âge chrétien du monde ait eu sa dernière

---

[1] Pétrarque raconte qu'une fois on délibérait à Rome sur le chef que l'on donnerait à une croisade. Don Sanche, fils d'Alphonse, roi de Castille, fut choisi. Il vint à Rome, et fut admis au consistoire, où l'élection devait se faire. Comme il ignorait le latin, il fit entrer avec lui un de ses courtisans pour lui servir d'interprète. Don Sanche ayant été proclamé roi d'Égypte, tout le monde applaudit à ce choix. Le prince, au bruit des applaudissements, demanda à son interprète de quoi il était question. « Le pape, lui dit l'interprète, vient de vous créer roi d'Égypte. — Il ne faut pas être ingrat, répondit don Sanche, lève-toi et proclame le saint-père calife de Bagdad. »

expression en un roi de France, ce fut une grande chose pour la monarchie et la dynastie. C'est là ce qui rendit les successeurs de saint Louis si hardis contre le clergé. La royauté avait acquis, aux yeux des peuples, l'autorité religieuse et l'idée de la sainteté. Le vrai roi, juste et pieux, équitable juge du peuple, s'était rencontré. Quelle put être sur les consciencieuses déterminations de cette âme pure et candide, l'influence des légistes, des modestes et rusés conseillers qui, plus tard, se firent si bien connaître? c'est ce que personne ne pouvait apprécier encore.

L'intérêt de la royauté n'étant alors que celui de l'ordre, le pieux roi se voyait sans cesse conduit à lui sacrifier les droits féodaux, que par conscience et désintéressement il eût voulu respecter. Tout ce que ses habiles conseillers lui dictaient pour l'agrandissement du pouvoir royal, il le prononçait pour le bien de la justice. Les subtiles pensées des légistes étaient acceptées, promulguées par la simplicité d'un saint. Leurs décisions, en passant par une bouche si pure, prenaient l'autorité d'un jugement de Dieu.

« Maintes foiz avint que en esté, il aloit seoir au bois de Vinciennes après sa messe, et se acostoioit à un chesne et nous fesoit seoir entour li ; et tout ceulz qui avoient à faire venoient parler à li : sans destourbier de huissier ne d'autre. Et lors il leur demandoit de sa bouche : A yl ci nullui qui ait partie? Et cil se levoient qui partie avoient; et lors il disoit : Taisiez vous touz, et en vous déliverra l'un après l'autre. Et lors il appeloit monseigneur Pierre des Fontaines et monseigneur Geffroy de Villette, et disoit à l'un d'eulx :

Délivrez-moi ceste partie. Et quant il véoit aucune chose à amender en la parole de ceulz qui parloient pour autrui, il meisme l'amendoit de sa bouche. Je le vi aucune fois en esté, que pour délivrer sa gent, il venoit ou jardin de Paris, une cote de chamelot vestue, un seurcot de tyreteinne sanz manches, un mentel de cendal noir entour son col, moult bien pigné et sanz coife, et un chapel de paon blanc sur sa teste, et fesoit estendre tapis pour seoir entour li. Et tout le peuple qui avoit à faire par devant li, estoit entour lui en estant (debout), et lors il les faisoit délivrer, en la manière que je vous ai dit devant du bois de Vinciennes[1]. »

En 1256 ou 1257, il rendit un arrêt contre le seigneur de Vesnon, par lequel il le condamna à dédommager un marchand, qui en plein jour avait été volé dans un chemin de sa seigneurie. Les seigneurs étaient obligés de faire garder les chemins depuis le soleil levant jusqu'au soleil couché.

Enguerrand de Coucy, ayant fait pendre trois jeunes gens qui chassaient dans ses bois, le roi le fit prendre et juger; tous les grands vassaux réclamèrent et appuyèrent la demande qu'il faisait du combat. Le roi dit : « Que aux fèz des povres, des églises, ne des personnes dont on doit avoir pitié, l'on ne devoit pas ainsi aler avant par gage de bataille, car l'on ne trouveroit pas de legier (facilement) aucun qui se voussissent combatre pour teles manières de personnes contre barons du royaume... »

[1] Joinville.

« Quant les barons (dit-il à Jean de Bretagne), qui de vous tenoient tout nu à nu sanz autre moien, aportèrent devant nos lor compleinte de vos mécsmes, et ils offroient à prouver lor entencion en certains cas par bataille contre vos ; ainçois respondistes devant nos, que vos ne deviez pas aler avant par bataille, mès par enquestes en tele besoigne ; et disiez encore *que bataille n'est pas voie de droit*[1]. » Jean Thourot, qui avait pris vivement la défense d'Enguerrand de Coucy, s'écria ironiquement : « Si j'avais été le roi, j'aurais fait pendre tous les barons ; car un premier pas fait, le second ne coûte plus rien. » Le roi qui entendit ce propos le rappela : « Comment, Jean, vous dites que je devrais faire pendre mes barons? Certainement je ne les ferai pas pendre, mais je les châtierai s'ils méfont. »

Quelques gentilshommes qui avaient pour cousin *un mal homme et qui ne se vouloit chastier*, demandèrent à Simon de Nielle, leur seigneur, et qui avait haute justice en sa terre, la permission de le tuer, de peur qu'il ne fût pris de justice et pendu à la honte de la famille, Simon refusa, mais en référa au roi ; le roi ne le voulut pas permettre ; « car il voloit que toute justice fust fète des malféteurs par tout son royaume en apert et devant le pueple, et que nule justice ne fust fète en report (secret)[2]. »

Un homme étant venu se plaindre à saint Louis de

---

[1] Le Confesseur. — Entre autres peines que saint Louis infligea à Enguerrand, il lui ôta toute haute justice de bois et de viviers, et le droit de faire emprisonner ou mettre à mort.

[2] Le Confesseur.

son frère Charles d'Anjou, qui voulait le forcer à lui vendre une propriété qu'il possédait dans son comté, le roi fit appeler Charles devant son conseil : « et li benoiez rois commanda que sa possession lui fust rendue, et que il ne li feist d'ore en avant nul ennui de la possession puisque il ne la voloit vendre ne eschangier [1]. »

Ajoutons encore deux faits remarquables qui prouvent également que, pour se soumettre volontiers aux avis des prêtres ou des légistes cette âme admirable conservait un sens élevé de l'équité qui, dans les circonstances douteuses, lui faisait immoler la lettre à l'esprit.

Regnault de Trie apporta une fois à saint Louis une lettre par laquelle le roi avait donné aux héritiers de la comtesse de Boulogne le comté de Dammartin. Le sceau était brisé, et il ne restait que les jambes de l'image du roi. Tous les conseillers de saint Louis lui dirent qu'il n'était pas tenu à l'exécution de sa promesse. Mais il répondit : « Seigneurs, veez ci séel, de quoi je usoy avant que je alasse outremer, et voit-on cler par ce séel que l'empreinte du séel brisé est semblable au séel entier ; par quoy je n'oseroie en bonne conscience ladite contée retenir [2]. »

Un vendredi saint, tandis que saint Louis lisait le psautier, les parents d'un gentilhomme détenu au Châtelet vinrent lui demander sa grâce, lui représentant que ce jour était un jour de pardon.

---

[1] Le Confesseur.
[2] Joinville.

Le roi posa le doigt sur le verset où il en était : « *Beati qui custodiunt judicium, et justitiam faciunt in omni tempore.* » Puis il ordonna de faire venir le prévôt de Paris, et continua sa lecture. Le prévôt lui apprit que les crimes du détenu étaient énormes. Sur cela saint Louis ordonna de conduire sur-le-champ le coupable au gibet.

Saint Louis s'entourait de Franciscains et de Dominicains. Dans les questions épineuses il consultait saint Thomas. Il envoyait des mendiants pour surveiller les provinces, à l'imitation des *missi dominici* de Charlemagne [1]. Cette Église mystique le rendait fort contre l'Église épiscopale et pontificale ; elle lui donna le courage de résister au pape en faveur des évêques, et aux évêques eux-mêmes.

Les prélats du royaume s'assemblèrent un jour, et l'évêque d'Auxerre dit en leur nom à saint Louis : « Sire, ces seigneurs qui ci sont, arcevesques, evesques, m'ont dit que je vous deisse que la crestienté se périt entre vos mains. » Le roi se seigna et dist : « Or me

---

[1] Matth. Pâris, ad ann. 1247, p. 493. — Par son testament (1269), il leur légua ses livres et de fortes sommes d'argent, et institua pour nommer aux bénéfices vacants un conseil composé de l'évêque de Paris, du chancelier, du prieur des Dominicains, et du gardien des Franciscains. Bulæus, III, 1269. — Après la première croisade, il eut toujours deux confesseurs, l'un dominicain, l'autre franciscain. Gaufr., de Bell. loc., ap. Duchesne, V. 451. — Le confesseur de la reine Marguerite rapporte qu'il eut la pensée de se faire dominicain, et que ce ne fut qu'avec peine que sa femme l'en empêcha. — Il eut soin de faire transmettre au pape le livre de Guillaume de Saint-Amour. Le pape l'en remercia, en le priant de continuer aux moines sa protection. Bulæus, III, 313.

dites comment ce est? » « Sire, fist-il, c'est pour ce que on prise si peu les excommeniemens hui et le jour, que avant se lessent les gens mourir excommenies, que il se facent absodre, et ne veulent faire satisfaction à l'Esglise. Si vous requièrent, sire, pour Dieu et pour ce que faire le devez, que vous commandez à vos prévoz et à vos baillifs, que touz ceulz qui se soufferront escommeniez an et jour, que on les contreingne par la prise de leurs biens à ce que il se facent absoudre. » « A ce respondi le roys que il leur commanderoit volentiers de touz ceulz dont on le feroit certein que il eussent tort... Et le roy dist que il ne le feroit autrement; car ce seroit contre Dieu et contre raison, se il contreignoit la gent à eulz absoudre, quant les clercs leur feroient tort [1]. »

La France, si longtemps dévouée au pouvoir ecclésiastique, prenait au XIIIe siècle un esprit plus libre. Ce royaume, allié du pape et guelfe contre les Empereurs, devenait d'esprit gibelin. Il y eut toujours néanmoins une grande différence. Ce fut par les formes légales qu'elle poussa, cette opposition, qui n'en fut que plus redoutable. Dès le commencement du XIIIe siècle, les seigneurs avaient vivement soutenu Philippe-Auguste contre le pape et les évêques. En 1225, ils déclarent qu'ils laisseront leurs terres, ou prendront les armes si le roi ne remédie aux empiétements du pouvoir ecclésiastique; l'Église, acquérant toujours et ne lâchant rien, eût en effet tout absorbé à la longue. En 1246, le fameux Pierre Mauclerc forme, avec le duc de

[1] Joinville.

Bourgogne, et les comtes d'Angoulême et de Saint-Pol, une ligue à laquelle accède une grande partie de la noblesse. Les termes de cet acte sont d'une extraordinaire énergie. La main des légistes est visible ; on croirait lire déjà les paroles de Guillaume de Nogaret[1].

[1] « Attendu que la superstition des clercs (oubliant que c'est par la guerre et le sang répandu, sous Charlemagne et d'autres, que le royaume de France a été converti de l'erreur des gentils à la foi catholique), absorbe tellement la juridiction des princes séculiers, que ces fils de serfs jugent selon leur loi les libres et fils de libres, bien que, suivant la loi des premiers conquérants, ce soient eux plutôt que nous devrions juger... Nous tous grands du royaume, considérant attentivement que ce n'est pas par le droit écrit, ni par l'arrogance cléricale, mais par les sueurs guerrières qu'a été conquis le royaume... nous statuons que personne, clerc ou laïc, ne traîne à l'avenir qui que ce soit devant le juge ordinaire ou délégué, sinon pour hérésie, pour mariage et pour usure, à peine pour l'infracteur de la perte de tous ses biens, et de la mutilation d'un membre ; nous avons envoyé à cet effet nos mandataires, afin que notre juridiction revive et respire enfin, et que ces hommes enrichis de nos dépouilles soient réduits à l'état de l'Église primitive, qu'ils vivent dans la contemplation, tandis que nous mènerons, comme nous le devons, la vie active, et qu'ils nous fassent voir des miracles que depuis si longtemps notre siècle ne connaît plus. » *Trésor des chartes, Champagne*, VI, n° 84 ; et ap. Preuves des libertés de l'Église gallicane, I, 29.

1247. Ligue de Pierre de Dreux Mauclerc, avec son fils le duc Jean, le comte d'Angoulême et le comte de St-Pol, et beaucoup d'autres seigneurs, contre le clergé.— « A tous ceux qui ces lettres verront, nous tuit, de qui le seel pendent en cet présent escript, faisons à sçavoir que nous, par la foy de nos corps, avons fiancez sommes tenu, nous et notre hoir, à tous siours à aider li uns à l'autre, et à tous ceux de nos terres et d'autres terres qui voudront estre de cette compagnie, à pourchacier, à requerre et à défendre nos droits et les leurs en bonne foy envers le clergié. Et pour ce que friesfve chose seroit, nous tous assembler pour ceste besogne, nous avons eleu, par le commun assent et octroy de nous tous,

Saint Louis s'associa, dans la simplicité de son cœur, à cette lutte des légistes et des seigneurs contre les prêtres, qui devait tourner à son profit[1]; il s'associait avec la même bonne foi à celle des juristes contre les seigneurs. Il reconnut au suzerain le droit de retirer une terre donnée à l'Église.

Plongé à cette époque dans le mysticisme, il lui en coûtait moins, sans doute, d'exprimer une opposition si solennelle à l'autorité ecclésiastique. Les revers de la croisade, les scandales dont le siècle abondait, les doutes qui s'élevaient de toutes parts, l'enfonçaient d'autant plus dans la vie intérieure. Cette âme tendre et pieuse, blessée au dehors dans tous ses amours[2],

---

le duc de Bourgogne, le comte Perron de Bretaigne, le comte d'Angolesme et le comte de Sainct-Pol ;... et si aucuns de cette compagnie estoient excommuniez, par tort conneu par ces quatre, que le clergié li feist, il ne laissera pas aller son droict ne sa querele pour l'excommuniement, ne pour autre chose que on li face, etc. » Preuv. des lib. de l'Égl. gallic., I, 99. Voyez aussi p. 95, 97, 98.

[1] En 1240, le pape ayant manifesté le projet de rompre les trêves conclues entre lui et Frédéric II, saint Louis, pour l'en empêcher, fait arrêter les subsides qu'il avait fait lever sur le clergé de France par son légat.

[2] Lorsque saint Louis eut résolu de retourner en France! « Lors me dit robe entre ly et moy sanz plus, et me mist mes deux mains entre les seues, et le légat que je le convoiasse jusques à son hostel. Lors s'enclost en sa garde, commensa à plorer moult durement; et quand il pot parler, si me dit : Seneschal, je sui moult li, si en rent graces à Dieu, de ce que le Roy et les autres pèlerins eschapent du grand péril là où vous avez esté en celle terre ; et moult sui à mésaise de crier de ce que il me convendra lessier vos saintes compaingnies, et aler à la court de Rome, entre cel desloial gent qui y sont. »

se retirait au dedans et cherchait en soi. La lecture et la contemplation devinrent toute sa vie. Il se mit à lire l'Écriture et les Pères, surtout saint Augustin. Il fit copier des manuscrits [1], se forma une bibliothèque : c'est de ce faible commencement que la Bibliothèque Royale devait sortir. Il se faisait faire des lectures pieuses pendant le repas, et le soir au moment de s'endormir. Il ne pouvait rassasier son cœur d'oraisons et de prières. Il restait souvent si longtemps prosterné, qu'en se relevant, dit l'historien, il était saisi de vertige et disait tout bas aux chambellans : « Où suis-je? » Il craignait d'être entendu de ses chevaliers [2].

Mais la prière ne pouvait suffire au besoin de son cœur.

« Li beneoiz rois désirroit merveilleusement grâce de lermes, et se compleignoit à son confesseur de ce que lermes li défailloient, et li disoit débonnèrement, humblement et priveement, que quant l'en disoit en la létanie ces moz : Biau sire Diex, nous te prions que tu nous doignes fontaine de lermes, li sainz rois disoit dévotement : O sire Diex, je n'ose requerre fontaines de lermes ainçois me souffisissent petites goustes de lermes à arouser la secherèce de mon cuer... Et aucune foiz reconnut-il à son confesseur privéement, que aucune

---

[1] « Il aimait mieux faire copier les manuscrits que de se les faire donner par les couvents, afin de multiplier les livres. ». Gaufred. de Bello loco. — Les manuscrits palimpsestes (c'est-à-dire grattés et regrattés par les moines copistes) furent comme une Saint-Barthélemy des chefs-d'œuvre de l'antiquité. Voir Renaiss. Introd.

[2] Le Confesseur.

foiz li donna à notre sires lermes en oroison : lesqueles, quand li les sentoit courre par sa face souef (doucement), et entrer dans sa bouche, eles li sembloient si savoureuses et très-douces, non pas seulement au cuer, mès à la bouche [1]. »

Ces pieuses larmes, ces mystiques extases, ces mystères de l'amour divin, tout cela est dans la merveilleuse petite église de saint Louis, dans la Sainte-Chapelle. Église toute mystique, tout arabe d'architecture, qu'il fit bâtir au retour de la croisade par Eudes de Montreuïl, qu'il y avait mené avec lui. Un monde de religion et de poésie, tout un Orient chrétien est en ces vitraux, dans cette fragile et précieuse peinture. Mais la Sainte-Chapelle n'était pas encore assez retirée, et pas même Vincennes, dans ses bois alors si profonds. Il lui fallait la Thébaïde de Fontainebleau, ses déserts de grès et de silex, cette dure et pénitente nature, ces rocs retentissants, pleins d'apparitions et de légendes. Il y bâtit un ermitage dont les murs ont servi de base à ce bizarre labyrinthe, à ce sombre palais de volupté, de crime et de caprice, où triomphe encore la fantaisie italienne des Valois.

Saint Louis avait élevé la Sainte-Chapelle pour recevoir la sainte couronne d'épines venue de Constantinople. Aux jours solennels, il la tirait lui-même de la châsse et la montrait au peuple. A son insu, il habituait le peuple à voir le roi se passer des prêtres. Ainsi David prenait lui-même sur la table les pains de proposition. On montre encore, au midi de la petite

[1] Le Confesseur.

église, une étroite cellule qu'on croit avoir été l'oratoire de saint Louis.

Dès le vivant de saint Louis, ses contemporains, dans leur simplicité, s'étaient doutés qu'*il était déjà saint*, et plus saint que les prêtres. « Tant com il vivoit, une parole pooit estre dite de li, qui est escrite de sainte Hylaire : « O quant très parfèt homme lai, » duquel les prestres méesmes désirrent à s'ensivre la » vie ! » Car mout de prestres et de prélaz désirroient estre semblables au benoit roi en ses vertuz et en ses mœurs ; car l'on croit méesmement que il fust saint dès que il vivoit[1]. »

Tandis que saint Louis enterrait les morts, « iluecques estoient présens tous revestu, li arcevesques de Sur et li évesque de Damiète, et leur clergié, qui disoient le service des mors ; mès ils estoupoient leur nez pour la puour ; mais oncques ne fu veu au bon roy Loys estouper le sien, tant le faisoit fermement et dévotement[2]. »

Joinville raconte qu'un grand nombre d'Arméniens qui allaient en pèlerinage à Jérusalem, vinrent lui demander de leur faire voir le *saint roy* : — « Je alai au roy là où il se séoit en un paveillon, apuié à l'estache (colonne) du paveillon, et séoit ou sablon sanz tapiz et sanz nulle autre chose dezouz li. Je li dis : « Sire, il à là hors un grant peuple de la grant Herménie qui vont

---

[1] Le Confesseur. — « Il fesoit fère le service de Dieu si solempnellement et si par loisir, que il ennuioit ausi comme à touz les autres pour la longueur de l'ofice. »

[2] Guill. de Nangis.

en Jérusalem, et me proient, sire, que je leur face monstrer le *saint roy*; mès je ne bée jà à baisier vos os (cependant je ne désire pas encore avoir à baiser vos reliques). » Et il rist moult clèrement, et me dit que je les alasse querre; et si fis-je. Et quant ils orent veu le roy, ils le commandèrent à Dieu et le roy eulz [1]. »

Cette sainteté apparait d'une manière bien touchante dans les dernières paroles qu'il écrivit pour sa fille. « Chière fille, la mesure par laquele nous devons Dieu amer, est amer le sanz mesure [2]. »

Et dans l'instruction à son fils Philippe :

« Se il avient que aucune querele qui soit meué entre riche et povre viegne devant toi, sostien la querele de l'estrange devant ton conseil, ne montre pas que tu aimmes mout ta querele, jusques à tant que tu connoisses la vérité, car cil de ton conseil pourroient estre cremeteus (craintifs) de parler contre toi, et ce ne dois tu pas vouloir. Et se tu entens que tu tiegnes nule chose à tort, ou de ton tens, ou du tens à tes ancesseurs, fai le tantost rendre, combien que la chose soit grant, ou en terre, ou en deniers, ou en autre chose [3]. » — L'amour qu'il avoit à son peuple parut à ce qu'il dit à son aisné filz en une moult grant maladie que il ot à Fontene Bliaut. « Biau fils, fit-il, « je te pri que tu te faces amer au peuple de ton « royaume; car vraiement je aimeraie miex que un

---

[1] Joinville.
[2] Le Confesseur.
[3] Le Confesseur.

« Escot venist d'Escosse et gouvernast le peuple du
« royaume bien et loïalement, que tu le gouvernasses
« mal apertement [1]. »

Belles et touchantes paroles ! il est difficile de les lire sans être ému.

[1] Joinville.

ÉCLAIRCISSEMENTS

LUTTE DES MENDIANTS DE L'UNIVERSITÉ — SAINT THOMAS — DOUTES DE SAINT LOUIS — LA PASSION, COMME PRINCIPE D'ART AU MOYEN AGE.

L'éternel combat de la grâce et de la loi fut encore combattu au temps de saint Louis, entre l'Université et les ordres Mendiants. Voici l'histoire de l'Université : au XIIe siècle, elle se détache de son berceau de l'école du parvis Notre-Dame, elle lutte contre l'évêque de Paris ; au XIIIe, elle guerroie contre les Mendiants agents du pape ; au XVe contre le pape lui-même. Ce corps formait une rude et forte démagogie, où quinze ou vingt mille jeunes gens de toute nation se formaient aux exercices dialectiques, cité sauvage dans la cité qu'ils troublaient de leurs violences et scandalisaient de leurs mœurs[1]. C'était là toutefois depuis quelque temps la grande gymnastique intellectuelle du monde. Dans le XIIIe siècle seulement, il en sortit sept papes[2] et une foule de cardinaux et d'évêques. Les plus illustres étrangers, l'espagnol Raymond Lulle et l'italien Dante, venaient à trente et quarante ans s'asseoir au pied de la chaire de Duns Scot. Ils tenaient à honneur d'avoir disputé à Paris. Pétrarque fut aussi fier de la couronne que lui décerna notre Université que de celle du Capitole. Au XVIe siècle encore, lorsque Ramus rendait quelque vie à l'Université en attendant la Saint-Barthélemy, nos écoles de

---

[1] Jacques de Vitri : Meretrices publicæ ubique cleros transeuntes quasi per violentiam pertrahebant. In una autem et eadem domo scholæ erant superius, prostibula inferius. »

[2] L'antipape Anaclet, Innocent II, Célestin II (disciple d'Abailard), Adrien IV, Alexandre III, Urbain III et Innocent III.

la rue du Fouarre furent visitées de Torquato Tasso. Par raisonnement toutefois, vaine logique, subtile et stérile chicane [1], nos *artistes* (les dialecticiens de l'Université se donnaient ce nom) devaient être bientôt primés.

Les vrais artistes du XIIIe siècle, orateurs, comédiens, mimes, bateleurs enthousiastes, c'étaient les Mendiants. Ceux-ci parlaient d'amour et au nom de l'amour. Ils avaient repris le texte de saint Augustin : « Aimez et faites ce que vous voudrez. » La logique, qui avait eu de si grands effets au temps d'Abailard, ne suffisait plus. Le monde, fatigué dans ce rude sentier, eût mieux aimé se reposer avec saint François et saint Bonaventure sous les mystiques ombrages du Cantique des Cantiques, ou rêver avec un autre saint Jean une foi nouvelle et un nouvel Evangile.

Ce titre formidable, *Introduction à l'Évangile éternel*, fut mis en effet en tête d'un livre par Jean de Parme [2], général des Franciscains. Déjà l'abbé Joachim de Flores, le maître des mystiques, avait annoncé que la fin des temps était venue. Jean professa que, de même que l'ancien Testament avait cédé la place au nouveau, celui-ci avait aussi fait son temps ; que l'Evangile ne suffisait pas à la perfection, qu'il avait encore six ans à vivre

[1] Pierre le Chantre et d'autres écrivains contemporains rapportent le trait suivant : « En 1171, maître Silo, professeur de philosophie, pria un de ses disciples mourant de revenir lui faire part de l'état où il se trouverait dans l'autre monde. Quelques jours après sa mort, l'écolier lui apparut revêtu d'une chape toute couverte de thèses, « de sophismatibus descripta et flamma ignis tota confecta. » Il lui dit qu'il venait du purgatoire, et que cette chape lui pesait plus qu'une tour : « Et est mihi data ut eam portem pro gloria quam in sophismatibus habui. » En même temps il laissa tomber une goutte de sa sueur sur la main du maître ; elle la perça d'outre en outre. Le lendemain Silo dit à ses écoliers :

Linquo coax ranis, cras corvis, vanaque vanis ;
Ad logicam pergo, quae mortis non timet ergo.

et il alla s'enfermer dans un monastère de Cîteaux. » Bulæus.

[2] Le pape avait écrit à l'évêque de Paris de faire détruire ce livre sans bruit. Mais l'Université, déjà en querelle avec les ordres Mendiants, le fit brûler publiquement au parvis Notre-Dame. Jean de Parme se démit du généralat ; saint Bonaventure, qui lui succéda, commença une enquête contre lui, et fit jeter en prison deux de ses adhérents. L'un y passa dix-huit ans, l'autre y mourut.

mais qu'alors un Evangile plus durable allait commencer, un Evangile d'intelligence et d'esprit; jusque-là l'Église n'avait que la lettre [1].

Ces doctrines, communes à un grand nombre de Franciscains, furent acceptées aussi par plusieurs religieux de l'ordre de Saint-Dominique. C'est alors que l'Université éclata. Le plus distingué de ses docteurs était un esprit fin et dur, un Franc-Comtois, un homme du Jura, Guillaume de Saint-Amour. Le portrait de cet intrépide champion de l'Université s'est vu longtemps sur une vitre de la Sorbonne [2]. Il publia contre les Mendiants une suite de pamphlets éloquents et spirituels, où il s'efforçait de les confondre avec les Béghards et autres hérétiques, dont les prédicateurs étaient de même vagabonds et mendiants : *Discours sur le publicain et le pharisien ; Question sur la mesure de l'aumône et sur le mendiant valide ; Traité sur les périls prédits à l'Eglise pour les derniers temps*, etc. Sa force est dans l'Ecriture, qu'il possède et dont il fait un usage admirable ; ajoutez le piquant d'une satire, qui s'exprime à demi-mot. Il est trop visible que l'auteur a un autre motif que l'intérêt de l'Eglise. Il y avait entre les Universitaires et les Mendiants concurrence littéraire et jalousie de métier. Les Mendiants avaient obtenu une chaire à Paris, en 1230, époque où l'Université, blessée de la dureté de la régente, se retira à Orléans et à Angers. Ils l'avaient gardée cette chaire, et l'Université se trouvait en lutte avec deux ordres, dont le savant était Albert le Grand, et le logicien saint Thomas [3].

Ce grand procès fut débattu à Anagni par-devant le pape. Guillaume de Saint-Amour eut pour adversaire le dominicain Albert le Grand, archevêque de Mayence, et saint Bonaventure général des Franciscains [4]. Saint Thomas recueillit de mémoire

---

[1] Hermann Cornerus.

[2] Ce portrait a été gravé en tête de ses œuvres. (Constance, 1632, in-4º.)

[3] MM. Jourdain et Hauréau ont démontré sur quel terrain peu solide nos deux grands scolastiques ont cheminé (1860). Voir Renaissance, Introduction.

[4] Les ordres Mendiants étaient fort effrayés. « Cum prædicto volumini respondere fuisset prædicto doctori (Thomæ), non sine singultu et lacrymis, assignatum, qui de statu ordinis de pugna adversariorum tam gravium dubitabant, Fr. Thomas ipsum volumen accipiens et se fratrum orationibus recommendans... » Guill. de Thoço, vit S. Thomæ, ap. Acta SS. Martis, I.

toute la discussion, et en fit un livre. Le pape condamna Guillaume de Saint-Amour, mais en même temps il censura le livre de Jean de Parme, frappant également les raisonneurs et les mystiques, les partisans de la lettre et ceux de l'esprit[1].

Ce milieu si difficile à tenir, où l'Eglise essaya de s'établir et de s'arrêter sans glisser à droite ni à gauche, il fut cherché par saint Thomas. Venu à la fin du moyen âge, comme Aristote à la fin du monde grec, il fut l'Aristote du christianisme, en dressa la législation, essayant d'accorder la logique et la foi pour la suppression de toute hérésie. Le colossal monument qu'il a élevé ravit le siècle en admiration. Albert le Grand déclara que saint Thomas avait fixé la règle qui durerait jusqu'à la consommation des temps[2]. Cet homme extraordinaire fut absorbé par cette tâche terrible, rien autre ne s'est placé dans sa vie ; vie tout abstraite, dont les seuls événements sont des idées. Dès l'âge de cinq ans, il prit en main l'Écriture, et ne cessa plus de méditer. Il était du pays de l'idéalisme, du pays où fleurirent l'école de Pythagore et l'école d'Élée, du pays de Bruno et de Vico. Aux écoles, ses camarades l'appelaient le grand bœuf muet de Sicile[3]. Il ne sortait de ce silence que pour dicter, et quand le sommeil fermait les yeux du corps, ceux de l'âme restaient ouverts, et il continuait de dicter encore. Un jour, étant sur mer, il ne s'aperçut pas d'une horrible tempête ; une autre fois, sa préoccupation était si forte qu'il ne lâcha point une chandelle allumée qui brûlait dans ses doigts. Saisi du danger de l'Église, il y rêvait toujours et même à la table de saint Louis. Il lui arriva un jour de frapper un grand coup sur la table, et de s'écrier : « Voici un argument invincible contre les Manichéens. » Le roi ordonna qu'à l'instant cet argument fût écrit. Dans sa lutte avec le manichéisme, saint Thomas était soutenu par

[1] Il condamna publiquement Guillaume de Saint-Amour, et Jean de Parme avec moins d'éclat. (Bulæus.)

[2] Processus de S. Thom. Aquin., ap. SS. Martis, I, p. 714 : « Concludit quod Fr. Thomas in scripturis suis imposuit finem omnibus laborantibus usque ad finem sæculi, et quod omnes deinceps frustra laborarent. » — « Fuit (S. Thomas) magnus in corpore et rectæ staturæ... coloris triticei... magnum habens caput... aliquantulum calvus, Fuit tenerrimæ complexionis in carne. » Acta SS., p. 672. — « Fuit grossus. » Processus de S. Thom., ibid.

[3] Ce mot est significatif pour qui a présente la figure rêveuse et monumentale des grands bœufs de l'Italie du sud.

saint Augustin ; mais dans la grâce, il s'écarte visiblement de ce docteur ; il fait part au libre arbitre. Théologien de l'Église, il fallait qu'il soutint l'édifice de la hiérarchie et du gouvernement ecclésiastique. Or, si l'on n'admet le libre arbitre, l'homme est incapable d'obéissance, il n'y a plus de gouvernement possible. Et pourtant, s'écarter de saint Augustin, c'était ouvrir une large porte à celui qui voudrait entrer en ennemi dans l'Église.

Tel est donc l'aspect du monde au XIIIe siècle. Au sommet, *le grand bœuf muet de Sicile* ruminant la question. Ici, l'homme et la liberté ; là, Dieu, la grâce, la prescience divine, la fatalité ; à droite l'observation qui proteste de la liberté humaine, à gauche la logique qui pousse invinciblement au fatalisme. L'observation distingue, la logique identifie, si on laisse faire celle-ci, elle résoudra l'homme en Dieu, Dieu en la nature ; elle immobilisera l'univers en une indivisible unité, où se perdent la liberté, la moralité, la vie pratique elle-même. Aussi le législateur ecclésiastique se roidit sur la pente, combattant par le bon sens sa propre logique, qui l'eût emporté. Il s'arrêta, ce ferme génie, sur le tranchant du rasoir entre les deux abîmes, dont il mesurait la profondeur. Solennelle figure de l'Église, il tint la balance, chercha l'équilibre, et mourut à la peine. Le monde qui le vit d'en bas, distinguant, raisonnant, calculant dans une région supérieure, n'a pas su tous les combats qui purent avoir lieu au fond de cette abstraite existence.

Au-dessous de cette région sublime battaient le vent et l'orage. Au-dessous de l'ange il y avait l'homme, la morale sous la métaphysique, sous saint Thomas saint Louis. En celui-ci, le XIIIe siècle a sa Passion : Passion de nature exquise, intime, profonde, que les siècles antérieurs avaient à peine soupçonnée. Je parle du premier déchirement que le doute naissant fit dans les âmes; quand toute l'harmonie du moyen âge se troubla, quand le grand édifice dans lequel on s'était établi commença à branler, quand les saints criant contre les saints, le droit se dressant contre le droit, les âmes les plus dociles se virent condamnées à juger, à examiner elles-mêmes. Le pieux roi de France, qui ne demandait qu'à se soumettre et croire, fut de bonne heure forcé de lutter, de douter, de choisir. Il lui fallut, humble qu'il était et défiant de soi, résister d'abord à sa mère ; puis se porter pour arbitre entre le pape et l'Empereur, juger le juge spirituel de la chrétienté, rappeler à la modération celui qu'il eût voulu pouvoir prendre pour règle de sainteté. Les Mendiants l'avaient ensuite attiré par leur mysticisme ; il entra dans le tiers-ordre de Saint-François, il prit parti contre l'Université. Toutefois le livre de Jean de Parme, accepté d'un grand nombre de Franciscains, dut lui donner d'étranges défiances. On aperçoit dans les questions naïves qu'il adressait à Joinville toute l'inquiétude qui l'agitait. L'homme auquel le saint roi se confiait peut être pris pour le type de l'*honnête homme* au XIIIᵉ siècle. C'est un curieux dialogue entre le mondain loyal et sincère, et l'âme pieuse et candide, qui s'avance d'un pas dans le doute, puis recule, et s'obstine dans la foi.

Le roi faisait manger à sa table Robert de Sorbonne et Joinville : « Quant le roi estoit en joie, si me disoit : Seneschal, or me dites les raisons pourquoy preudomme vaut mieux que beguin (dévot). Lors si encommençoit la noise de moy et de maistre Robert. Quant nous avions grant pièce desputé, si rendoit sa sentence et disoit ainsi : Maistre Robert, je vourroie avoir le nom de preudomme, mès que je le feusse, et tout le remenant vous demourast ; car *preudhomme* est si grant chose et si bonne chose, que ueis au nommer emplist-il la bouche. [1] »

« Il m'appela une foiz et me dit : Je n'ose parler a vous pour le soutil sens dont vous estes, de chose qui touche à Dieu ; et pour ce ai-je appelé ces frères qui ci sont, que je vous weil faire une demande ; la demande fut tele : Seneschal, fit-il, quel chose est Dieu, etc... [2] »

Saint Louis raconte à Joinville qu'un chevalier assistant à une discussion entre des moines et des juifs, posa une question à un des docteurs juifs, et sur sa réponse lui donna sur la tête un coup de son bâton qui le renversa. — « Aussi vous dis-je, fist li roys, que nul, se il n'est très bon cler, ne doit desputer à eulz ; mès l'omme lay, quant il ot mesdire de la loy crestienne ne doit pas défendre la loy crestienne, sinon de l'épée, de quoi

---

[1] Joinville.
[2] Joinville. Il demanda ensuite à Joinville lequel il aimerait mieux d'avoir commis un péché mortel ou d'être lépreux. Joinville répond qu'il aimerait mieux avoir fait trente péchés mortels. — « Et quand les frères s'en furent partis, il m'appela tout seul, et me fit seoir à ses piez, et me dit : « Comment me deistes vous hier ce ? » Et je lis dis que encore li disoie-je, et il me dit : « Vous deistes comme hastiz musarz ; car nulle si laide mezelerie n'est comme d'estre en péché mortel, etc. »

il doit donner parmi le ventre dedens, tant comme elle y peut entrer [1]. »

Saint Louis disait à Joinville qu'au moment de la mort, le diable s'efforce d'ébranler la foi de l'agonisant : « Et pour ce se doit on garder et en tele manière deffendre de cest agait (piége), que en dire à l'ennemie quand il envoie tele temptacion, va t'en, doit on dire à l'ennemi : Tu ne me me tempteras jà à ce que je ne croie fermement touz les articles de la foy, etc... [2] »

« Il disoit que foy et créance estoit une chose où nous devions bien croire fermement, encore n'en feussions nous certeins mez que par oïr dire [3]. »

Il raconta à Joinville qu'un docteur en théologie vint trouver un jour l'évêque Guillaume de Paris, et lui exposa en pleurant qu'il ne pouvait « son cœur ahurter à croire au sacrement de l'autel. » L'évêque lui demanda si lorsque le diable lui envoyait cette tentation, il s'y complaisait : le théologien répondit qu'elle le chagrinait fort, et qu'il se ferait hacher plutôt que de rejeter l'Eucharistie. L'évêque alors le consola en lui assurant qu'il avait plus de mérite que celui qui n'a point de doutes [4].

Quelque légers que paraissent ces signes, ils sont graves, ils méritent attention. Lorsque saint Louis lui-même était troublé, combien d'âmes devaient douter et souffrir en silence ! Ce qu'il y avait de cruel, de poignant dans cette première défaillance de la foi, c'est qu'on hésitait à se l'avouer. Aujourd'hui nous sommes habitués, endurcis aux tourments du doute, les pointes en sont émoussées. Mais il faut se reporter au premier moment où l'âme, tiède de foi et d'amour, sentit glisser en soi le froid acier. Il y eut déchirement, mais il y eut surtout horreur et surprise. Voulez-

---

[1] Joinville. « En la doctrine que il lessa au roi Phelipe, son fiuz... il y avoit une clause contenue, qui est tele : « Fai à ton pooir les bougres et les autres mal genz chacier de ton royaume, si que la terre soit de ce bien purgée. » Le Confesseur.

[2] Joinville.

[3] Id. — Villani. « On vint un jour lui dire que la figure du Christ avait apparu dans une hostie : « Que ceux qui doutent aillent le voir, dit-il ; pour moi, je le vois dans mon cœur. »

[4] Joinville.

vous savoir ce qu'elle éprouva, cette âme candide et croyante ? Rappelez-vous vous-même le moment où la foi vous manqua dans l'amour, où s'éleva en vous le premier doute sur l'objet aimé.

Placer sa vie sur une idée, la suspendre à un amour infini, et voir que cela vous échappe ! Aimer, douter, se sentir haï pour ce doute, sentir que le sol fuit, qu'on s'abîme dans son impiété, dans cet enfer de glace où l'amour divin ne luit jamais... et cependant se raccrocher aux branches qui flottent sur le gouffre, s'efforcer de croire qu'on croit encore, craindre d'avoir peur, et douter de son doute... Mais si le doute est incertain, si la pensée n'est pas sûre de la pensée, cela n'ouvre-t-il pas au doute une région nouvelle, un enfer sous l'enfer !... Voilà la tentation des tentations ; les autres ne sont rien à côté. Celle-ci resta obscure, elle eut honte d'elle-même, jusqu'au xve et au xvie siècles. Luther est là-dessus un grand maître ; personne n'a eu une plus horrible expérience de ces tortures de l'âme : « Ah ! si saint Paul vivait aujourd'hui, que je voudrais savoir de lui-même quel genre de tentation il a éprouvé. Ce n'était pas l'aiguillon de la chair, ce n'était point la bonne Thécla, comme le rêvent les papistes... Jérôme et les autres Pères n'ont pas connu les plus hautes tentations; ils n'en ont senti que de puériles, celles de la chair, qui pourtant ont bien aussi leurs ennuis. Augustin et Ambroise ont eu la leur ; *ils ont tremblé devant le glaive...* Celle-là, c'est quelque chose de plus haut que le désespoir causé par les péchés... lorsqu'il est dit : Mon Dieu, mon Dieu, pourquoi m'as-tu délaissé ; c'est comme s'il disait : Tu m'es ennemi sans cause. Ou le mot de Job : Je suis juste et innocent. »

Le Christ lui-même a connu cette angoisse du doute, cette nuit de l'âme, où pas une étoile n'apparaît plus sur l'horizon. C'est le dernier terme de la Passion, le sommet de la croix.

Dans cet abîme est la pensée du moyen âge. Cet âge est contenu tout entier dans le christianisme, le christianisme dans la Passion. La littérature, l'art, les divers développements de l'esprit humain, du iiie siècle au xve, tout est suspendu à ce mystère.

Éternel mystère, qui pour avoir eu au moyen âge son idéal au Calvaire, n'en continue pas moins encore. Oui, le Christ est encore sur la croix, et il n'en descendra point. La Passion dure et durera. Le monde a la sienne, et l'humanité dans sa longue vie historique, et chaque cœur d'homme dans ce peu d'instants qu'il bat. A chacun sa croix et ses stigmates.

Toutes les âmes héroïques, qui osèrent de grandes choses pour le genre humain, ont connu ces épreuves; toutes ont approché plus ou moins de cet idéal de douleur. C'est dans un tel moment que Brutus s'écriait : « Vertu, tu n'es qu'un nom. » C'est alors que Grégoire VII disait: « J'ai suivi la justice et fui l'iniquité. Voilà pourquoi je meurs dans l'exil. »

Mais d'être délaissé de Dieu, d'être abandonné à soi, à sa force, à l'idée du devoir contre le choc du monde, c'était là une redoutable grandeur. C'était là apprendre le vrai mot de l'homme, c'était goûter cette divine amertume du fruit de la science, dont il était dit au commencement du monde : « Vous saurez que vous êtes des dieux, vous deviendrez des dieux. »

Voilà tout le mystère du moyen âge, le secret de ses larmes intarissables, et son génie profond. Larmes précieuses, elles ont coulé en limpides légendes, en merveilleux poëmes, et s'amoncelant vers le ciel, elles se sont cristallisées en gigantesques cathédrales qui voulaient monter au Seigneur!

Assis au bord de ce grand fleuve poétique du moyen âge, j'y distingue deux sources diverses à la couleur de leurs eaux. Le torrent épique, échappé jadis des profondeurs de la nature païenne, pour traverser l'héroïsme grec et romain, roule mêlé et trouble des eaux du monde confondues. A côté coule plus pur le flot chrétien qui jaillit du pied de la croix.

Deux poésies, deux littératures: l'une chevaleresque, guerrière, amoureuse; celle-ci est de bonne heure aristocratique, l'autre religieuse et populaire.

La première aussi est populaire à sa naissance. Elle s'ouvre par la guerre contre les infidèles, par Charlemagne et Roland. Qu'il ait existé chez nous, dès lors et même avant, des poëmes d'origine celtique où les dernières luttes de l'Occident contre les Romains et les Allemands aient été célébrées par les noms de Fingal ou d'Arthur, je le crois volontiers. Mais il ne faudrait pas s'exagérer l'importance du principe indigène, de l'élément celtique. Ce qui est propre à la France, c'est d'avoir peu en propre, d'accueillir tout, de s'approprier tout, d'être la France, et d'être le monde. Notre nationalité est bien puissamment attractive, tout y vient bon gré mal gré; c'est la nationalité la moins exclusivement nationale, la plus humaine. Le fonds indigène a été plusieurs fois submergé, fécondé par les alluvions étrangères. Toutes les poésies du monde ont coulé chez nous en ruisseaux, en torrents. Tandis que des collines de Galles et de Bretagne distillaient les traditions celtiques, comme la pluie murmurante dans les chênes verts de mes Ardennes, la cataracte des romans carlovingiens tombait des Pyrénées. Il n'est pas jusqu'aux monts de la Souabe et de l'Alsace qui ne nous aient versé par l'Ostrasie un flot des Niebelungen. La poésie érudite d'Alexandre et de Troie débordait, malgré les Alpes, du vieux monde classique. Et cependant du lointain Orient, ouvert par la croisade, coulaient vers nous, en fables, en contes, en paraboles, les fleuves retrouvés du paradis.

L'Europe se sut Europe en combattant l'Afrique et l'Asie : de là Homère et Hérodote ; de là nos poëmes carlovingiens, avec les guerres saintes d'Espagne, la victoire de Charles Martel et la mort de Roland[1]. La littérature est d'abord la conscience d'une nationalité. Le peuple est unifié en un monde. Roland meurt aux passages solennels des montagnes qui séparent l'Europe de l'africaine Espagne. Comme les Philènes divinisés à Carthage, il consacre de son tombeau la limite de la patrie. Grande comme la lutte, haute comme l'héroïsme, est la tombe du héros, son gigantesque *tumulus* ; ce sont les Pyrénées elles-mêmes. Mais le héros qui meurt pour la chrétienté est un héros chrétien, un Christ guerrier, barbare ; comme Christ, il est vendu avec ses douze compagnons ; comme Christ, il se voit abandonné, délaissé. De son calvaire pyrénéen, il crie, il sonne de ce cor qu'on entend de Toulouse à Saragosse. Il sonne, et le traître Ganelon de Mayence, et l'insouciant Charlemagne, ne veulent point entendre. Il sonne, et la chrétienté pour laquelle il meurt s'obstine à ne pas répondre. Alors il brise son épée, il veut mourir. Mais il ne mourra ni du fer sarrasin, ni de ses propres armes. Il enfle le son accusateur, les veines de son col se gonflent, elles crèvent, son noble sang s'écoule : il meurt de son indignation, de l'injuste abandon du monde.

Le retentissement de cette grande poésie devait aller s'affaiblissant de bonne heure, comme le son du cor de Roland, à mesure que la croisade, s'éloignant des Pyrénées, fut transférée des montagnes au centre de la Péninsule, à mesure que le démembrement féodal fit oublier l'unité chrétienne et impériale qui domine encore les poëmes carlovingiens. La poésie chevaleresque, éprise de la

---

[1] Voyez sur la Chanson de Roland, par Génin, Renaissance, Introd.

force individuelle, de l'orgueil héroïque, qui fut l'âme du monde féodal, prit en haine la royauté, la loi, l'unité. La dissolution de l'Empire, la résistance des seigneurs au pouvoir central sous Charles le Chauve et les derniers Carlovingiens, fut célébrée dans Gérard de Roussillon, dans les Quatre fils Aymon, galopant à quatre sur un même coursier; pluralité significative. Mais l'idéal ne se pluralise pas; il est placé dans un seul, dans Renaud ; Renaud de *Montauban*[1], le héros sur sa montagne, sur sa tour; dans la plaine, les assiégeants, roi et peuple, innombrables contre un seul, et à peine rassurés. Le roi, cet homme-peuple, fort par le nombre, et représentant l'idée du nombre, ne peut être compris de cette poésie féodale ; il lui apparait comme un lâche[2]. Déjà Charlemagne a fait une triste figure dans l'autre cycle ; il a laissé périr Roland. Ici, il poursuit lâchement Renaud, Gérard de Roussillon, il prévaut sur eux par la ruse. Il joue le rôle du légitime et indigne Eurysthée, persécutant Hercule et le soumettant à de rudes travaux.

Cette contradiction apparente entre l'autorité et l'équité, qui n'est ici, après tout, que la haine de la loi, la révolte de l'individuel contre le général, elle est mal soutenue par Renaud, par Gérard, par l'épée féodale. Le roi, quoi qu'ils en disent, est plus légitime ; il représente une idée plus générale, plus divine. Il ne peut être dépossédé que par une idée plus générale encore. Le roi

---

[1] *Alban, Alp.*, mont.

[2] Passage de *Guill. au court nez* (Paris, introd. de Berte aux grands pieds), cité dans *Gérard de Nevers*.

> Grant fut la cort en la sale à Loon,
> Moult ot as tables oiseax et venoison.
> Qui que manjast la char et le poisson.
> Oneques Guillaume n'en passa le menton :
> Ains menja tourte, et but aigue à foison.
> Quant mengier orent li chevalier baron,
> Les napes otent escuier et garçon.
> Li quens Guillaume mist le roi à raison :
> — « Qu'as en pensé, » dit-il, li fiés Charlon ?
> « Secores-moi vers la geste Mahon. »
> Dist Loéis : « Nous en consillerons,
> « Et le matin savoir le vous ferons
> « Ma volonté, si jo irai o non. »
> Guillaume l'ot, si taint come charbon ;
> Il s'abaissa, si a pris un baston.
> Puis dit au roi : « Vostre fiés vos rendon,
> « N'en tenrai mès vaillant une esperon,
> « Ne vostre ami ne serai ne voste hom,
> « Et si venrez, o vous voillez o non. »

Ms. de GÉRARD DE NEVERS, n° 7498, XIII° siècle, corrigé sur le texte le plus ancien du ms. de GUILLAUME AU CORNÈS, n° 6985.

prévaudra sur le baron, et sur le roi le peuple. Cette dernière idée est déjà implicitement dans un drame satirique, qui, de l'Asie à la France, a été accueilli, traduit de toute nation : je parle du dialogue de Salomon et de Morolf. Morolf est un Ésope, un bouffon grossier, un rustre, un *vilain ;* mais tout vilain qu'il est, il embarrasse par ses subtilités, il humilie sur son trône le bon roi Salomon. Celui-ci, doté à plaisir de tous les dons, beau, riche, tout-puissant, surtout savant et sage, se voit vaincu par ce rustre malin [1]. Contre l'autorité, contre le roi et la loi écrite, l'arme du féodal Renaud, c'est l'épée, c'est la force ; celle du bouffon populaire, tout autrement perçante, c'est le raisonnement et l'ironie.

Le roi doit vaincre le baron, non-seulement en puissance, mais en popularité. L'épopée des résistances féodales doit perdre de bonne heure tout caractère populaire, et se confiner dans la sphère bornée de l'aristocratie. Elle doit pâlir surtout dans le Midi, où la féodalité ne fut jamais qu'une importation odieuse, où domina toujours dans les cités l'existence municipale, reste vivace de l'antiquité.

La pensée commune des deux cycles de Roland et de Renaud, c'est la guerre, l'héroïsme : la guerre extérieure, la guerre intérieure. Mais l'idée de l'héroïsme veut se compléter, elle tend à l'infini. Elle étend son horizon ; l'inconnu poétique qui flottait d'abord aux deux frontières, aux Ardennes, aux Pyrénées, recule vers l'Orient, comme celui des anciens poussa vers l'Occident avec leur Hespérie, de l'Italie à l'Espagne, et de l'Espagne à l'Atlantide. Après les Iliades viennent les Odyssées. La poésie s'en va cherchant aux terres lointaines. — Que cherche-t-elle ? L'infini, la beauté infinie, la conquête infinie. On se souvient alors qu'un Grec, un Romain, ont conquis le monde. Mais l'Occident n'adopte Alexandre et César qu'à condition qu'ils deviennent Occidentaux. On leur confère l'ordre de chevalerie. Alexandre devient un paladin ; les Macédoniens, les Troyens sont aïeux des Français ; les Saxons descendent des soldats de César, les Bretons de Brutus. La parenté des peuples indo-germaniques que la science devait démontrer de nos jours, la poésie l'entrevoit dans sa divine prescience.

Cependant, le héros n'est pas complet encore. En vain, pour y atteindre, le moyen âge s'est exhaussé sur l'antiquité. En vain,

[1] Le Dit Marcoul et Salomon, n° 7218, *et fonds de Notre-Dame* N. n° 2.

pour compléter la conquête du monde, Aristote devenu magicien a conduit par l'air et l'Océan l'Alexandre chevaleresque[1]. L'élément étranger ne suffisant pas, on remonte au vieil élément indigène, jusqu'au dolmen celtique, jusqu'au tombeau d'Arthur[2]. Arthur revient, non plus ce petit chef de clan, aussi barbare que les Saxons ses vainqueurs; non un Arthur épuré par la chevalerie. Il est bien pâle, il est vrai, ce roi des preux, avec sa reine Geneviève et ses douze paladins autour de la Table-Ronde. Ceux-ci, qu'apportent-ils au monde, après ce long sommeil où la femme assoupit Merlin? Ils rapportent l'amour de la femme, ce symbole de la nature, qui promet la joie infinie, et qui tient le deuil et les pleurs. Qu'ils aillent donc, tristes amants, dans les forêts à l'aventure, faibles et agités, tournant dans leur interminable épopée, comme dans ce cercle de Dante où flottent les victimes de l'amour au gré d'un vent éternel.

Que servaient ces formes religieuses, ces initiations, cette table des douze, ces agapes chevaleresques à l'image de la Cène? Un effort est tenté pour transfigurer tout cela, pour corriger cette poésie mondaine, et l'amener à la pénitence. A côté de la chevalerie profane qui cherchait la femme et la gloire, une autre est érigée. On lui permet à celle-ci les guerres et les courses aventureuses. Mais l'objet est changé. On lui laisse Arthur et ses preux, mais pourvu qu'ils s'amendent. La nouvelle poésie les achemine, dévots pèlerins, au mystérieux Temple où se garde le trésor sacré. Ce trésor, ce n'est point la femme; ce n'est point la coupe profane de Dschemschid, d'Hyperion, d'Hercule. Celle-ci est la chaste coupe de Joseph et de Salomon, la coupe où Notre-Seigneur fit la Cène, où Joseph d'Arimathie recueillit son précieux sang. La simple vue de cette coupe, ou Graal, prolonge la vie de Titurel pendant cinq cents années. Les gardiens de la coupe

---

[1] Voyez le poëme d'Alexandre, par Lambert le Court et Alexandre de Paris, né à Bernay.

[2] Le principal dépôt des traditions bretonnes du moyen âge est l'ouvrage du fameux Geoffroy de Monmouth. Sur la véracité de cet auteur et les sources où il a puisé, voyez Ellis, Intr. metrical romances; Turner, Quarterly review, janvier 1820; Delarue, Bardes armoricains; et surtout la dernière édition de Warton (1834), avec notes de Douce et de Park: voyez aussi les critiques de Riston, quelques passages de Marie de France, publiés par M. de Roquefort, 1820, etc.

et du temple, les Templistes, doivent rester purs. Ni Arthur, ni Parceval, ne sont dignes de la toucher. Pour en avoir approché, l'amoureux Lancelot reste comme sans vie pendant trente-quatre jours. La nouvelle chevalerie du Graal est conférée par des prêtres ; c'est un évêque qui fait Titurel chevalier. Cette poésie sacerdotale place si haut son idéal, qu'il en est stérile et impuissant. Elle a beau exalter les vertus du Graal, il reste solitaire ; les enfants de Parceval, de Lancelot et de Gauvain, peuvent seuls en approcher. Et quand on veut enfin réaliser le vrai chevalier, le digne gardien du Graal, on est obligé de prendre un sir Galahad, parfait de tout point, saint dès son vivant, mais fort ignoré Ce héros obscur, mis au monde tout exprès, n'a pas grande influence.

Telle fut l'impuissance de la poésie chevaleresque. Chaque jour plus sophistique et plus subtile, elle devint la sœur de la scolastique, une scolastique d'amour comme de dévotion. Dans le Midi, où les jongleurs la colportaient en petits poëmes par les cours et les châteaux, elle s'éteignit dans les raffinements de la forme, dans les entraves de la versification la plus artificielle et la plus laborieuse qui fut jamais. Au Nord, elle tomba de l'épopée au roman, du symbole à l'allégorie, c'est-à-dire au vide. Décrépite, elle grimaça encore pendant le XIVe siècle dans les tristes imitations du triste roman de la Rose, tandis que par-dessus s'élevait peu à peu la voix de la dérision populaire dans les contes et les fabliaux.

La poésie chevaleresque devait se résigner à mourir. Qu'avait-elle fait de l'humanité pendant tant de siècles ? L'homme qu'elle s'était plu dans sa confiance à prendre simple, ignorant encore, muet comme Parceval, brutal comme Roland et Renaud, elle avait promis de l'amener par les degrés de l'initiation chevaleresque à la dignité de héros chrétien, et elle le laissait faible, découragé, misérable. Du cycle de Roland à celui de Graal, sa tristesse a toujours augmenté. Elle l'a mené errant par les forêts, à la poursuite des géants et des monstres, à la recherche de la femme. Ce sont les courses de l'Hercule antique, et aussi ses faiblesses.

La poésie chevaleresque a peu développé son héros ; elle l'a retenu à l'état d'enfant, comme la mère imprévoyante de Parceval qui prolonge pour son fils l'imbécillité du premier âge. Aussi la laisse-t-il là, cette mère. De même que Gérard de Roussillon a quitté la chevalerie, et s'est fait charbonnier, Renaud de Montauban se fait maçon, et porte des pierres sur son dos pour aider à la construction de la cathédrale de Cologne.

L'épopée chevaleresque, aristocratique, était la poésie de l'amour, de la Passion humaine, des prétendus heureux du monde. Le drame ecclésiastique, autrement dit le culte, est la poésie du peuple, la poésie de ceux qui pâtissent, des patients, la Passion divine.

L'Église était alors le domicile du peuple. La maison de l'homme, cette misérable masure où il revenait le soir, n'était qu'un abri momentané. Il n'y avait qu'une maison, à vrai dire, la maison de Dieu. Ce n'est pas en vain que l'Église avait droit d'asile[1]; c'était alors l'asile universel, la vie sociale s'y était réfugiée tout entière. L'homme y priait, la commune y délibérait, la cloche était la voix de la cité. Elle appelait aux travaux des champs[2], aux affaires civiles, quelquefois aux batailles de la liberté. En Italie, c'est dans les églises que le peuple souverain s'assemblait. C'est à Saint-Marc que les députés de l'Europe vinrent demander une flotte pour la quatrième croisade. Le commerce se faisait autour des églises : les pèlerinages étaient des foires. Les marchandises étaient bénies. Les animaux, comme aujourd'hui encore à Naples, étaient amenés à la bénédiction ; l'Église ne la refusait point ; elle laissait *approcher ces petits*. Naguère à Paris, les jambons de Pâques étaient vendus au parvis Notre-Dame, et chacun, en les emportant, les faisait bénir. Autrefois, on faisait mieux ; on mangeait dans l'église même, et après le repas venait la danse. L'Église se prêtait à ses joies enfantines.

... Pandentemque sinus et tota veste vocantem
Cœruleum in gremium.

Le culte était un dialogue tendre entre Dieu, l'Église et le peuple, exprimant la même pensée. Elle et lui, sur un ton grave et passionné tour à tour, mêlaient la vieille langue sacrée et la langue

---

[1] Ainsi à Paris, Saint-Jacques-la-Boucherie et Sainte-Geneviève, etc. L'abbé Lebœuf a remarqué sur la façade de cette dernière église un énorme anneau de fer où passaient leur bras ceux qui venaient demander asile. — C'était encore dans l'église qu'on venait déposer les malades, en particulier ceux qui étaient atteints du *mal des ardents*.

[2] La *cloche d'argent*, à Reims, sonnait le 1er mars, pour annoncer la reprise des travaux agricoles.

du peuple. La solennité des prières était rompue, dramatisée de chants pathétiques, comme ce dialogue des vierges folles et des vierges sages qui nous a été conservé. Le peuple élevait la voix, non pas le peuple fictif qui parle dans le chœur, mais le vrai peuple venu du dehors, lorsqu'il entrait, innombrable, tumultueux, par tous les vomitoires de la cathédrale, avec sa grande voix confuse, géant enfant, comme le saint Christophe de la légende, brut, ignorant, passionné, mais docile, implorant l'initiation, demandant à porter le Christ sur ses épaules colossales. Il entrait, amenant dans l'Église le hideux dragon du péché ; il le trainait, soûlé de victuailles, aux pieds du Sauveur, sous le coup de la prière qui doit l'immoler[1]. Quelquefois aussi, reconnaissant que la bestialité était en lui-même, il exposait dans des extravagances symboliques sa misère, son infirmité. C'est ce qu'on appelait la fête des Fous, *fatuorum*[2]. Cette imitation de l'orgie païenne, tolérée par le christianisme, comme l'adieu de l'homme à la sensualité qu'il abjurait, se reproduisait aux fêtes de l'enfance du Christ, à la Circoncision, aux Rois, aux Saints-Innocents, et aussi aux jours où l'humanité, sauvée du démon, tombait dans l'ivresse de la joie, à Noël et à Pâques. Le clergé lui-même y prenait part. Ici les chanoines jouaient à la balle dans l'église, là on trainait outrageusement l'odieux hareng du carême[3]. La bête comme l'homme était réhabilitée. L'humble témoin de la naissance du Sauveur, le fidèle animal qui de son haleine le réchauffa tout petit dans la crèche, qui le porta avec sa mère en Égypte, qui l'amena triomphant dans Jérusalem, il avait sa part de la joie[4]. Sobriété, patience, ferme résignation, le moyen âge distinguait en l'âne je ne sais combien de vertus chrétiennes.

[1] Voyez vol. II, note pag. 157.

[2] Le légat, Pierre de Capoue, défendit en 1198 la célébration de cette fête dans le diocèse de Paris. Mais elle ne cessa guère en France que vers 1444. On la trouve en Angleterre en 1530. — En 1671, les enfants de chœur de la Sainte-Chapelle prétendaient encore commander le jour des Saints-Innocents, et occupaient les premières stalles, avec la chape et le bâton cantoral. — A Bayeux, le jour des Innocents, les enfants de chœur, ayant à leur tête un petit évêque qui faisait l'office, occupaient les stalles hautes et les chanoines les basses.

[3] Voyez vol. II, note pag. 165.

[4] A Beauvais, à Autun, etc., on célébrait la fête de l'Ane. — Ducange : « In fine missæ sacerdos versus ad populum vice : Ite, missa est, ter

Pourquoi eût-on rougi de lui? le Sauveur n'en avait pas rougi [1]. Quel mal en tout cela? Tout n'est-il pas permis à l'enfant? Plus tard, l'Église imposa silence au peuple, l'éloigna, le tint à distance. Mais aux premiers siècles du moyen âge, l'Église s'effarouchait si peu de ces drames populaires qu'elle en reproduisait sur ses murailles les traits les plus hardis. A Rouen [2], un cochon joue du violon, à Chartres, c'est un âne [3]; à Essone, un évêque tient une marotte [4]. Ailleurs, ce sont les images des vices et des péchés sculptées dans la licence d'un pieux cynisme [5]. L'artiste

hinhannabit; populos vero vice : Deo gratias, ter respondebit : *Hinham hinham, hinham.* » On chantait la prose suivante :

Orientis partibus
Adventavit asinus
Pulcher et fortissimus
Sarcinis aptissimus.
Hez, sire asnes, car chantez
Belle bouche rechignez,
Vous aurez du foin assez
Et de l'avoine à plantez.

Lentus erat pedibus
Nisi foret baculus
Et cum in clunibus
Pungeret aculeus.
Hez, sire asnes, etc.

Hic in collibus Sichem
Jam nutritus sub Ruben,
Transiit per Jordanem,
Saliit in Bethleem.
Hez, sire asnes, etc.

Ecce magnis auribus
Subjugalis filius
Asinus egregius
Asinorum dominus.
Hez, sire asnes, etc.

Saltu vincit hinnulos
Damas et capreolos,

Super dromedarios
Velox Madianeos.
Hez, sire asnes, etc.

Aurum de Arabia,
Thus et myrrham de Saba.
Tulit in ecclesia
Virtus asinaria,
Hez, sire asnes, etc.

Dum trahit vehicula
Multa cum sarcinula,
Illius mandibula
Dura terit pabula.
Hez, sire asnes, etc.

Cum aristis hordeum
Comedit et carduum ;
Triticum e palea
Segregat in area.
Hez, sire asnes, etc.

Amen dicas Asine, (hic genuflectebatur.)
Jam satur de gramine :
Amen, amen itera,
Aspernare vetera.
Hez va ! hez va ! hez va hez
Biax sire asnes car alles
Belle bouche car chantez.

Ms. du XIII⁰ siècle, ap. Ducange, Glossar.

[1] Nostri nec pœnitet illas,
Nec te pœniteat pecoris, divina poeta.
(Virg.)

[2] Au portail septentrional de la cathédrale (portail des Libraires).

[3] Sur un contrefort du clocher vieux.

[4] A l'église de Saint-Guenault, des rats rongent le globe du monde. — Aristote n'échappe pas à ce rire universel. A Rouen, il est représenté courbé, les mains à terre, et portant une femme sur son dos.

[5] Voyez les stalles de Notre-Dame de Rouen, de Notre-Dame d'Amiens, de Saint-Guenault d'Essone, etc. Dans l'église de l'Épine, petit village près Châlons, il se trouve des sculptures très-remarquables, mais aussi

n'a pas reculé devant l'inceste de Loth, ni les infamies de Sodome[1].

Il y avait alors un merveilleux génie dramatique, plein de hardiesse et de bonhomie, souvent empreint d'une puérilité touchante. Personne ne riait en Allemagne quand le nouveau curé, au milieu de sa messe d'installation, allait prendre sa mère par la main et dansait avec elle. Si elle était morte, elle était sauvée sans difficulté, il mettait *sous le chandelier l'âme de sa mère*. L'amour de la mère et du fils, de Marie et de Jésus, était pour l'Église une riche source de pathétique. Aujourd'hui encore à Messine, le jour de l'Assomption, la vierge portée par toute la ville, cherche son fils comme la Cérès de la Sicile antique cherchait Proserpine; enfin, quand elle est au moment d'entrer dans la grande place, on lui présente tout à coup l'image du Sauveur; elle tressaille et recule de surprise, et douze oiseaux, qui s'envolent de son sein, portent à Dieu l'effusion de la joie maternelle.

A la Pentecôte, des pigeons blancs étaient lâchés dans l'église parmi les langues de feu, les fleurs pleuvaient, les galeries intérieures étaient illuminées[2]. A d'autres fêtes, l'illumination était au dehors[3]. Qu'on se représente l'effet des lumières sur ces prodigieux monuments, lorsque le clergé, circulant par les rampes

---

très-obscènes. Saint Bernard écrit vers 1125, à Guillaume de Saint-Thierry : « A quoi bon tous ces monstres grotesques en peinture ou en bosse qu'on met dans les cloîtres à la vue des gens qui pleurent leurs péchés? A quoi sert cette belle difformité, ou cette beauté difforme? Que signifient ces singes immondes, ces lions furieux, ces centaures monstrueux? »

[1] C'était le sujet d'un bas-relief extérieur de la cathédrale de Reims, que l'on a fait effacer.

[2] A la Sainte-Chapelle, on voyait descendre de la voûte la figure d'un ange tenant un biberon d'argent, avec lequel il envoyait de l'eau sur les mains du célébrant. — A Reims, le jour de la Dédicace, on plaçait un cierge allumé entre chaque arcade.

[3] « Sur la galerie de la Vierge, à Notre-Dame de Paris, était une vierge et deux anges portant des chandeliers; après Laudes de la Sexagésime, le chevecier y mettait deux cierges. » Gilbert. — Dans certaines églises, le prêtre représentait au portail l'Ascension de Notre-Seigneur. — Quelquefois même le clergé devait être obligé d'accomplir la cérémonie dans les parties les plus élevées de l'église; par exemple, lorsqu'on scellait des reliques sous la flèche, comme on l'avait fait à celle de Notre-Dame de Paris.

aériennes, animait de ses processions fantastiques les masses ténébreuses, passant et repassant le long des balustrades, ces ponts dentelés, avec les riches costumes, les cierges et les chants ; lorsque la lumière et la voix tournaient de cercle en cercle, et qu'en bas, dans l'ombre, répondait l'océan du peuple. C'était là pour ce temps le vrai drame, le vrai mystère, la représentation du voyage de l'humanité à travers les trois mondes, cette intuition sublime que Dante reçut de la réalité passagère pour la fixer et l'éterniser dans la *Divina Commedia*.

Ce colossal théâtre du drame sacré est rentré, après sa longue fête du moyen âge, dans le silence et dans l'ombre. La faible voix qu'on y entend, celle du prêtre, est impuissante à remplir des voûtes dont l'ampleur était faite pour embrasser et contenir le tonnerre de la voix du peuple. Elle est veuve, elle est vide, l'église. Son profond symbolisme, qui parlait alors si haut, il est devenu muet. C'est maintenant un objet de curiosité scientifique, d'explications philosophiques, d'interprétations alexandrines. L'Église est un musée gothique que visitent les habiles ; ils tournent autour, regardent irrévérencieusement, et louent au lieu de prier. Encore savent-ils bien ce qu'ils louent? Ce qui trouve grâce devant eux, ce qui leur plait dans l'église, ce n'est pas l'église elle-même, ce sera le travail délicat de ses ornements, la frange de son manteau, sa dentelle de pierre, quelque ouvrage laborieux et subtil du gothique en décadence.

Il y a ici quelque chose de grand, quel que soit le sort de telle ou telle religion. L'avenir du christianisme n'y fait rien. Touchons ces pierres avec précaution, marchons légèrement sur ces dalles. Un grand mystère s'est passé ici. Je n'y vois plus que la mort, et je suis tenté de pleurer. Le moyen âge, la France du moyen âge, ont exprimé dans l'architecture leur plus intime pensée. Les cathédrales de Paris, de Saint-Denis, de Reims, en disent plus que de longs récits. La pierre s'anime et se spiritualise sous l'ardente et sévère main de l'artiste. L'artiste en fait jaillir la vie. Il est fort bien nommé au moyen âge « Le maître des pierres vives, » *Magister de vivis lapidibus*[1].

On sait que l'Église chrétienne n'est primitivement que la basilique du tribunal romain. L'Église s'empare du prétoire même où

---

[1] Surnom d'un des architectes que Ludovic Sforza fit venir d'Allemagne pour fermer les voûtes de la cathédrale de Milan. (Gaet. Franchetti.)

Rome l'a condamnée. Le tribunal s'élargit, s'arrondit et forme le chœur. Cette église, comme la cité romaine, est encore restreinte, exclusive, elle ne s'ouvre pas à tous. Elle prétend au mystère, elle veut une initiation. Elle aime encore les ténèbres des catacombes où elle naquit ; elle se creuse de vastes cryptes qui lui rappellent son berceau. Les catéchumènes ne sont pas admis dans l'enceinte sacrée, ils attendent encore à la porte. Le baptistère est au dehors, au dehors le cimetière ; la tour elle-même, l'organe et la voix de l'église, s'élève à côté. La pesante arcade romane scelle de son poids l'église souterraine, ensevelie dans ses mystères. Il en va ainsi, tant que le christianisme est en lutte, tant que dure la tempête des invasions, tant que le monde ne croit pas à sa durée. Mais lorsque l'ère fatale de l'an 1000 a passé, lorsque la hiérarchie ecclésiastique se trouve avoir conquis le monde, qu'elle s'est complétée, couronnée, fermée dans le pape, lorsque la chrétienté, enrôlée dans l'armée de la croisade, s'est aperçue de son unité, alors l'Église secoue son étroit vêtement, elle se dilate pour embrasser le monde, elle sort des cryptes ténébreuses. Elle monte, elle soulève ses voûtes, elle les dresse en crêtes hardies, et dans l'arcade romaine reparait l'ogive orientale.

Voilà un prodigieux entassement, une œuvre d'Encelade. Pour soulever ces rocs à quatre, à cinq cents pieds dans les airs [1], les géants, ce semble, ont sué... Ossa sur Pélion, Olympe sur Ossa... Mais non, ce n'est pas là une œuvre de géants, ce n'est pas un confus amas de choses énormes, une agrégation inorganique... Il y a eu là quelque chose de plus fort que le bras des Titans... Quoi donc ? le souffle de l'esprit. Ce léger souffle qui passa devant la face de Daniel, emportant les royaumes et brisant les empires, c'est lui encore qui a gonflé les voûtes, qui a soufflé les tours au ciel. Il a pénétré d'une vie puissante et harmonieuse toutes les parties de ce grand corps, il a suscité d'un grain de sénevé la végétation du prodigieux arbre. L'esprit est l'ouvrier de sa demeure. Voyez comme il travaille la figure humaine dans laquelle

---

[1] Cette hauteur de cinq cents pieds semblerait avoir été l'idéal auquel aspirait l'architecture allemande. Ainsi les tours de la cathédrale de Cologne devaient, d'après les plans qui subsistent encore, s'élever à cinq cents pieds allemands (quatre cent quarante-trois pieds de Paris) ; la flèche de Strasbourg est haute de cinq cents pieds de Strasbourg (quatre cent quarante-cinq pieds de Paris.)

il est enfermé, comme il imprime la physionomie, comme il en forme et déforme les traits ; il creuse l'œil de méditations, d'expérience et de douleurs, il laboure le front de rides et de pensées, les os mêmes, la puissante charpente du corps, il la plie et la courbe au mouvement de la vie intérieure. De même, il fut l'artisan de son enveloppe de pierre, il la façonna à son usage, il la marqua au dehors, au dedans de la diversité de ses pensées ; il y dit son histoire, il prit bien garde que rien n'y manquât de la longue vie qu'il avait vécue, il y grava tous ses souvenirs, toutes ses espérances, tous ses regrets, tous ses amours. Il y mit, sur cette froide pierre, son rêve, sa pensée intime. Dès qu'une fois il eut échappé des catacombes, de la crypte mystérieuse où le monde païen l'avait tenu[1], il la lança au ciel cette crypte ; d'autant plus profondément elle descendit, d'autant plus haut elle monta ; la flèche flamboyante échappa comme le profond soupir d'une poitrine oppressée depuis mille ans. Et si puissante était la respiration, si fortement battait ce cœur du genre humain, qu'il fit jour de toutes parts dans son enveloppe ; elle éclata d'amour pour recevoir le regard de Dieu. Regardez l'orbite amaigri et profond de la croisée gothique, de cet *œil ogival*[2], quand il fait effort pour s'ouvrir, au XIIe siècle. Cet œil de la croisée gothique est le signe par lequel se classe la nouvelle architecture. L'art ancien, adorateur de la matière, se classait par l'appui matériel du temple, par la colonne, colonne toscane, dorique, ionique. L'art moderne, fils de l'âme et de l'esprit, a pour principe, non la forme, mais la physionomie, mais l'œil ; non la colonne, mais la croisée ; non le plein, mais le vide.

Au XIIe et au XIIIe siècles, la croisée enfoncée dans la profondeur des murs, comme le solitaire de la Thébaïde dans une grotte de granit, est toute retirée en soi : elle médite et rêve. Peu à peu elle avance du dedans au dehors, elle arrive à la superficie extérieure du mur. Elle rayonne en belles roses mystiques, triomphantes de la gloire céleste. Mais le XIVe siècle est à peine passé que ces roses s'altèrent ; elles se changent en figures flamboyantes ;

---

[1] A peine pourrait-on citer quelques exemples de cryptes postérieures au XIIe siècle. (Caumont.) C'est au XIIe et au XIIIe siècles qu'a lieu le grand élan de l'architecture ogivale.

[2] On donne pour racine au mot *ogive* le mot allemand *aug*, œil ; les angles curvilignes ressemblent au coin de l'œil. (Gilbert.)

sont-ce des flammes, des cœurs ou des larmes ? Tout cela peut-être à la fois.

Même progrès dans l'agrandissement successif de l'Église. L'esprit, quoi qu'il fasse, est toujours mal à l'aise dans sa demeure ; il a beau l'étendre [1], la varier, la parer, il n'y peut tenir, il étouffe. Non, tant belle soyez-vous, merveilleuse cathédrale, avec vos tours, vos saints, vos fleurs de pierres, vos forêts de marbre, vos grands christs dans leurs auréoles d'or, vous ne pouvez me contenir. Il faut qu'autour de l'église nous bâtissions de petites églises, qu'elle rayonne de chapelles [2]. Au delà de l'autel, dressons un autel, un sanctuaire derrière le sanctuaire ; cachons derrière le chœur la chapelle de la Vierge, il me semble que là nous respirerons mieux ; là il y aura des genoux de femme pour que l'homme y pose sa tête qu'il ne peut plus soutenir, un voluptueux repos par delà la croix, l'amour par delà la mort... Mais que cette chapelle est petite encore, comme ces murs font obstacle !... Faudra-t-il donc que le sanctuaire échappe du sanctuaire, que l'arche se replace sous les tentes, sous le pavillon du ciel ?

Le miracle, c'est que cette végétation passionnée de l'esprit, qui semblait devoir lancer au hasard le caprice de ses jets luxurieux, elle se développa dans une loi régulière. Elle dompta son exubérante fécondité au nombre, au rhythme d'une géométrie savante. La géométrie de l'art, le vrai et le beau se rencontrèrent. C'est ainsi qu'on a calculé dans les premiers temps que la courbe la plus propre à faire une voûte solide était justement celle que Michel-Ange avait choisie comme la plus belle, pour le dôme de Saint-Pierre.

Cette géométrie de la beauté éclate dans le type de l'architecture gothique, dans la cathédrale de Cologne [3]; c'est un corps

---

[1] Au XIIIe siècle, le chœur devint plus long qu'il n'était comparativement à la nef. On prolongea les collatéraux autour du sanctuaire, et ils furent toujours bordés de chapelles.

[2] Ce fut surtout au XIe siècle qu'on employa généralement cette disposition.

[3] Les maîtres de cette ville ont bâti beaucoup d'autres églises. Jean Hultz, de Cologne, continue le clocher de Strasbourg. — Jean de Cologne, en 1369, bâtit les deux églises de Campen, au bord du Zuyderzée, sur le plan de la cathédrale de Cologne. — Celle de Prague s'élève sur le même plan. — Celle de Metz y ressemble beaucoup. — L'évêque de Burgos, en

régulier qui a crû dans la proportion qui lui était propre, avec la régularité des cristaux.

La croix de l'église normale est strictement déduite de la figure par laquelle Euclide construit le triangle équilatéral [1]. Ce triangle, principe de l'ogive normale, peut s'inscrire à l'arc des voûtes; il tient ainsi l'ogive également éloignée et de la disgracieuse maigreur des fenêtres aiguës du Nord, et du lourd aplatissement des arcades byzantines.

Le nombre dix et le nombre douze, avec leurs subdiviseurs et leurs multiples, dominent tout l'édifice. Dix est le nombre humain, celui des doigts; douze le nombre divin, le nombre astronomique; ajoutez-y sept, en l'honneur des sept planètes. Dans les tours [2], et dans tout l'édifice, les parties inférieures dérivent du carré et se subdivisent en octogone; les supérieures, dominées par le triangle, s'exfolient en hexagone, en dodécagone [3]. La colonne a dans le rapport de son diamètre les proportions de l'ordre dorique [4]. La hauteur égale à la largeur de l'arcade, conformément au principe de Vitruve et de Pline.

Ainsi dans ce pays de l'architecture gothique, subsistent les traditions de l'antiquité.

L'arcade jetée d'un pilier à l'autre est large de cinquante pieds. Ce nombre se répète dans tout l'édifice. C'est la mesure de la hauteur des colonnes. Les bas côtés ont la moitié de la largeur de l'arcade, la façade en a le triple. La longueur totale de l'édifice a trois fois la largeur totale, autrement dit neuf fois la largeur de l'arcade. La largeur du tout est égale à la longueur du

---

1442, emmène deux tailleurs de pierres de Cologne pour terminer les tours de sa cathédrale. Ils font les flèches sur le plan de celle de Cologne. — Des artistes de Cologne bâtissent Notre-Dame de l'Épine, à Châlons-sur-Marne. Boisserée, p. 13.

[1] Nous empruntons cette observation, et généralement tous les détails qui suivent, à la description de la cathédrale de Cologne, par Boisserée (franç. et allem.) 1823.

[2] Les églises métropolitaines avaient des tours, les églises inférieures seulement des clochers. Ainsi la hiérarchie se conservait jusque dans la forme extérieure de l'église.

[3] De plus, le chœur est terminé par cinq côtés d'un dodécagone, et chaque chapelle par trois côtés d'un octogone.

[4] Ce rapport est celui de 1 à 6, et de 1 à 7.

ÉCLAIRCISSEMENTS. 219

chœur et de la nef[1], égale à la hauteur du milieu de la voûte[2]. La longueur est à la hauteur, comme deux est à cinq. Enfin l'arcade, les bas côtés, se reproduisent au dehors dans les contreforts et les arcs-boutants qui soutiennent l'édifice. Le nombre sept, le nombre des sept dons du Saint-Esprit, des sept sacrements, est aussi celui des chapelles du chœur ; deux fois sept celui des colonnes qui le soutiennent.

Cette prédilection pour les nombres mystiques se retrouve dans toutes les églises. Celle de Reims a sept entrées ; celles de Reims et de Chartres sept chapelles autour du chœur. Le chœur de Notre-Dame de Paris a sept arcades. La croisée est longue de 144 pieds (16 fois 9), large de 42 (6 fois 7) ; c'est aussi la largeur d'une des tours et le diamètre d'une des grandes roses ; les tours de la même église ont 216 pieds (17 fois 12). On y compte 297 colonnes ($297 : 3 = 99$, qui, divisé par $3 = 33$, qui, divisé par $3 = 11$), et 45 chapelles (5×9). Le clocher qui en surmontait la croisée avait 104 pieds comme la voûte principale. Notre-Dame de Reims a dans son œuvre 408 pieds (: 2 donne 204, hauteur des tours de Notre-Dame de Paris ; $204 : 17 = 12$)[3]. Chartres 396 pieds (: $6 = 66$, qui, divisé par $2 = 33 = 3 \times 11$). Les nefs de Saint-Ouen de Rouen, et des cathédrales de Strasbourg et de Chartres, sont toutes les trois de longueur égale (244 pieds). La Sainte-

---

[1] Le porche, le carré et la transversale, les chapelles avec le bas-côté qui les sépare du chœur, sont chacun égaux à la largeur de l'arcade principale, et en somme égaux à la largeur totale. La largeur de la transversale, ou croisée, est, avec sa longueur totale, dans le rapport de 2 à 5, et avec la largeur du chœur et de la nef, dans le rapport de 2 à 3.

[2] La hauteur des voûtes latérales égale $\frac{2}{5}$ de la largeur totale, c'est-à-dire 2 fois $\frac{150}{5}$ ou 60 pieds. Pour la voûte du milieu, la largeur dans œuvre est à la hauteur dans le rapport de 2 à 7, et pour les voûtes latérales, dans le rapport de 1 à 3. — A l'extérieur, la largeur principale de l'église égale la hauteur totale. La longueur est à la hauteur dans le rapport de 2 à 5. Même rapport entre la hauteur de chaque étage et celle de l'ensemble.

[3] La longueur extérieure est de 438 p. 8 p. ; 438 est divisible par 3, par 2, par 4, par 12 ; divisé par 12, il donne 365,5, le nombre des jours de l'année plus une fraction, ce qui est un degré encore d'exactitude. — Il y a 36 piliers-butants extérieurs, 34 intérieurs. — L'arcade du milieu est large de 35 pieds ; 35 statues, 21 arcades latérales.

Chapelle de Paris est haute de 110 pieds (110 : 10 = 11), longue de 110, large de 27 (3ᵉ puissance de 3)[1].

A qui appartenait cette science des nombres, cette mathématique sacrée? Au clergé seul? On l'a cru d'abord. Mais des travaux récents (Visit. église de Noyon, etc.) ont établi ce fait très-important, que l'*architecture ogivale*, celle qu'on dit improprement gothique, est due tout entière aux laïques, au génie mystique des maçons. L'*architecture romane*, celle des prêtres, finit au XIIᵉ siècle.

Les maçons, cette vaste et obscure association partout répandue, eurent leurs loges principales à Cologne et à Strasbourg. Leur signe, aussi ancien que la Germanie, c'était le marteau de Thor. Du marteau païen, sanctifié dans leurs mains chrétiennes, ils continuaient par le monde le grand ouvrage du Temple nouveau, renouvelé du Temple de Salomon. Avec quel soin ils ont travaillé, obscurs qu'ils étaient et perdus dans l'association, avec quelle abnégation d'eux-mêmes; il faut, pour le savoir, parcourir les parties les plus reculées, les plus inaccessibles des cathédrales. Élevez-vous dans ces déserts aériens, aux dernières pointes de ces flèches où le couvreur ne se hasarde qu'en tremblant, vous rencontrerez souvent, solitaires sous l'œil de Dieu, aux coups du vent éternel, quelque ouvrage délicat, quelque chef-d'œuvre d'art et de sculpture, où le pieux ouvrier a usé sa vie. Pas un nom, pas un signe, une lettre : il eût cru voler sa gloire à Dieu. Il a travaillé pour Dieu seul, *pour le remède de son âme.* Un nom qu'ils ont pourtant conservé par une gracieuse préférence, c'est celui d'une vierge qui travailla pour Notre-Dame de Strasbourg; une partie des sculptures qui couronnent la prodigieuse flèche y fut placée par sa faible main[2]. Ainsi, dans la légende, le roc que tous les efforts des hommes n'avaient pu ébranler, roule sous le pied d'un enfant[3]. C'est aussi une vierge que la patronne des *maçons*, sainte Catherine, qu'on voit avec sa roue géométrique, sa rose mystérieuse, sur le plan de la cathédrale de Cologne. Une autre

---

[1] Nous sommes revenus sur ce point de vue dans l'Introduction du volume sur la Renaissance.

[2] Sabine de Steinbach, fille d'Erwin de Steinbach qui commença les tours en 1277. (1833.) Il est établi maintenant que la flèche est de 1439. (1860.)

[3] C'est la légende du mont Saint-Michel.

ÉCLAIRCISSEMENTS. 221

vierge, sainte Barbe, s'y appuie sur sa tour, percée d'une trinité de fenêtres.

Sorti du libre élan mystique, le gothique, comme on l'a dit sans le comprendre, est le genre libre. Je dis libre, et non arbitraire. S'il s'en fût tenu au même type [1], s'il fût resté assujetti par l'harmonie géométrique, il eût péri de langueur. En diverses parties de l'Allemagne, en France, en Angleterre, moins dominé par le calcul et l'idéalisme religieux, il a reçu davantage l'empreinte variée de l'histoire. Nos artistes ont marqué nos églises de leur ardente personnalité [2]; on lit leur nom sur les murs de Notre-Dame de Paris, sur les tombeaux de Rouen [3], sur les pierres tumulaires et les méandres de l'église de Reims [4]. L'inquiétude du nom et de la gloire, la rivalité des efforts, poussa ces artistes à des actes désespérés. A Caen, à Rouen, on retrouve l'histoire de Dédale tuant son neveu par envie. Vous voyez dans une église de cette dernière ville, sur la même pierre, les figures hostiles et menaçantes d'Alexandre de Berneval et de son disciple poignardé par lui. Leurs chiens, couchés à leurs pieds, se menacent encore. L'infortuné jeune homme, dans la tristesse d'un destin inaccompli, porte sur sa poitrine l'incomparable rose où il eut le malheur de surpasser son maître [5].

[1] La voûte du chœur est seule achevée; elle a deux cents pieds de hauteur. M. Boisserée a ajouté à sa Description un projet de restauration et d'achèvement, d'après les plans primitifs des architectes, qui ont été retrouvés il y a peu d'années.

[2] On voit Ingelramme diriger les travaux de Notre-Dame de Rouen, et construire le Bec en 1214 : Robert de Lusarche bâtir, en 1220, la cathédrale d'Amiens; Pierre de Montereau, l'abbaye de Long-Pont, en 1227; Hugues Lebergier, Saint-Nicaise de Reims, en 1229; Jean Chelle, le portail latéral sud de Notre-Dame, en 1257, etc.

[3] Le tombeau de Marcdargent à Saint-Ouen.

[4] On voyait dans plusieurs églises, entre autres à Chartres et à Reims, une spirale de mosaïque, ou labyrinthe, *dædalus*, placé au centre de la croisée. On y venait en pèlerinage; c'était l'emblème de l'intérieur du temple de Jérusalem. Le labyrinthe de Reims portait le nom des quatre architectes de l'église. Povillon-Pierard, Description de Notre-Dame de Reims. — Celui de Chartres est surnommé *la lieue*; il a sept cent soixante-huit pieds de développement. Gilbert, Description de Notre-Dame de Chartres, p. 44.

[5] Berneval acheva, vers le commencement du xve siècle, la croisée de

Comment compter nos belles églises au XIIIᵉ siècle? Je voulais du moins parler de Notre-Dame de Paris [1]. Mais quelqu'un a marqué ce monument d'une telle griffe de lion, que personne désormais ne se hasardera d'y toucher. C'est sa chose désormais, c'est son fief, c'est le majorat de Quasimodo. Il a bâti, à côté de la vieille cathédrale de poésie, aussi ferme que les fondements de l'autre, aussi haute que ses tours. Si je regardais cette église ce serait comme livre d'histoire, comme le grand registre des destinées de la monarchie. On sait que son portail, autrefois chargé des images de tous les rois de France, est l'œuvre de Philippe-Auguste; le portail sud-est de saint Louis [2]; le septentrional de Philippe le Bel [3]; celui-ci fut fondé de la dépouille des Templiers, pour détourner sans doute la malédiction de Jacques Molay [4]. Ce portail funèbre a dans sa porte rouge le monument de Jean sans Peur [5], l'assassin du duc d'Orléans. La grande et lourde église, toute fleurdelisée, appartient à l'histoire plus qu'à la religion. Elle a peu d'élan, peu de ce mouvement d'ascension si frappant dans les églises de Strasbourg et de Cologne. Les bandes longitudinales qui coupent Notre-Dame de Paris arrêtent l'élan; ce sont plutôt les lignes d'un livre. Cela raconte au lieu de prier.

Notre-Dame de Paris est l'église de la monarchie; Notre-Dame de Reims, celle du sacre. Celle-ci est achevée, contre l'ordinaire des cathédrales. Riche, transparente, pimpante dans sa coquetterie colossale, elle semble attendre une fête; elle n'en est que plus triste, la fête ne revient plus. Chargée et surchargée de sculptures, couverte plus qu'aucune autre des emblèmes du sacerdoce, elle symbolise l'alliance du roi et du prêtre. Sur les rampes extérieures de la croisée batifolent les diables, ils se laissent glisser aux pentes rapides, ils font la moue à la ville, tandis qu'au pied du Clocher-à-l'Ange le peuple est pilorié.

Saint-Ouen, et fit en 1439 la rose du midi. Son élève fit celle du nord, et surpassa son maître. Berneval le tua, et fut pendu.

[1] Alexandre III posa la première pierre de Notre-Dame de Paris, en 1163. La façade principale fut achevée au plus tard en 1223. La nef est également du commencement du XIIIᵉ siècle.

[2] Il fut commencé en 1257.

[3] Il fut commencé en 1312 ou 1313.

[4] C'est au Parvis Notre-Dame qu'on le brûla.

[5] 1404-19.

Saint-Denis est l'église des tombeaux; non pas une sombre et triste nécropole païenne, mais glorieuse et triomphante, toute brillante de foi et d'espoir, large et sans ombre, comme l'âme de saint Louis qui l'a bâtie; simple au dehors, belle au dedans; élancée et légère, comme pour moins peser sur les morts. La nef s'élève au chœur par un escalier qui semble attendre le cortége des générations qui doivent monter, descendre, avec la dépouille des rois.

A l'époque où nous sommes parvenus, l'architecture gothique avait atteint sa plénitude, elle était dans la beauté sévère de la virginité, moment court, moment adorable, où rien ne peut rester ici-bas. Au moment de la beauté pure, il en succède un autre que nous connaissons bien aussi. Vous savez, cette seconde jeunesse, quand la vie a déjà pesé, quand la science du bien et du mal perce dans un triste sourire, qu'un pénétrant regard s'échappe des longues paupières; alors ce n'est pas trop de toutes les fêtes pour donner le change aux troubles du cœur. C'est le temps de la parure et des riches ornements. Telle fut l'église gothique à ce second âge; elle porta dans sa parure une délicieuse coquetterie. Riches croisées coiffées de triangles imposants [1], charmants tabernacles appendus aux portes, aux tours, comme des chatons de diamants, fine et transparente dentelle de pierre filée au fuseau des fées; elle alla ainsi de plus en plus ornée et triomphante, à mesure qu'au dedans le mal augmentait. Vous avez beau faire, souffrante beauté, le bracelet flotte autour d'un bras amaigri; vous savez trop, la pensée vous brûle, vous languissez d'amour impuissant.

L'art s'enfonça chaque jour davantage dans cet amaigrissement. Il s'acharna sur la pierre, s'en prit à elle de la vie qui tarissait, il la creusa, la fouilla, l'amincit, la subtilisa. L'architecture devint la sœur de la scolastique. Elle divisa et subdivisa. Son procédé fut aristotélique, sa méthode celle de saint Thomas. Ce fut comme une série de syllogismes de pierre qui n'atteignaient pas leur conclusion. On trouve de la froideur dans ces raffinements du gothique, dans les subtilités de la scolastique, dans la scolastique d'amour des troubadours et de Pétrarque. C'est ne pas savoir ce

---

[1] Ces triangles sont l'ornement de prédilection du XIVe siècle. On les ajouta alors à beaucoup de portes et de croisées du XIIIe. Voyez celles d Notre-Dame de Paris.

que c'est que la passion, combien elle est ingénieuse, opiniâtre, acharnée, subtile et aiguë dans ses poursuites ardentes. Altérée de l'infini dont elle a entrevu la fugitive lueur, elle donne aux sens une vivacité extraordinaire, elle devient un verre grossissant, qui distingue et exagère les moindres détails. Elle le poursuit, cet infini, dans l'imperceptible bulle d'air où flotte un rayon du ciel, elle le cherche dans l'épaisseur d'un beau cheveu blond, dans la dernière fibre d'un cœur palpitant. Divise, divise, scalpel acéré, tu peux percer, déchirer, tu peux fendre le cheveu et trancher l'atome, tu n'y trouveras pas ton Dieu.

En poussant chaque jour plus avant cette ardente poursuite, ce que l'homme rencontra, ce fut l'homme même. La partie humaine et naturelle du christianisme se développa de plus en plus et envahit l'Église. La végétation gothique, lassée de monter en vain, s'étendit sur la terre et donna ses fleurs. Quelles fleurs? des images de l'homme, des représentations peintes et sculptées du christianisme, des saints, des apôtres. La peinture et la sculpture, les arts matérialistes qui reproduisent le fini, étouffèrent peu à peu l'architecture[1]; celle-ci, l'art abstrait, infini, silencieux, ne put tenir contre ses sœurs plus vives et plus parlantes. La figure

---

[1] La peinture sur vitres commence au XIe siècle. Les Romains se servaient depuis Néron des vitres coloriées, surtout en bleu. Le beau rouge est plus fréquent dans les anciens vitraux; on disait proverbialement : *Vin couleur des vitraux de la Sainte-Chapelle*. Ceux de cette église sont du premier âge: ceux de Saint-Gervais, du deuxième et du troisième, et de la main de Vinaigrier et de Jean Cousin. Au deuxième âge, les figures devenant gigantesques, sont coupées par les vitres carrées. A cette époque appartiennent encore les beaux vitraux des grandes fenêtres de Cologne, qui portent la date de 1509, apogée de l'école allemande; ils sont traités dans une manière monumentale et symétrique. — Angelico de Fiesole est le patron des peintres sur verre. On cite encore Guillaume de Cologne et Jacques Allemand. Jean de Bruges inventa les émaux ou verres à deux couches. — La réforme réduisit cet art en Allemagne à un usage purement héraldique. Il fleurit en Suisse jusqu'en 1700. La France avait acquis tant de réputation en ce genre, que Guillaume de Marseille fut appelé à Rome, par Jules II, pour décorer les fenêtres du Vatican. A l'époque de l'influence italienne, le besoin d'harmonie et de clair-obscur fait employer la grisaille pour les fenêtres d'Anet et d'Ecouen ; c'est le protestantisme entrant dans la peinture. En Flandre, l'époque des grands coloristes (Rubens, etc.) amène le dégoût de la peinture sur verre. Voyez dans la Revue française

humaine varia, peupla la sainte nudité des murs. Sous prétexte de piété, l'homme mit partout son image; elle y entra comme Christ, comme apôtre ou prophète; puis en son propre nom, humblement couchée sur les tombeaux; qui eût refusé l'asile du temple à ces pauvres morts? Ils se contentèrent d'abord d'une simple dalle, où l'image était gravée; puis la dalle se souleva; la tombe s'enfla, l'image devint une statue; puis la tombe fut un mausolée, un catafalque de pierres qui emplit l'église, que dis-je? ce fut une église elle-même. Dieu, resserré dans sa maison, fut heureux de garder lui-même une chapelle [1].

La puissante colonne grecque, également groupée, porte à son aise un léger fronton; le faible porte sur le fort; cela est logique et humain. L'art gothique est surhumain. Il est né de la croyance au miraculeux, au poétique, à l'absurde. Ceci n'est pas une dérision; j'emprunte le mot de saint Augustin: *Credo quia absurdum*. La maison divine, par cela qu'elle est divine, n'a pas besoin de fortes colonnes; si elle accepte un appui matériel, c'est pure condescendance; il lui suffisait du souffle de Dieu. Ces appuis, elle les réduira à rien, s'il est possible. Elle aimera à placer des masses énormes sur de fines colonnettes. Le miracle est évident. Là est pour l'architecture gothique le principe de vie : c'est l'architecture du miracle. Mais c'est aussi son principe de mort. Le jour où l'amour manquera, l'étrangeté, la bizarrerie des formes, ressortiront à loisir, et le sentiment du beau sera choqué, tout aussi bien que la logique [2].

L'art au service d'une religion de la mort, d'une morale qui prescrit l'annihilation de la chair, doit rencontrer et chérir le laid.

---

un extrait du rapport de M. Brongniart à l'Académie des sciences sur la peinture sur verre; voyez aussi la notice de M. Langlois sur les vitraux de Rouen.

[1] Le croirait-on, Dieu n'a pas eu un seul temple, un seul autel, une seule image du 1er au XIIe siècle? Il s'agit, bien entendu, de Dieu le Père, du Créateur. Le moindre moine qui passait saint avait son culte, sa fête, son église. Dieu apparaît pour la première fois à côté du fils au commencement du XIIIe siècle et ne siège à la première place qu'en 1360. Voir *Renaissance*. Introd. (1860.)

[2] L'architecture tomba de la poésie au roman, du merveilleux à l'absurde, lorsqu'elle adopta les culs-de-lampe au XVe siècle, lorsque les formes pyramidales dirigèrent leurs pointes de haut en bas. Voyez ceux de Saint-Pierre de Caen, qui semblent prêts à vous écraser.

La laideur volontaire est un sacrifice, la laideur naturelle une occasion d'humilité. La pénitence est laide, le vice plus laid. Le dieu du péché, le hideux dragon, le diable, est dans l'église, vaincu, humilié, mais il y est. Le genre grec divinise souvent la bête; les lions de Rome, les coursiers du Parthénon sont restés des dieux. Le gothique bestialise l'homme, pour le faire rougir de lui-même, avant de le diviniser. Voilà la laideur chrétienne. Où est la beauté chrétienne? Elle est dans cette tragique image de macérations et de douleur, dans ce pathétique regard, dans ces bras ouverts pour embrasser le monde. Beauté effrayante, laideur adorable que nos vieux peintres n'ont pas craint d'offrir à l'âme sanctifiée.

Dans tout le gothique, sculpture, architecture, il y avait, avouons-le, quelque chose de complexe, de vieux, de pénible. La masse énorme de l'église s'appuie sur d'innombrables contre-forts[1], laborieusement dressée et soutenue, comme le Christ sur la croix. On fatigue à la voir entourée d'étais innombrables qui donnent l'idée d'une vieille maison qui menace, ou d'un bâtiment inachevé.

Oui, la maison menaçait, elle ne pouvait s'achever. Cet art, attaquable dans sa forme, défaillait aussi dans son principe social. La société d'où il est sorti était trop inégale et trop injuste. Le régime de castes, si peu atténué qu'il était par le christianisme[2], subsistait encore. L'Église sortie du peuple eut, de bonne heure, peur du peuple; elle s'en éloigna, elle fit alliance avec la féodalité, sa vieille ennemie, puis avec la royauté victorieuse de la féodalité. Elle s'associa aux tristes victoires de la royauté sur les communes qu'elle-même avait aidées à leur naissance. La cathédrale

---

[1] Ces béquilles architecturales exigent un continuel raccommodage. Ces cathédrales sont d'immenses décorations qu'on ne soutient debout que par des efforts constamment renouvelés. Elles durent parce qu'elles changent pièce à pièce. C'est le vaisseau de Thésée. Voir *Renaissance*, Introduction. (1860.)

[2] Qui a supprimé l'esclavage? Personne, car il dure encore. Le christianisme a-t-il transformé l'esclave en serf à la chute de l'empire romain? Non, puisque le servage existait dans l'empire même sous le nom de colonat. Les chrétiens eurent des esclaves tant que cette forme de travail resta la plus productive. Ils en ont encore dans les colonies Le christianisme prêche la résignation à l'esclave et est l'allié du maître. Voir la *Renaissance*, Introduction. (1860.)

de Reims porte au pied d'un de ses clochers l'image des bourgeois du xve siècle, punis d'avoir résisté à l'établissement d'un impôt[1] Cette figure du peuple pilorié est un stigmate pour l'Église elle-même. La voix des suppliciés s'élevait avec les chants. Dieu acceptait-il volontiers un tel hommage? Je ne sais; mais il semble que des églises bâties par corvées, élevées des dîmes d'un peuple affamé, toutes blasonnées de l'orgueil des évêques et des seigneurs, toutes remplies de leurs insolents tombeaux, devaient chaque jour moins lui plaire. Sous ces pierres il y avait trop de pleurs.

Le moyen âge ne pouvait suffire au genre humain. Il ne pouvait soutenir sa prétention orgueilleuse d'être le dernier mot du monde, la *Consommation*. Le temple devait s'élargir. L'humanité devait reconnaître le Christ en soi-même. Cette intuition mystique d'un Christ éternel, renouvelé sans cesse dans l'humanité, elle se représente partout au moyen âge, confuse, il est vrai, et obscure, mais chaque jour acquérant un nouveau degré de clarté. Elle y est spontanée et populaire, étrangère, souvent contraire à l'influence ecclésiastique. Le peuple, tout en obéissant au prêtre, distingue fort bien du prêtre, le saint, le Christ de Dieu. Il cultive d'âge en âge, il élève, il épure cet idéal dans la réalité historique. Ce Christ de douceur et de patience, il apparaît dans Louis le Débonnaire conspué par les évêques; dans le bon roi Robert, excommunié par le pape; dans Godefroi de Bouillon, homme de guerre et gibelin, mais qui meurt vierge à Jérusalem, simple *baron* du Saint-Sépulcre. L'idéal grandit encore dans Thomas de Kenterbury, délaissé de l'Église et mourant pour elle. Il atteint un nouveau degré de pureté en saint Louis, roi prêtre et roi homme. Tout à l'heure l'idéal généralisé va s'étendre dans le peuple; il va se réaliser au xve siècle, non-seulement dans l'homme du peuple, mais dans la femme, dans Jeanne la Pucelle. Celle-ci, en qui le peuple meurt pour le peuple, sera la dernière figure du Christ au moyen âge.

Cette transfiguration du genre humain qui reconnut l'image de son Dieu en soi, qui généralisa ce qui avait été individuel, qui fixa dans un présent éternel ce qu'on avait cru temporaire et

---

[1] Ce sont huit figures de taille gigantesque servant de cariatides. L'un des bourgeois tient une bourse d'où il tire de l'argent, un autre porte des marques de flétrissure; d'autres, percés de coups, présentent des rôles d'impôts lacérés.

passé, qui mit sur la terre un ciel; elle fut la rédemption du monde moderne, mais elle parut la mort du christianisme et de l'art chrétien. Satan poussa sur l'Église inachevée un rire d'immense dérision; ce rire est dans les grotesques du xve et du xvie siècles. Il crut avoir vaincu; il n'a jamais pu apprendre, l'insensé, que son triomphe apparent n'est jamais qu'un moyen. Il ne vit point que Dieu n'est pas moins Dieu, pour s'être fait humanité; que le temple n'est pas détruit, pour être devenu grand comme le monde.

En attendant, il faut que le vieux monde passe, que la trace du moyen âge achève de s'effacer, que nous voyions mourir tout ce que nous aimions, ce qui nous allaita tout petit, ce qui fut notre père et notre mère, ce qui nous chantait si doucement dans le berceau. C'est en vain que la vieille église gothique élève toujours au ciel ses tours suppliantes, en vain que ses vitraux pleurent, en vain que ses saints font pénitence dans leurs niches de pierre... « Quand le torrent des grandes eaux déborderait, elles n'arriveront pas jusqu'au Seigneur. » Ce monde condamné s'en ira avec le monde romain, le monde grec, le monde oriental. Il mettra sa dépouille à côté de leur dépouille. Dieu lui accorde tout au plus, comme à Ézéchias, un tour de cadran. 1833.

J'ai tiré ce volume, en grande partie, des Archives nationales. Un mot seulement sur ces Archives, sur les fonctions qui ont fait à l'auteur un devoir d'approfondir l'histoire de nos antiquités, sur le paisible théâtre de ses travaux, sur le lieu qui les a inspirés. Son livre, c'est sa vie.

Le noyau des archives est le Trésor des chartes et la collection des registres du Parlement. Le Trésor des chartes, et la partie de beaucoup la plus considérable des Archives (sections historiques, domaniale et topographique, législative et administrative), occupent au Marais le triple hôtel de Clisson, Guise et Soubise; antiquité dans l'antiquité, l'histoire dans l'histoire. Une tour du XIVe siècle garde l'entrée de la royale colonnade du palais des Soubise. On s'explique en entrant la fière devise des Rohan, leurs aïeux : « Roi ne puis, prince ne daigne, Rohan suis. »

Le *Trésor des chartes* contient dans ses registres la suite des actes du gouvernement depuis le XIIIe siècle, dans ses chartes les actes diplomatiques du moyen âge, entre autres ceux qui ont amené la réunion des diverses provinces, les titres d'acquisition de la monarchie, ce qui constituait, comme on le disait, *les droits du roi*. C'était le vieil arsenal dans lequel nos rois prenaient des armes pour battre en brèche la féodalité. Fixé à Paris par Philippe-Auguste, ce dépôt fut confié tantôt au garde des sceaux, tantôt à un simple clerc du roi, à un chanoine de la Sainte-Chapelle, en dernier lieu au procureur général. Parmi ces *trésoriers des chartes*, il faut citer un Budé, deux de Thou[1]. Les destinées

---

[1] Voir la notice de Du Puy, sur l'histoire du Trésor des chartes, manuscrit in-4° de la bibliothèque du Roi; imprimé à la fin de son livre sur les Droits du Roy (1655). Voyez aussi Bonamy, dans les Mémoires de l'Académie des Inscriptions.

de ce précieux dépôt ne furent autres que celles de la monarchie. Chaque fois que l'autorité royale prit plus de nerf et de ressort, on s'inquiéta du Trésor des chartes ; véritable trésor en effet où l'on trouvait des titres à exploiter, où l'on pêchait des terres, des châteaux, maintes fois des provinces. Les fils de Philippe le Bel, cette génération avide, firent faire le premier inventaire. Charles V, bon clerc et vrai prud'homme, quand la France, après les guerres des Anglais, se cherchait elle-même, visita le trésor, et s'affligea de la confusion qui s'y était mise (1371) ; le trésor était comme la France. Sous Louis XI, nouvel inventaire, autre sous Charles VIII. Sous Henri III, le désordre est au comble. De savants hommes y aident : Brisson et du Tillet, *qui travaillent pour le roi*, emportent et dissipent les pièces. Du Tillet écrivait alors son grand ouvrage de la *France ancienne*, dont il a imprimé diverses parties. Mais cet inventaire des droits de la monarchie ne fut fait que sous Richelieu. Personne ne sut comme lui enrichir et exploiter les archives : par toute la France il rasait les châteaux et il rassemblait les titres ; ce fut un grand et admirable collecteur d'antiquités en ce genre. Les limiers qu'il employa à cette chasse de diplomatique, les Du Puy, les Godefroi, les Galand, les Marca, poursuivirent infatigablement son œuvre, réunissant, cataloguant, interprétant. Un des principaux fruits de ce travail est le livre des *Droits du roy*, de Pierre Du Puy. C'est un savant et curieux livre, étonnant d'érudition et de servilisme intrépide. Vous verrez là que nos rois sont légitimes souverains de l'Angleterre, qu'ils ont toujours possédé la Bretagne, que la Lorraine, dépendance originaire du royaume *français* d'Austrasie et de Lotharingie, n'a passé aux empereurs que par usurpation, etc. Une telle érudition était précieuse pour le ministre déterminé à compléter la centralisation de la France. Du Puy allait, fouillant les archives, trouvant des titres inconnus, colorant les acquisitions plus ou moins légitimes ; l'archiviste conquérant marchait devant les armées. Ainsi, quand on voulut mettre la main sur la Lorraine, Du Puy fut envoyé aux archives des Trois-Évêchés ; puis le duc fut sommé de montrer ses titres. Le Languedoc fut de même défié par Galand de prouver par écrit son droit de franc-alleu, de propriété libre. On alléguait en vain les droits des anciens, la tradition, la possession immémoriale ; nos archivistes voulaient des écrits.

Ce magasin de procès politiques, ce dépôt de tant de droits

douteux, notre Trésor des chartes était environné d'un formidable mystère. Il fallait une lettre de cachet au trésorier des chartes pour avoir droit de le consulter, et cette charge de trésorier finit par être réunie à celle de procureur général au Parlement de Paris. M. d'Aguesseau provoqua le bannissement à trente lieues de Paris contre un homme qui était parvenu à se procurer quelques copies de pièces déposées au Trésor des chartes, et qui en faisait trafic [1].

La confiscation monarchique avait fait le Trésor des chartes; la confiscation révolutionnaire a fait nos archives telles que nous les avons aujourd'hui. Au vieux Trésor des chartes, prescrit désormais, sont venus se joindre ses frères, les trésors de Saint-Denis, de Saint-Germain-des-Prés et de tant d'autres monastères. Les vénérables et fragiles papyri, qui portent encore les noms de Childebert, de Clotaire, sont sortis de leur asile ecclésiastique, et sont venus comparaître à cette grande revue des morts.

Si la Révolution servit peu la science par l'examen et la critique des monuments, elle la servit beaucoup par l'immense concentration qu'elle opéra. Elle secoua vivement toute cette poussière : monastères, châteaux, dépôts de tout genre, elle vida tout, versa tout sur le plancher, réunit tout. Le dépôt du Louvre, par exemple, était comble de papiers, les fenêtres même étaient obstruées, tandis que l'archiviste louait plusieurs pièces à l'Académie. Si l'on voulait faire des recherches, il fallait de la chandelle en plein midi. La Révolution, une fois pour toutes, y porta le jour.

Les Du Puy, les Marca de cette seconde époque (je parle seulement de la science), furent deux députés de la Convention, MM. Camus et Daunou. M. Camus, gallican comme son prédécesseur Du Puy, servit la république avec la même passion que Du Puy la monarchie. M. Daunou, successeur de M. Camus, fut, à proprement parler, le fondateur des Archives, et à cette époque les Archives de France devenaient celles du monde. Cette prodigieuse classification lui appartient. C'était alors un glorieux temps pour les Archives. Pendant que M. Daru ouvrait, pour la première fois, les mystérieux dépôts de Venise, M. Daunou recevait

---

[1] Voir les lettres originales de d'Aguesseau, en tête d'une copie de l'inventaire du Trésor des chartes, à la bibliothèque du Roi, fonds de Clairambault.

les dépouilles du Vatican. D'autre part, du Nord et du Midi arrivaient à l'hôtel de Soubise les archives d'Allemagne, d'Espagne et de Belgique. Deux de nos collègues étaient allés chercher celles de Hollande.

Aujourd'hui les Archives de la France ne sont plus celles de l'Europe. On distingue encore sur les portes de nos salles la trace des inscriptions qui nous rappellent nos pertes : Bulles, Daterie, etc. Toutefois il nous reste encore environ cent cinquante mille cartons. Quoique les provinces refusent de laisser réunir leurs archives, quoique même plusieurs ministères continuent de garder les leurs, l'encombrement finira par les décider à se dessaisir. Nous vaincrons, car nous sommes la mort, nous en avons l'attraction puissante : toute révolution se fait à notre profit. Il nous suffit d'attendre : « Patiens, quia æternus. »

Nous recevons tôt ou tard les vaincus et les vainqueurs. Nous avons la monarchie bel et bien enclose de l'alpha à l'oméga, la charte de Childebert à côté du testament de Louis XVI ; nous avons la République dans notre armoire de fer, clefs de la Bastille [1], minute des droits de l'homme, urne des députés, et la grande machine républicaine, le coin des assignats. Il n'y a pas jusqu'au pontificat qui ne nous ait laissé quelque chose ; le pape nous a repris ses archives, mais nous avons gardé par représailles les brancards sur lesquels il fut porté au sacre de l'empereur. A côté de ces jouets sanglants de la Providence, est placé l'immuable étalon des mesures que chaque année l'on vient consulter. La température est invariable aux Archives.

Pour moi, lorsque j'entrai la première fois dans ces catacombes manuscrites, dans cette nécropole des monuments nationaux, j'aurais dit volontiers, comme cet Allemand entrant au monastère de Saint-Vannes : Voici l'habitation que j'ai choisie et mon repos aux siècles des siècles !

Toutefois je ne tardai pas à m'apercevoir dans le silence apparent de ces galeries, qu'il y avait un mouvement, un murmure qui n'était pas de la mort. Ces papiers, ces parchemins laissés là depuis longtemps ne demandaient pas mieux que de revenir au jour. Ces papiers ne sont pas des papiers, mais des vies d'hom-

---

[1] Ces divers objets ont été déposés aux archives en vertu des décrets de nos Assemblées républicaines.

mes, de provinces, de peuples. D'abord, les familles et les fiefs, blasonnés dans leur poussière, réclamaient contre l'oubli. Les provinces se soulevaient, alléguant qu'à tort la centralisation avait cru les anéantir. Les ordonnances de nos rois prétendaient n'avoir pas été effacées par la multitude des lois modernes. Si on eût voulu les écouter tous, comme disait ce fossoyeur au champ de bataille, il n'y en aurait pas eu un de mort. Tous vivaient et parlaient, ils entouraient l'auteur d'une armée à cent langues que faisait taire rudement la grande voix de la République et de l'Empire.

Doucement, messieurs les morts, procédons par ordre, s'il vous plaît. Tous vous avez droit sur l'histoire. L'individuel est beau comme individuel, le général comme général. Le Fief a raison, la Monarchie davantage, encore plus la République!... La province doit revivre; l'ancienne diversité de la France sera caractérisée par une forte géographie. Elle doit reparaître, mais à condition de permettre que, la diversité s'effaçant peu à peu, l'identification du pays succède à son tour. Revive la monarchie, revive la France! Qu'un grand essai de classification serve une fois de fil en ce chaos. Une telle systématisation servira, quoique imparfaite. Dût la tête s'emboîter mal aux épaules, la jambe s'agencer mal à la cuisse, c'est quelque chose de revivre.

Et à mesure que je soufflais sur leur poussière, je les voyais se soulever. Ils tiraient du sépulcre qui la main, qui la tête, comme dans le Jugement dernier de Michel-Ange, ou dans la Danse des morts. Cette danse galvanique qu'ils menaient autour de moi, j'ai essayé de la reproduire en ce livre. Quelques-uns peut-être ne trouveront cela ni beau ni vrai; ils seront choqués surtout de la dureté des oppositions provinciales que j'ai signalées. Il me suffit de faire observer aux critiques qu'il peut fort bien se faire qu'ils ne reconnaissent point leurs aïeux, que nous avons entre tous les peuples, nous autres Français, ce don que souhaitait un ancien, le don d'oublier. Les chants de Roland et de Renaud, etc., ont certainement été populaires; les fabliaux leur ont succédé; et tout cela était déjà si loin au XVIe siècle, que Joachim Du Bellay dit en propres termes : « Il n'y a, dans notre vieille littérature, que le roman de la Rose. » Du temps de Du Bellay, la France a été Rabelais, plus tard Voltaire. Rabelais est maintenant dans le domaine de l'érudition, Voltaire est déjà moins lu. Ainsi va ce peuple se transformant et s'oubliant lui-même.

La France une et identifiée aujourd'hui peut fort bien renier cette vieille France hétérogène que j'ai décrite. Le Gascon ne voudra pas reconnaître la Gascogne, ni le Provençal la Provence. A quoi je répondrai qu'il n'y a plus ni Provence, ni Gascogne, mais une France. Je la donne aujourd'hui, cette France, dans la diversité de ses vieilles originalités de provinces. Les derniers volumes de cette histoire la présenteront dans son unité. (1833.)

LIVRE V

CHAPITRE PREMIER

VÊPRES SICILIENNES

1270-1299

Le fils de saint Louis, Philippe le Hardi, revenant de cette triste croisade de Tunis, déposa cinq cercueils aux caveaux de Saint-Denis. Faible et mourant lui-même, il se trouvait héritier de presque toute sa famille. Sans parler du Valois qui lui revenait par la mort de son frère Jean Tristan, son oncle Alphonse lui laissait tout un royaume dans le midi de la France (Poitou, Auvergne, Toulouse, Rouergue, Albigeois,

Quercy, Agénois, Comtat). Enfin, la mort du comte de Champagne, roi de Navarre, qui n'avait qu'une fille, mit cette riche héritière entre les mains de Philippe, qui lui fit épouser son fils.

Par Toulouse et la Navarre, par le Comtat, cette grande puissance regardait vers le midi, vers l'Italie et l'Espagne. Mais, tout puissant qu'il était, le fils de saint Louis n'était pas le chef véritable de la maison de France. La tête de cette maison, c'était le frère de saint Louis, Charles d'Anjou. L'histoire de France, à cette époque, est celle du roi de Naples et de Sicile. Celle de son neveu, Philippe III, n'en est qu'une dépendance.

Charles avait usé, abusé d'une fortune inouïe. Cadet de France, il s'était fait comte de Provence, roi de Naples, de Sicile et de Jérusalem, plus que roi, maître et dominateur des papes. On pouvait lui adresser le mot qui fut dit au fameux Ugolin. « Que me manque-t-il? demandait le tyran de Pise. — Rien que la colère de Dieu. »

On a vu comment il avait trompé la pieuse simplicité de son frère, pour détourner la croisade de son but, pour mettre un pied en Afrique et rendre Tunis tributaire. Il revint le premier de cette expédition faite par ses conseils et pour lui; il se trouva à temps pour profiter de la tempête qui brisa les vaisseaux des croisés, pour saisir leurs dépouilles sur les rochers de la Calabre, les armes, les habits, les provisions. Il attesta froidement contre ses compagnons, ses frères de la croisade, le droit de *bris*, qui donnait au seigneur de l'écueil tout ce que la mer lui jetait.

C'est ainsi qu'il avait recueilli le grand naufrage de l'Empire et de l'Église. Pendant près de trois ans, il fut comme pape en Italie, ne souffrant pas que l'on nommât un pape après Clément IV. Clément, pour vingt mille pièces d'or que le Français lui promettait de revenus, se trouvait avoir livré, non-seulement les Deux-Siciles, mais l'Italie entière. Charles s'était fait nommer par lui sénateur de Rome et vicaire impérial en Toscane. Plaisance, Crémone, Parme, Modène, Ferrare et Reggio, plus tard même Milan, l'avaient accepté pour seigneur, ainsi que plusieurs villes du Piémont et de la Romagne. Toute la Toscane l'avait choisi pour pacificateur. « Tuez-les tous, » disait ce pacificateur aux Guelfes de Florence qui lui demandaient ce qu'il fallait faire des Gibelins prisonniers [1].

Mais l'Italie était trop petite. Il ne s'y trouvait pas à l'aise. De Syracuse, il regardait l'Afrique, d'Otrante l'empire grec. Déjà il avait donné sa fille au prétendant latin de Constantinople, au jeune Philippe, empereur sans empire.

Les papes avaient lieu de se repentir de leur triste victoire sur la maison de Souabe. Leur vengeur, leur cher fils, était établi chez eux et sur eux. Il s'agissait désormais de savoir comment ils pourraient échapper à cette terrible amitié. Ils sentaient avec effroi l'irrésistible force, l'attraction maligne que la France exerçait sur eux. Ils voulaient, un peu tard, s'attacher l'Italie. Grégoire X essayait d'assoupir les factions que

---

[1] On n'épargna qu'un enfant qu'on envoya au roi de Naples, et qui mourut en prison dans la tour de Capoue.

ses prédécesseurs avaient nourries si soigneusement ; il demandait qu'on supprimât les noms de Guelfes et de Gibelins. Les papes avaient toujours combattu les empereurs d'Allemagne et de Constantinople ; Grégoire se déclara l'ami des deux empires. Il proclama la réconciliation de l'Église grecque. Il vint à bout de terminer le grand interrègne d'Allemagne, faisant du moins nommer un empereur tel quel, un simple chevalier dont la maigre et chauve figure, dont les coudes percés, rassuraient les princes électeurs contre ce nom d'Empereur naguère si formidable. Ce pauvre empereur fut pourtant Rodolphe de Habsbourg ; sa maison fut la maison d'Autriche, fondée ainsi par les papes contre celle de France[1].

Le plan de Grégoire X était de mener lui-même l'Europe à la croisade avec son nouvel Empereur, de relever ainsi l'Empire et la Papauté. Nicolas III, romain, et de la maison Orsini, eut un autre projet : il voulait fonder en faveur des siens un royaume central d'Italie. Il saisit le moment où Rodolphe venait de remporter sa grande victoire sur le roi de Bohême. Il intimida Charles par Rodolphe. Le roi de Naples, qui ne rêvait que Constantinople, sacrifia le titre de sénateur de Rome et de vicaire impérial. Et cependant Nicolas signait secrètement avec l'Aragon et les Grecs une ligue pour le renverser.

Conjuration au dehors, conjuration au dedans. Les Italiens se croient maîtres en ce genre. Ils ont toujours conspiré, rarement réussi ; mais, pour ce peuple

[1] Schmidt.

artiste, une telle entreprise était une œuvre d'art où il se complaisait, un drame sans fiction, une tragédie réelle. Ils y cherchaient l'effet du drame. Il y fallait de nombreux spectateurs, une occasion solennelle, une grande fête, par exemple; le théâtre était souvent un temple, le moment celui de l'élévation[1].

La conjuration dont nous allons parler était bien autre chose que celle des Pazzi, des Olgiati. Il ne s'agissait pas de donner un coup de poignard, et de se faire tuer en tuant un homme, ce qui d'ailleurs ne sert jamais à rien. Il fallait remuer le monde et la Sicile, conspirer et négocier, encourager l'une par l'autre la ligue et l'insurrection; il fallait soulever un peuple et le contenir, organiser toute une guerre, sans qu'il y parût. Cette entreprise, si difficile, était aussi de toutes la plus juste; il s'agissait de chasser l'étranger.

La forte tête qui conçut cette grande chose et la mena à bout, une tête froidement ardente, durement opiniâtre et astucieuse, comme on en trouve dans le Midi, ce fut un Calabrois, un médecin[2]. Ce médecin était un seigneur de la cour de Frédéric II. Il était seigneur de l'île de Prochyta, et, comme médecin, il avait été l'ami, le confident de Frédéric et de Manfred. Pour plaire à ces *libres penseurs* du XIIIe siècle, il fallait être médecin, arabe ou juif. On entrait chez eux

---

[1] Ce fut en effet ce moment que prirent les Pazzi pour assassiner les Médicis, et Olgiati pour tuer Jean Galeas Sforza.

[2] Procida était tellement distingué comme médecin, qu'un noble napolitain demanda à Charles II d'aller trouver Procida en Sicile, pour se faire guérir d'une maladie.

par l'école de Salerne plutôt que par l'Église. Vraisemblablement, cette école apprenait à ses adeptes quelque chose de plus que les innocentes prescriptions qu'elle nous a laissées dans ses vers léonins.

Après la ruine de Manfred, Procida se réfugia en Espagne. Examinons quelle était la situation des divers royaumes espagnols, ce qu'on pouvait attendre d'eux contre la maison de France.

D'abord, la Navarre, le petit et vénérable berceau de l'Espagne chrétienne, était sous la main de Philippe III. Le dernier roi national avait appelé contre les Castillans les Maures, puis les Français. Son neveu, Henri, comte de Champagne, n'ayant qu'une fille, remit en mourant cette enfant au roi de France, qui, comme nous l'avons dit, la donna à son fils. Philippe III, qui venait d'hériter de Toulouse, se trouvait bien près de l'Espagne. Il n'avait, ce semble, qu'à descendre des pors des Pyrénées dans sa ville de Pampelune, et prendre le chemin de Burgos.

Mais l'expérience a prouvé qu'on ne prend pas l'Espagne ainsi. Elle garde mal sa porte; mais tant pis pour qui entre. Le vieux roi de Castille, Alphonse X, beau-père et beau-frère du roi de France, voulut en vain laisser son royaume aux fils de son aîné, qui, par leur mère, étaient fils de saint Louis. Alphonse n'avait pas bonne réputation chez son peuple, ni comme Espagnol, ni comme chrétien. Grand clerc, livré aux mauvaises sciences de l'alchimie et de l'astrologie, il s'enfermait toujours avec ses juifs[1], pour faire de la fausse

---

[1] Les rois d'Espagne les employaient de préférence aux

monnaie¹, ou de fausses lois, pour altérer d'un mélange romain le droit gothique². Il n'aimait pas l'Espagne ; sa manie était de se faire Empereur. Et l'Espagne le lui rendait bien. Les Castillans se donnèrent eux-mêmes pour roi, conformément au droit des Goths, le second fils d'Alphonse, Sanche le Brave, le Cid de ce temps-là³. Déshérité par son père, menacé à la fois par les Français et par les Maures, de plus excommunié par le pape pour avoir épousé sa parente, Sanche fit tête à tout, et garda sa femme et son royaume. Le roi de France fit de grandes menaces, rassembla une grande armée, prit l'oriflamme, entra en Espagne jusqu'à Salvatierra. Là, il s'aperçut qu'il n'avait ni vivres ni munitions, et ne put avancer.

C'était une glorieuse époque pour l'Espagne. Le roi

XIIIe et XIVe siècles. Les Aragonais se plaignaient aussi à la même époque des trésoriers et receveurs « que eran judios. » Curita.

¹ Ferreras.

² Je ne prétends pas déprécier ici le code des *Siete Partidas*, j'espère que mon ami M. Rossew Saint-Hilaire nous le fera bientôt connaître dans le second volume de son Histoire d'Espagne, que nous attendons impatiemment. Je n'ai prétendu exprimer sur les lois d'Alphonse, que le jugement plus patriotique qu'éclairé de l'Espagne d'alors. Il est juste de reconnaître d'ailleurs que ce prince, tout clerc et savant qu'il était, aima la langue espagnole. « Il fut le premier des rois d'Espagne qui ordonna que les contrats et tous les autres actes publics se fissent désormais en espagnol. Il fit faire une traduction des livres sacrés en castillan... Il ouvrit la porte à une ignorance profonde des lettres humaines et des autres sciences, que les ecclésiastiques aussi bien que les séculiers ne cultivèrent plus, par l'oubli de la langue latine. » Mariana, III, p. 188 de la traduction (note de 1837).

³ C'est ce Sanche qui répondait aux menaces de Miramolin : « Je tiens le gâteau d'une main et le bâton de l'autre ; tu peux

d'Aragon, D. Jayme, fils du roi troubadour qui périt à Muret en défendant le comte de Toulouse, venait de conquérir sur les Maures les royaumes de Majorque et de Valence. D. Jayme avait, telle est l'emphase espagnole, gagné trente-trois batailles, fondé ou repris deux mille églises. Mais il avait, dit-on, encore plus de maîtresses que d'églises. Il refusait au pape le tribut promis par ses prédécesseurs. Il avait osé faire épouser à son fils D. Pedro la propre fille de Manfred, le dernier rejeton de la maison de Souabe.

Les rois d'Aragon, toujours guerroyant contre Maures ou chrétiens, avaient besoin d'être aimés de leurs hommes, et l'étaient. Lisez le portrait qu'en a tracé le brave et naïf Ramon Muntaner, l'historien soldat, comme ils rendaient bonne justice, comme ils acceptaient les invitations de leurs sujets, comme ils mangeaient en public devant tout le monde, acceptant, dit-il, ce qu'on leur offrait, fruit, vin ou autre chose, et ne faisant pas difficulté d'en goûter[1]. Muntaner

---

choisir. » Ferreras. — Il se sentit assez populaire pour ôter toute exemption d'impôt aux nobles et aux ordres militaires.

[1] « Si les sujets de nos rois savaient combien les autres rois sont durs et cruels envers leurs peuples, ils baiseraient la terre foulée par leurs seigneurs. Si l'on me demande : « Muntaner, quelles « faveurs font les rois d'Aragon à leurs sujets, plus que les autres « rois? » Je répondrai, premièrement; qu'ils font observer aux nobles, prélats, chevaliers, citoyens, bourgeois et gens des campagnes, la justice et la bonne foi, mieux qu'aucun autre seigneur de la terre ; chacun peut devenir riche sans qu'il ait à craindre qu'il lui soit rien demandé au delà de la raison et de la justice, ce qui n'est pas ainsi chez les autres seigneurs; aussi les Catalans et les Aragonais ont des sentiments plus élevés, parce qu'ils ne sont point contraints dans leurs actions, et nul ne peut être bon homme

oublie une chose, c'est que ces rois si populaires n'étaient pas renommés par leur loyauté. C'étaient de rusés montagnards d'Aragon, de vrais Almogavares, demi-Maures, pillant amis et ennemis.

Ce fut près du jeune roi D. Pedro que se retira d'abord le fidèle serviteur de la maison de Souabe, près de la fille de ses maîtres, la reine Constance.

de guerre, s'il n'a des sentiments élevés. Leurs sujets ont de plus cet avantage, que chacun d'eux peut parler à son seigneur autant qu'il le désire, étant bien sûr d'être toujours écouté avec bienveillance, et d'en recevoir des réponses satisfaisantes. D'un autre côté, si un homme riche, un chevalier, un citoyen honnête, veut marier sa fille, et les prie d'honorer la cérémonie de leur présence, ces seigneurs se rendront, soit à l'église, soit ailleurs; ils se rendraient de même au convoi ou à l'anniversaire de tout homme, comme s'il était de leurs parents, ce que ne font pas assurément les autres seigneurs, quels qu'ils soient. De plus, dans les grandes fêtes, ils invitent nombre de braves gens, et ne font pas difficulté de prendre leur repas en public; et tous les invités y mangent, ce qui n'arrive nulle part ailleurs. Ensuite, si des hommes riches, des chevaliers, prélats, citoyens, bourgeois, laboureurs ou autres, leur offrent en présent des fruits, du vin ou autres objets, ils ne feront pas difficulté d'en manger; et dans les châteaux, villes, hameaux et métairies, ils acceptent les invitations qui leur sont faites, mangent ce qu'on leur présente, et couchent dans les chambres qu'on leur a destinées; ils vont aussi à cheval dans les villes, lieux et cités, et se montrent à leurs peuples; et si de pauvres gens, hommes ou femmes, les invoquent, ils s'arrêtent, ils les écoutent, et les aident dans leurs besoins. Que vous dirai-je enfin? ils sont si bons et si affectueux envers leurs sujets, qu'on ne saurait le raconter, tant il y aurait à faire; aussi leurs sujets sont pleins d'amour pour eux, et ne craignent point de mourir pour élever leur honneur et leur puissance, et rien ne peut les arrêter quand il faut supporter le froid et le chaud, et courir tous les dangers. » Ramon Muntaner, I, ch. xx, p. 60, trad. de M. Buchon.

L'Aragonais le reçut bien, lui donna des terres et des seigneuries. Mais il accueillit froidement ses conseils belliqueux contre la maison de France; les forces étaient trop disproportionnées. La haine de la chrétienté contre cette maison avait besoin d'augmenter encore. Il aima mieux refuser et attendre. Il laissa l'aventurier agir, sans se compromettre. Pour éviter tout soupçon de connivence, Procida vendit ses biens d'Espagne et disparut. On ne sut ce qu'il était devenu.

Il était parti secrètement en habit de franciscain. Cet humble déguisement était aussi le plus sûr. Ces moines allaient partout : ils demandaient, mais vivaient de peu, et partout, étaient bien reçus. Gens d'esprit, de ruse et de faconde, ils s'acquittaient discrètement de maintes commissions mondaines. L'Europe était remplie de leur activité. Messagers et prédicateurs, diplomates parfois, ils étaient alors ce que sont aujourd'hui la poste et la presse. Procida prit donc la sale robe des Mendiants, et s'en alla, humblement et pieds nus, chercher par le monde des ennemis à Charles d'Anjou.

.Les ennemis ne manquaient pas. Le difficile était de les accorder et de les faire agir de concert et à temps. D'abord il se rend en Sicile, au volcan même de la révolution, voit, écoute et observe. Les signes de l'éruption prochaine étaient visibles, rage concentrée, sourd bouillonnement, et le murmure et le silence. Charles épuisait ce malheureux peuple pour en soumettre un autre. Tout était plein de préparatifs et de menaces contre les Grecs. Procida passe à Constantinople, il avertit Paléologue, lui donne des rensei-

gnements précis. Le roi de Naples avait déjà fait
passer trois mille hommes à Durazzo. Il allait suivre
avec cent galères et cinq cents bâtiments de transport. Le succès de l'affaire était sûr, puisque Venise
ne craignait pas de s'y engager. Elle donnait quarante
galères avec son doge, qui était encore un Dandolo.
La quatrième croisade allait se renouveler. Paléologue
éperdu ne savait que faire. « Que faire? Donnez-moi
de l'argent. Je vous trouverai un défenseur qui n'a
pas d'argent mais qui a des armes. »

Procida emmena avec lui un secrétaire de Paléologue, le conduisit en Sicile, le montra aux barons
siciliens, puis au pape, qu'il vit secrètement au château de Soriano. L'empereur grec voulait avant tout
la signature du pape, avec lequel il était nouvellement
réconcilié. Mais Nicolas hésitait à s'embarquer dans
une si grande affaire. Procida lui donna de l'argent.
Selon d'autres, il lui suffit de rappeler à ce pontife,
Romain et Orsini de naissance, une parole de Charles
d'Anjou. Quand le pape voulait donner sa nièce Orsini
au fils de Charles d'Anjou, Charles avait dit : « Croit-
il, parce qu'il a des bas rouges, que le sang de ses
Orsini peut se mêler au sang de France? »

Nicolas signa, mais mourut bientôt. Tout l'ouvrage
semblait rompu et détruit. Charles se trouvait plus
puissant que jamais. Il réussit à avoir un pape à lui.
Il chassa du conclave les cardinaux gibelins et fit
nommer un Français, un ancien chanoine de Tours,
servile et tremblante créature de sa maison. C'était se
faire pape soi-même. Il redevint sénateur de Rome;
il mit garnison dans tous les États de l'Église. Cette

fois le pape ne pouvait lui échapper. Il le gardait avec lui à Viterbe, et ne le perdait pas de vue. Lorsque les malheureux Siciliens vinrent implorer l'intervention du pape auprès de leur roi, ils virent leur ennemi auprès de leur juge, le roi siégeant à côté du pape. Les députés, qui étaient pourtant un évêque et un moine, furent, pour toute réponse, jetés dans un cul de basse-fosse.

La Sicile n'avait pas de pitié à attendre de Charles d'Anjou. Cette île, à moitié arabe, avait tenu opiniâtrément pour les amis des Arabes, pour Manfred et sa maison. Toute insulte que les vainqueurs pouvaient faire au peuple sicilien ne leur semblait que représailles. On connaît la pétulance des Provençaux, leur brutale jovialité. S'il n'y eût eu encore que l'antipathie nationale, et l'insolence de la conquête, le mal eût pu diminuer. Mais ce qui menaçait d'augmenter, de peser chaque jour davantage, c'était un premier, un inhabile essai d'administration, l'invasion de la fiscalité, l'apparition de la finance dans le monde de l'Odyssée et de l'Énéide. Ce peuple de laboureurs et de pasteurs avait gardé sous toute domination quelque chose de l'indépendance antique. Il y avait eu jusque-là des solitudes dans la montagne, des libertés dans le désert. Mais voilà que le fisc explore toute l'île. Curieux voyageur, il mesure la vallée, escalade le roc, estime le pic inaccessible. Le percepteur dresse son bureau sous le châtaignier de la montagne, ou poursuit, enregistre le chevrier errant aux corniches des rocs entre les laves et les neiges.

Tâchons de démêler la plainte de la Sicile à travers

cette forêt de barbarismes et de solécismes, par laquelle écume et se précipite la torrentueuse éloquence de Barthélemi de Nécocastro : « Que dire de leurs inventions inouïes? de leurs décrets sur les forêts? de l'absurde interdiction du rivage? de l'exagération inconcevable du produit des troupeaux? Lorsque tout périssait de langueur sous les lourdes chaleurs de l'automne, n'importe, l'année était toujours bonne, la moisson abondante..... Il frappait tout à coup une monnaie d'argent pur, et pour un denier sicilien s'en faisait ainsi payer trente..... Nous avions cru recevoir un roi du Père des Pères, nous avions reçu l'Anti-Christ[1]. »

« Il fallait, dit un autre, représenter chaque troupeau au bout de l'an; et, en outre, plus de petits que le troupeau n'en pouvait produire. Les pauvres laboureurs pleuraient. C'était une terreur universelle chez les bouviers, les chevriers, chez tous les pasteurs. On les rendait responsables de leurs abeilles, même de l'essaim que le vent emporte. On leur défendait la chasse, et puis on allait en cachette porter dans leurs huttes des peaux de cerfs de daims, pour avoir droit de confisquer. Toutes les fois qu'il plaisait au roi de frapper monnaie neuve, on sonnait de la trompette dans toutes les rues; et de porte en porte, il fallait livrer l'argent[2]... »

---

[1] « Regni Siculi Antichristum. » Bart à Neocastro, ap. Muratori, XIII, 1026. Bartolomeo et Ramon Muntaner ne font nulle mention de Procida. L'un veut donner toute' gloire aux Siciliens, l'autre au roi d'Aragon, D. Pedro.

[2] Nic. Specialis.

Voilà le sort de la Sicile depuis tant de siècles. C'est toujours la vache nourrice, épuisée de lait et de sang par un maître étranger. Elle n'a eu d'indépendance, de vie forte que sous ses tyrans, les Denys, les Gélon. Eux seuls la rendirent formidable au dehors. Depuis toujours esclave. Et d'abord, c'est chez elle que se sont décidées toutes les grandes querelles du monde antique : Athènes et Syracuse, la Grèce et Carthage, Carthage et Rome ; enfin, les guerres serviles. Toutes ces batailles solennelles du genre humain ont été combattues en vue de l'Etna, comme un jugement de Dieu par-devant l'autel. Puis viennent les Barbares, Arabes, Normands, Allemands. Chaque fois la Sicile espère et désire, chaque fois elle souffre ; elle se tourne, se retourne, comme Encelade sous le volcan. Faiblesse, désharmonie incurable d'un peuple de vingt races, sur qui pèse si lourdement une double fatalité d'histoire et de climat.

Tout cela ne paraît que trop bien dans la belle et molle lamentation par laquelle Falcando commence son histoire[1] : « Je voulais, mon ami, maintenant que l'âpre hiver a cédé sous un souffle plus doux, je voulais t'écrire et t'adresser quelque chose d'aimable, comme prémices du printemps. Mais la lugubre nouvelle me fait prévoir de nouveaux orages ; mes chants se changent en pleurs. En vain le ciel sourit, en vain les jardins et les bocages m'inspirent une joie impor-

---

[1] Hugo Falcandus, ap. Muratori, VII, 252. La latinité de ce grand historien du XIIe siècle est singulièrement pure, si on la compare à celle de Bartolomeo, qui écrit pourtant cent ans plus tard.

tune, et le concert renouvelé des oiseaux m'engage à reprendre le mien. Je ne puis voir sans larmes la prochaine désolation de ma bonne nourrice, la Sicile. — Lequel embrasseront-ils du joug ou de l'honneur! Je cherche en silence, et ne sais que choisir... — Je vois que dans le désordre d'un tel moment, nos Sarrasins sont opprimés. Ne vont-ils pas seconder l'ennemi?... Oh! si tous, Chrétiens et Sarrasins, s'accordaient pour élire un roi!... — Qu'à l'orient de l'île, nos brigands siciliens combattent les barbares, parmi les feux de l'Etna et les laves, à la bonne heure. Aussi bien c'est une race de feu et de silex. Mais l'intérieur de la Sicile, mais la contrée qu'honore notre belle Palerme, ce serait chose impie, monstrueuse, qu'elle fût souillée de l'aspect des barbares... Je n'espère rien des Apuliens, qui n'aiment que nouveauté. Mais toi, Messine, cité puissante et noble, songes-tu donc à te défendre, à repousser l'étranger du détroit? Malheur à toi, Catane! Jamais, à force de calamités, tu n'as pu satisfaire et fléchir la fortune. Guerre, peste, torrents enflammés de l'Etna, tremblement de terre et ruines; il ne te manque plus que la servitude. Allons, Syracuse, secoue la paix, si tu peux; cette éloquence dont tu te pares, emploie-la à relever le courage des tiens. Que te sert de t'être affranchie des Denys!... Ah! qui nous rendra nos tyrans!... J'en viens maintenant à toi, ô Palerme, tête de la Sicile! Comment te passer sous silence, et comment te louer dignement!... » Mais dès que Falcando a nommé la belle Palerme, il ne pense plus à autre chose, il oublie les barbares et toutes ses craintes. Le voilà qui décrit insatiablement la voluptueuse cité, ses palais fantastiques, son port, ses merveilleux jardins, soyeux mûriers, orangers, citronniers, cannes à sucre. Le voilà perdu dans les fruits et les fleurs. La nature l'absorbe, il rêve, il a tout oublié. Je crois entendre dans sa prose l'écho de la poésie paresseuse, sensuelle et mélancolique de l'idylle grecque : « Je chanterai sous l'antre, en te tenant dans mes bras, et regardant les troupeaux qui s'en vont paissant vers les bords de la mer de Sicile [1]. »

C'était le lundi, 30 mars 1282, le lundi de Pâques. En Sicile, c'est déjà l'été, comme on dirait chez nous la Saint-Jean, quand la chaleur est déjà lourde, la terre moite et chaude, qu'elle disparaît sous l'herbe, l'herbe sous les fleurs. Pâques est un voluptueux moment dans ces contrées. Le carême finit ; l'abstinence aussi ; la sensualité s'éveille ardente et âpre, aiguisée de dévotion. Dieu a eu sa part, les sens prennent la leur. Le changement est brusque ; toute fleur perce la terre, toute beauté brille. C'est une triomphante éruption de vie, une revanche de la sensualité, une insurrection de la nature.

Ce jour donc, ce lundi de Pâques, tous et toutes montaient, selon la coutume, de Palerme à Monréale, pour entendre vêpres, par la belle colline. Les étrangers étaient là pour gâter la fête. Un si grand rassemblement d'hommes ne laissait pas de les inquiéter. Le vice-roi avait défendu de porter les armes et de s'y exercer, comme c'était l'usage dans ces jours-là.

---

[1] Théocrite.

Peut-être avait-il remarqué l'affluence des nobles; en effet, Procida avait eu l'adresse de les réunir à Palerme; mais il fallait l'occasion. Un Français la donna mieux que Procida n'eût souhaité. Cet homme, nommé Drouet, arrête une belle fille de la noblesse que son fiancé et toute sa famille menaient à l'église. Il fouille le fiancé et ne trouve pas d'armes; puis il prétend que la fille en a sous ses habits, et il porte la main sous sa robe. Elle s'évanouit. Le Français est à l'instant désarmé, tué de son épée. Un cri s'élève : « A mort, à mort les Français[1] ! » Partout on les égorge. Les maisons françaises étaient, dit-on, marquées d'avance[2]. Quiconque ne pouvait prononcer le c ou *ch* italien (*ceci, ciceri*) était tué à l'instant[3]. On éventra des femmes siciliennes pour chercher dans leur sein un enfant français.

Il fallut tout un mois pour que les autres villes, rassurées par l'impunité de Palerme, imitassent son exemple. L'oppression avait pesé inégalement. Inégale aussi fut la vengeance, et quelquefois il y eut dans le peuple une capricieuse magnanimité[4]. A Palerme

---

[1] « Moriantur Galli. » Bartolomeo.

[2] « Ceulx de Palerme et de Meschines, et des autres bonnes villes, signèrent les huys de Francoys de nuyt; et quant ce vint au point du jour qu'ils purent voir entour eux, si occirent tous ceulx qu'ils peurent trouver, et ne furent épargnés ne vieulx ne jeunes que tous ne fussent occis. » Chroniques de S. Denis. Anno 1282.

[3] Simple tradition.

[4] Fazello assure que Sperlinga fut la seule ville qui ne massacrât pas les Francs. De là le dicton sicilien : « Quod Siculis placuit, sola Sperlinga negavit. »

même, le vice-roi, surpris dans sa maison, avait été outragé, mais non tué; on voulait le renvoyer à Aigues-Mortes. A Calatafimi, les habitants épargnèrent leur gouverneur, l'honnête Porcelet, et le laissèrent aller avec sa famille. Peut-être était-ce crainte des vengeances de Charles d'Anjou. Le peuple était déjà refroidi et découragé, telle est la mobilité méridionale. Les habitants de Palerme envoyèrent au pape deux religieux pour demander grâce. Ces députés n'osèrent dire autre chose que ces paroles des litanies : « Agnus Dei, qui tollis peccata mundi, miserere nobis. » Et ils répétèrent ces mots trois fois. Le pape répondit en prononçant, par trois fois aussi, ce verset de la Passion : « Ave, rex Judæorum, et dabant ei alapam. » Messine ne réussit pas mieux auprès de Charles d'Anjou. Il répondit à ses envoyés qu'ils étaient tous des traîtres à l'Église et à la couronne, et leur conseilla de se bien défendre, comme ils pourraient[1].

Les gens de Messine se hâtèrent de profiter de l'avis. Tout fut préparé pour faire une résistance désespérée. Hommes, femmes et enfants, tous portaient des pierres. Ils élevèrent un mur en trois jours, et repoussèrent bravement les premières attaques. Il en resta une

---

[1] Villani ajoute avec une prudence toute machiavélique : « Onde fue, et sera sempre grande esempio a quelli, che sono et che saranno, di prendere i patti, che si possono havere de' nimici, potendo havere la terra assediata. » Vill., l. VII. c. LXV, p. 281-282. — Le légat engageait Charles à accepter les conditions des habitants : « Però chè, poi che fossino indurati, ognidi peggiorerebbono i patti; ma riavendo egli la terra, con volontà de' cittadini medesimi ogni dì li potrebbe alargare; il quale era sano et buono consiglio. » Id., l. VII, c. LXV, p. 281.

petite chanson : « Ah ! n'est-ce pas grand'pitié des « femmes de Messine, de les voir échevelées et portant « pierre et chaux ?... Qui veut gâter Messine, Dieu lui « donne trouble et travail. »

Il était temps toutefois que l'Aragonais arrivât. Le prince rusé s'était tenu d'abord en observation, laissant les risques aux Siciliens. Ceux-ci s'étaient irrévocablement compromis par le massacre; mais comment allaient-ils soutenir cet acte irréfléchi, c'est ce que D. Pedro voulut voir. Il se tenait toutefois en Afrique avec une armée, et faisait mollement la guerre aux infidèles. Cet armement avait inquiété le roi de France et le pape. Il rassura le premier en prétextant la guerre des Maures, et pour le mieux tromper il lui emprunta de l'argent; il en emprunta même à Charles d'Anjou[1]. Ses barons ne purent ouvrir qu'en mer les ordres cachetés qu'il leur avait donnés, et ils n'y lurent rien que la guerre d'Afrique[2]. Ce ne fut qu'au bout de plusieurs mois, et lorsqu'il eut reçu deux députations des Siciliens, qu'il se décida, et passa dans l'île[3].

---

[1] Villani.

[2] Muntaner.

[3] Rien de plus romanesque et toutefois de plus vraisemblable que le tableau du chroniqueur sicilien, lorsque le froid Aragonais se hasarda à descendre sur cette terre ardente, où tout était passion et péril. Il allait entrer sur le territoire de Messine, et déjà il était parvenu à une église de Notre-Dame, ancien temple situé sur un promontoire d'où l'on voit la mer et la fumée lointaine des îles de Lipari. Il ne put s'empêcher d'admirer cette vue, et alla camper dans la vallée voisine. C'était le soir, et déjà tout le monde reposait. Un vieux mendiant s'approche et demande humblement

L'Aragonais envoya son défi devant Messine à Charles d'Anjou, mais il ne se pressa pas d'aller se mettre en face de son terrible ennemi. En bon toreador, il piqua, mais éluda le taureau. Seulement il ex-

à parler au roi des choses qui touchent l'honneur du royaume : « Excellent prince, dit-il, ne dédaignez pas d'écouter cet homme couvert de la cape des chevriers de l'Etna. J'aimais votre beau-frère, le roi Manfred, d'éternelle mémoire. Proscrit et dépouillé pour lui, j'ai visité les royaumes chrétiens et barbares. Mais je voulais revoir la Sicile, je me suis hasardé à y revenir ; j'y ai vécu avec les bergers, changeant de retraite dans les gorges et les bois. Vous ne connaissez pas les Siciliens sur lesquels vous allez régner, vous ignorez leur duplicité. Comment vous fier, par exemple, au léontin Alayme, et à sa femme Machalda, qui le gouverne? Ne savez-vous pas qu'il a été proscrit par Manfred? ramené, enrichi par Charles d'Anjou? Sa femme saura bien encore le tourner contre vous-même. — Qui es-tu, mon ami, toi qui veux nous mettre en défiance de nos nouveaux sujets? — Je suis Vitalis de Vitali. Je suis de Messine... » — A l'instant même arrive Machalda, vêtue en amazone; elle venait hardiment prendre possession du jeune roi : « Seigneur, dit-elle avec la vivacité sicilienne, j'arrive la dernière. Tous les logis sont pris, je viens vous demander l'hospitalité d'une nuit. » Le roi lui céda le logis où il devait reposer. Mais ce n'était pas son affaire, elle ne partait pas. Vainement dit-il à son majordome : « Il est temps de prendre du repos. » Elle resta immobile. Alors le roi prend son parti : « Eh bien, dit-il, causons jusqu'au jour. Madame, que craignez-vous le plus? — La mort de mon mari. — Qu'aimez-vous le plus? — Ce que j'aime n'est point à moi. » — Le roi, prenant alors un ton plus grave, raconte les phénomènes étranges qui ont, dit-il, accompagné sa naissance : il est venu au monde pendant un tremblement de terre; désigné ainsi par la Providence, il n'a pris les armes que pour accomplir le saint devoir de venger Manfred. Machalda, ainsi éconduite, devint l'ennemie implacable du roi. « Plût au ciel, dit naïvement l'historien patriote, qu'elle eût séduit le roi! Elle n'eût pas troublé le royaume. » Barthol. à Neoc., apud Muratori, XIII, 1060-63.

pédia au secours de la ville quelques-uns de ses brigands almogavares, lestes et sobres piétons qui firent en trois jours les six journées qu'il y a de Palerme à Messine [1]. La flotte catalane, sous le Calabrois Roger de Loria, était un secours plus efficace encore. Elle devait occuper le détroit, affamer Charles d'Anjou, lui fermer le retour. Le roi de Naples se défiait avec raison de ses forces de mer. Il repassa le détroit pendant la nuit, sans pouvoir enlever ni ses tentes, ni ses provisions. Au matin, les Messinois émerveillés ne virent plus d'ennemis. Ils n'eurent plus qu'à piller le camp.

Si l'on en croit Muntaner, les Catalans n'avaient que vingt-deux galères contre les quatre-vingt-dix de Charles d'Anjou. Sur celles-ci, il y en avait dix de Pise, qui s'enfuirent les premières, quinze de Gênes qui les suivirent. Les Provençaux, sujets de Charles, en avaient vingt, et ne tinrent pas davantage. Les quarante-cinq qui restèrent étaient de Naples et de Calabre ; elles se crurent perdues, et se jetèrent à la côte. Mais les Catalans les poursuivirent, les prirent, y tuèrent six mille hommes. Les vainqueurs, écartés par la tempête, se trouvèrent à la pointe du jour devant le phare de Messine.

« Quand le jour fut arrivé, ils se présentèrent à la tourelle. Les gens de la ville, voyant un si grand

---

[1] « Ce que les autres ne pouvaient supporter était pour eux comme régal et passe-temps... Leur extérieur était étrange et sauvage, et comme ils étaient très-noirs, maigres et mal peignés, les Siciliens étaient en grande admiration et souci, ne voyant venir qu'eux pour défenseurs... » Curita.

nombre de voiles, s'écrièrent : « Ah! Seigneur! ah!
« mon Dieu, qu'est-ce cela? Voilà la flotte du roi
« Charles qui, après s'être emparée des galères du roi
« d'Aragon, revient sur nous. »

« Le roi était levé, car il se levait constamment à
l'aube du jour, soit l'été, soit l'hiver; il entendit le
bruit, et en demanda la cause. « Pourquoi ces cris
« dans toute la cité? — Seigneur, c'est la flotte du roi
« Charles qui revient bien plus considérable, et qui
« s'est emparée de nos galères. »

« Le roi demanda un cheval, et sortit du palais
suivi à peine de dix personnes. Il courut le long de la
côte, où il rencontra un grand nombre d'hommes, de
femmes et d'enfants au désespoir. Il les encouragea,
en leur disant : « Bonnes gens, ne craignez rien,
ce sont nos galères qui amènent la flotte du roi
Charles. » Il répétait ces mots en courant sur le
rivage de la mer; et tous ces gens s'écriaient : « Dieu
veuille que cela soit ainsi! » Que vous dirai-je, enfin?
Tous les hommes, les femmes et enfants de Messine
couraient après lui, et l'armée de Messine le suivait
aussi. Arrivé à la Fontaine d'Or, le roi, voyant approcher une si grande quantité de voiles poussées par le
vent des montagnes, réfléchit un moment, et dit à
part soi : « Dieu, qui m'a conduit ici, ne m'abandonnera point, non plus que ce malheureux peuple;
grâces lui en soient rendues! »

« Tandis qu'il était dans ces pensées, un vaisseau
armé, pavoisé des armes du seigneur roi d'Aragon, et
monté par En Cortada, vint devers le roi, que l'on
voyait au-dessus de la Fontaine d'Or, enseignes dé-

ployées, à la tête de la cavalerie. Si tous ceux qui étaient là avec le roi furent transportés de joie, en apercevant ce vaisseau avec sa bannière, c'est ce qu'il ne faut pas demander. Le vaisseau prit terre. En Cortada, débarqua et dit au roi : « Seigneur, voilà vos galères ; elles vous amènent celles de vos ennemis. Nicotera est prise, brûlée et détruite, et il a péri plus de deux cents chevaliers français. » A ces mots, le roi descendit de cheval et s'agenouilla. Tout le monde suivit son exemple. Ils commencèrent à entonner tous ensemble le *Salve regina*. Ils louèrent Dieu, et lui rendirent grâces de cette victoire, car ils ne la rapportaient point à eux, mais à Dieu seul. Enfin, le roi répondit à En Cortada : « Soyez le bien venu. » Il lui dit ensuite de retourner sur ses pas, et de dire à tous ceux qui se trouvaient devant la douane de s'approcher en louant Dieu ; il obéit, et les vingt-deux galères entrèrent les premières, traînant après elles chacune plus de quinze galères, barques ou bâtiments ; ainsi elles firent leur entrée à Messine, pavoisées, l'étendard déployé, et traînant sur la mer les enseignes ennemies. Jamais on ne fut témoin d'une telle allégresse. On eût dit que le ciel et la terre étaient confondus ; et au milieu de tous ces cris, on entendait les louanges de Dieu, de madame Sainte Marie et de toute la cour céleste... Quand on fut à la douane, devant le palais du roi, on poussa des cris de joie ; et les gens de mer et les gens de terre y répondirent, mais d'une telle force, vous pouvez m'en croire, qu'on les entendait de la Calabre[1]. »

---

[1] Muntaner.

Charles d'Anjou vit du rivage le désastre de sa flotte. Il vit incendier sans pouvoir les défendre ces vaisseaux, construits naguère pour la conquête de Constantinople. On dit qu'il mordait de rage le sceptre qu'il tenait à la main, et qu'il répétait le mot qu'il avait déjà dit en apprenant le massacre : « Ah, sire Dieu, moult m'avez offert à surmonter ! Puisqu'il vous plaît de me faire fortune mauvaise, qu'il vous plaise aussi que la descente se fasse à petits pas et doucement [1]. »

Mais l'orgueil l'emporta bientôt sur cette résignation. Charles d'Anjou, déjà vieux et pesant, proposa au jeune roi d'Aragon de décider leur querelle par un combat singulier, auquel auraient pris part cent chevaliers des deux royaumes. L'Aragonais accepta une proposition si favorable au plus faible, et qui lui donnait du temps [2]. Les deux rois s'engagèrent à se trouver à Bordeaux le 15 mai 1283, et à combattre dans cette ville sous la protection du roi d'Angleterre. A l'époque indiquée. D. Pedro bien monté, voyageant de nuit, et guidé par un marchand de chevaux qui connaissait toutes les routes, tous les pors des Pyrénées, se rendit, lui troisième, à Bordeaux. Il y arriva le jour même de la bataille, protesta devant un notaire que le roi de France étant près de Bordeaux avec ses troupes, il n'y

---

[1] « ...Piacciati, che'l mio calare sia *a petit passi*. » Villani.

[2] « Cio fece per grande sagacità di guerra e per suo gran senno, conciosia cosa ch'egli era molto povero di moneta e da non potere respondere al soccorso et riparo de' Ciciliani... Onde timea che... non si arrendessono... per che non li sentiva constanti ne fermi... et cosi el savio suo provedimento venne bene adoperato. » Villani, c. LXXXV, p. 296.

avait pas de sûreté pour lui. Pendant que le notaire écrivait, le roi fit le tour de la lice, puis il piqua son cheval, et fit sans s'arrêter près de cent milles sur la route d'Aragon.

Charles d'Anjou, ainsi joué, prépara une nouvelle armée en Provence. Mais avant qu'il fût de retour à Naples, l'amiral Roger de Loria lui avait porté le coup le plus sensible. Il vint avec quarante-cinq galères parader devant le port de Naples, et braver Charles le Boiteux, le fils de Charles d'Anjou. Le jeune prince et ses chevaliers ne tinrent pas à un tel outrage. Ils sortirent avec trente-cinq galères qu'ils avaient dans le port.

Au premier choc, ils furent défaits et pris. Charles d'Anjou arriva le lendemain. « Que n'est-il mort! » s'écria-t-il, quand on lui apprit la captivité de son fils[1]. Il se donna la consolation de faire pendre cent cinquante Napolitains.

Le roi de Naples avait été rudement frappé de ce dernier coup. Son activité l'abandonnait. Il perdit l'été à négocier par l'entremise du pape un arrangement avec les Siciliens. L'hiver, il fit de nouveaux préparatifs; mais ils ne devaient pas lui servir. La vie lui échappait, ainsi que l'espoir de la vengeance. Il mourut avec la piété et la sécurité d'un saint, se rendant ce témoignage, qu'il n'avait fait la conquête du royaume de Sicile que pour le service de l'Église. (7 janvier 1285).

---

[1] « Lo re Carlo... disse con irato animo: *Or fost il mort, porse qu'il a fali nostre mandement.* » Villani.

Cependant le pape, tout Français de naissance et de cœur, avait déclaré D. Pedro déchu de son royaume d'Aragon (1283), assurant les indulgences de la croisade à quiconque lui courrait sus. L'année suivante il adjugea ce royaume au jeune Charles de Valois, second fils de Philippe le Hardi, et frère de Philippe le Bel.

Ce fut en effet une vraie croisade. La France n'avait point guerroyé depuis longtemps. Tout le monde voulut en être, la reine elle-même et beaucoup de nobles dames. L'armée se trouva la plus forte qui fût jamais sortie de France depuis Godefroi de Bouillon. Les Italiens la portent à vingt mille chevaliers, quatre mille fantassins. Les flottes de Gênes, de Marseille, d'Aigues-Mortes et de Narbonne, devaient suivre les rivages de Catalogne, et seconder les troupes de terre. Tout promettait un succès facile. D. Pedro se trouvait abandonné de son allié, le roi de Castille, et de son frère même, le roi de Majorque[1]. Ses sujets venaient de former une hermandad contre lui. Il se trouva réduit à quelques Almogavares, avec lesquels il occupait les positions inattaquables, observant et inquiétant l'ennemi.

Elna fit quelque résistance, et tout y fut cruellement massacré. Gironne résista davantage. Le roi de France, qui avait fait vœu de la prendre, s'y obstina, et y perdit un temps précieux. Peu à peu le climat commença à faire sentir son influence malfaisante. Des fièvres se mirent dans l'armée. Le découragement

---

[1] Don Jayme. (*Note de l'Éditeur*.)

augmenta par la défaite de l'armée navale; l'amiral vainqueur, Roger de Loria, exerça sur les prisonniers d'effroyables cruautés. Il fallut songer à la retraite, mais tout le monde était malade ; les soldats se croyaient poursuivis par les saints dont ils avaient violé les tombeaux. Tous les passages étaient occupés.

Les Almogavares, attirés par le butin, croissaient en nombre à vue d'œil. Le roi revenait mourant sur un brancard au milieu de ses chevaliers languissants. La pluie tombait à torrents sur cette armée de malades. La plupart restèrent en route. Le roi atteignit Perpignan, mais pour y mourir. Il ne lui restait pas un pouce de terre en Espagne.

Le nouveau roi, Philippe le Bel, trouva moyen d'armer le roi de Castille contre son allié d'Aragon. Le fils de Charles d'Anjou obtint sa liberté avec un parjure. La Sicile et ses nouveaux rois, cadets de la maison d'Aragon, se virent abandonnés de la branche aînée, qui prit même les armes contre eux. Cependant le petit-fils de Charles d'Anjou, fils de Charles le Boiteux, fut pris par les Siciliens, comme son père l'avait été. Un traité suivit (1299), d'après lequel le roi Frédéric[1] devait garder l'île sa vie durant. Mais ses descendants l'ont gardée pendant plus d'un siècle.

Cette royauté de Naples, si mal acquise, ne fut pas renversée entièrement, mais du moins mutilée et hu-

---

[1] Il est question ici de Frédéric d'Aragon, frère de don Pedro d'Aragon, et qui pendant quelque temps avait été vicaire de son frère en Sicile. (*Note de l'Éditeur.*)

miliée. Il y eut quelque réparation pour les morts. « Le pieux Charles, aujourd'hui régnant (le fils de Charles d'Anjou), dit un chroniqueur, qui mourut vers l'an 1300, a construit une église de Carmes sur les tombeaux de Conradin et de ceux qui périrent avec lui [1]. »

[1] Ricobald. Ferrar.

CHAPITRE II

PHILIPPE LE BEL — BONIFACE VIII

1285-1304

« Je fus la racine de la mauvaise plante qui couvre toute la chrétienté de son ombre. De mauvaise plante, mauvais fruit...

« J'eus nom Hugues Capet. De moi sont nés ces Louis, ces Philippe, qui depuis peu règnent en France.

« J'étais fils d'un boucher de Paris [1], mais quand

---

[1] Cette tradition populaire n'est confirmée par aucun texte bien ancien, non plus qu'une bonne partie des traits satiriques qui suivent.

les anciens rois manquèrent, hors un qui prit la robe grise, je me trouvai tenir les rênes, et j'avais tels amis, telles forces que la couronne veuve retomba à mon fils [1]. De lui sort cette race où les morts font reliques [2].

« Tant que la grande dot provençale ne leur ôta toute vergogne, peu valaient-ils ; du moins faisaient-ils peu de mal. Mais dès lors ils poussèrent par force et par mensonge, et puis par pénitence ils prirent Normandie et Gascogne.

« Charles passe en Italie, et puis, par pénitence, égorge Conradin. — Par pénitence encore, il renvoie saint Thomas au ciel.

« Un autre Charles sortira tantôt de France. Sans armes, il sort, sauf la lance du parjure, la lance de Judas. Il en frappe Florence au ventre [3].

« L'autre, captif en mer, fait traite et marché de sa fille : le corsaire du moins ne vend que l'étranger.

« Mais voici qui efface le mal fait et à faire... Je le vois entrer dans Anagni, le fleurdelisé !... Je vois le Christ captif en son vicaire ; je le vois moqué une seconde fois ; il est de nouveau abreuvé de fiel et de vinaigre. Il est mis à mort entre les brigands [4]. »

Cette furieuse invective gibeline, toute pleine de vérités et de calomnies, c'est la plainte du vieux monde mourant, contre ce laid jeune monde qui lui

---

[1] On sait que Hugues Capet ne voulut jamais porter la couronne. Robert est le premier des Capétiens qui la porta.
[2] Allusion à la canonisation récente de saint Louis.
[3] Il s'agit de Charles Valois.
[4] Dante, Purgat.

succède. Celui-ci commence vers 1300 ; il s'ouvre par la France, par l'odieuse figure de Philippe le Bel.

Au moins quand la monarchie française, fondée par Philippe-Auguste et Philippe le Bel, finit en Louis XVI, elle eut dans sa mort une consolation. Elle périt dans la gloire immense d'une jeune république qui, pour son coup d'essai, vainquit l'Europe et la renouvela. Mais ce pauvre moyen âge, papauté, chevalerie, féodalité, sous quelle main périssent-ils? Sous la main du procureur, du banqueroutier, du faux-monnayeur. La plainte est excusable ; ce nouveau monde est laid. S'il est plus légitime que celui qu'il remplace, quel œil, fût-ce celui de Dante, pourrait le découvrir à cette époque ? Il naît sous les rides du vieux droit romain, de la vieille fiscalité impériale. Il naît avocat, usurier; il naît gascon, lombard et juif.

Ce qui irrite le plus contre ce sytème moderne, contre la France, son premier représentant, c'est sa contradiction perpétuelle, sa duplicité d'instinct, l'hypocrisie naïve, si je puis dire, avec laquelle il va attestant tour à tour et alternant ses deux principes, romain et féodal. La France est alors un légiste en cuirasse, un procureur bardé de fer ; elle emploie la force féodale à exécuter les sentences du droit romain et canonique.

Fille obéissante de l'Église, elle s'empare de l'Italie et de l'Église même ; si elle bat l'Église, c'est comme sa fille, comme obligée en conscience de corriger sa mère.

Le premier acte du petit-fils de saint-Louis avait été d'exclure les prêtres de l'administration de la justice, de leur interdire tout tribunal, non-seulement au parlement du roi et dans ses domaines, mais dans ceux des seigneurs (1287). « Il a été ordonné par le conseil du seigneur roi, que les ducs, comtes, barons, archevêques et évêques, abbés, chapitres, colléges, gentilshommes (milites), et en général, tous ceux qui ont en France juridiction temporelle, instituent des laïques pour baillis, prévôts et officiers de justice ; qu'ils n'instituent nullement des clercs en ces fonctions, afin que, s'ils manquent (délinquant) en quelque chose, leurs supérieurs puissent sévir contre eux. S'il y a des clercs dans les susdits offices, qu'ils en soient éloignés. — Item, il a été ordonné que tous ceux qui, après le présent parlement, ont ou auront cause en la cour du seigneur roi, et devant les juges séculiers du royaume, constituent des procureurs laïques. Enregistré ce jour, au parlement, de la Toussaint, l'an du Seigneur 1287. »

Philippe le Bel rendit le parlement tout laïque. C'est la première séparation expresse de l'ordre civil et ecclésiastique ; disons mieux, c'est la fondation de l'ordre civil.

Les prêtres ne se résignèrent pas. Il semble qu'ils aient essayé de forcer le parlement et d'y reprendre leur siége. En 1289, le roi défend « à Philippe et Jean, portiers du parlement, de laisser entrer nully des prélats en la chambre sans le consentement des maistres (présidents)[1]. »

Constitué par l'exclusion de l'élément étranger, ce

D. Vaissette.

corps s'organisa (1291), par la division du travail, par la répartition des fonctions diverses. Les uns durent recevoir les requêtes et les expédier, les autres eurent la charge des enquêtes. Les jours de séance furent fixés, les récusations déterminées, ainsi que les fonctions des officiers du roi. Un grand pas se fit vers la centralisation judiciaire. Le parlement de Toulouse fut supprimé, les appels du Languedoc furent désormais portés à Paris[1]; les grandes affaires devaient se décider avec plus de calme loin de cette terre passionnée, qui portait la trace de tant de révolutions.

Le parlement a rejeté les prêtres. Il ne tarde pas à agir contre eux. En 1288, le roi défend qu'aucun juif ne soit arrêté à la réquisition d'un prêtre ou moine, sans qu'on ait informé le sénéchal ou bailli du motif de l'arrestation, et sans qu'on lui ait présenté copie du mandat qui l'ordonne. Il modère la tyrannie religieuse sous laquelle gémissait le Midi : il défend au sénéchal de Carcassonne d'emprisonner qui que ce soit sur la seule demande des inquisiteurs[2]. Sans doute, ces concessions étaient intéressées. Le juif était chose du roi; l'hérétique, son sujet, son *taillable*, n'eût pu être rançonné par lui, s'il l'eût été par l'inquisition. Ne nous informons pas trop du motif. L'ordonnance

---

[1] Ordonnances.

[2] « Dictum fuit (in parliamento) quod prælati aut eorum officialis non possunt pœnas pecuniarias Judæis infligere nec exigere per ecclesiasticam censuram, sed solum modo pœnam a canone statutam, scilicet communionem fidelium sibi substrahere. » (Libertés de l'Église gallicane, II, 148.) — On serait tenté de voir ici une ironie amère de l'excommunication.

paraît honorable à celui qui la signa. On y entrevoit la première lueur de la tolérance et de l'équité religieuse.

La même année 1291, le roi frappa sur l'Église un coup plus hardi. Il limita, ralentit cette terrible puissance d'absorption qui, peu à peu, eût fait passer toutes les terres du royaume aux gens de *mainmorte*. Morte en effet pour vendre ou donner, la main du prêtre, du moine, était ouverte et vivante pour recevoir et prendre. Il porte à trois, quatre ou six fois la rente, ce que devait payer l'acquéreur ecclésiastique, en compensation des droits sur mutations que l'État perdait. Ainsi toute donation d'immeubles faite aux églises profita désormais au roi. Le roi, ce nouveau Dieu du monde civil, entra en partage dans les dons de la piété avec Jésus-Christ, avec Notre-Dame et les saints.

Voilà pour l'Église. La féodalité, tout armée et guerrière qu'elle est, n'est pas moins attaquée. D'elle-même se dégage le principe qui doit la ruiner. Ce principe est la royauté comme suzeraineté féodale. Saint Louis dit expressément dans ses Établissements (liv. II, c. xxvii) : « Se aucun se plaint en la cour le roy de son saignieur de dete que son saignieur li doie, ou de promesses, ou de convenances que il li ait fetes, li sires n'aura mie la cour : car nus sires ne doit estre juges, ne dire droit en sa propre querelle, selonc droit escrit en Code. Ne quis in sua causa judicet, en la loi unique qui commence *Generali*, el rouge, et el noir, etc. » Les Établissements de saint Louis étaient faits pour les domaines du roi. Beaumanoir, dans la Coutume de Beauvoisis, dans un livre fait pour les domaines d'un fils de saint Louis, de Robert de Clermont, ancêtre de la maison de Bourbon, écrit sous Philippe le Bel que le roi a droit de faire des établissements, non pour ses domaines seulement, mais pour tout le royaume. Il faut voir dans le texte même avec quelle adresse il présente cette opinion scandaleuse et paradoxale [1].

Philippe le Hardi avait facilité aux roturiers l'acquisition des biens féodaux. Il enjoignit aux gens de justice « de ne pas molester les non-nobles qui acquerront des choses féodales. » Le non-noble, ne pouvant s'acquitter des services nobles qui étaient attachés au fief, il fallait le consentement de tous les seigneurs médiats, de degré en degré jusqu'au roi. Philippe III réduisit à trois le nombre des seigneurs médiats dont le consentement était requis.

La tendance de cette législation s'explique aisément quand on sait quels furent les conseillers des rois aux XIIIe et XIVe siècles, quand on connaît la classe à laquelle ils appartenaient.

Le chambellan, le conseiller de Philippe le Hardi, fut le barbier ou chirurgien de saint Louis, le tourangeau Pierre La Brosse. Son frère, évêque de Bayeux, partagea sa puissance et aussi sa ruine. La Brosse avait accusé la seconde femme de Philippe III d'avoir empoisonné un fils du premier lit. Le parti des seigneurs, à la tête duquel était le comte d'Artois, soutint que le favori calomniait la reine, et que de plus il vendait aux Castillans les secrets du roi. La Brosse décida

---

[1] Beaumanoir.

le roi à interroger une *béguine*, ou mystique de Flandre. Le parti des seigneurs opposa à la *béguine* les dominicains, généralement ennemis des mystiques. Un dominicain apporta au roi une cassette où l'on vit ou crut voir des preuves de la trahison de La Brosse. Son procès fut instruit secrètement. On ne manqua pas de le trouver coupable. Les chefs du parti de la noblesse, le comte d'Artois, une foule de seigneurs, voulurent assister à son exécution.

En tête des conseillers de saint Louis, plaçons Pierre de Fontaines, l'auteur du Conseil à mon ami, livre en grande partie traduit des lois romaines. De Fontaines, natif du Vermandois, en était bailli l'an 1253. Nous le voyons ensuite parmi les Maistres du parlement de Paris. En cette qualité, il prononce un jugement en faveur du roi contre l'abbé de Saint-Benoît sur Loire, puis un autre, et toujours favorable au roi contre les religieux du bois de Vincennes. Dans ces jugements, nous le trouvons nommé après le chancelier de France[1]. Il s'intitule chevalier. Ce qui, dès cette époque, ne prouve pas grand'chose. Ces gens de robe longue prirent de bonne heure le titre de chevaliers ès lois.

Rien n'indique non plus que Philippe de Beaumanoir, bailli de Senlis, l'auteur de ce grand livre des Coutumes de Vermandois, ait été de bien grande noblesse. La maison du même nom est une famille bretonne, et non picarde, qui apparaît dans le guerres des Anglais au xive siècle, mais qui ne fait pas remonter régulièrement sa filiation plus haut que le xve.

---

[1] Dupuy, Différend de Boniface VIII.

Les deux frères Marigni, si puissants sous Philippe le Bel, s'appelaient de leur vrai nom de famille Le Portier[1]. Ils étaient Normands, et achetèrent dans leur pays la terre de Marigni. Le plus célèbre des deux, chambellan et trésorier du roi, capitaine de la Tour du Louvre, est appelé *Coadjuteur et gouverneur de tout le royaume de France*. « C'était, dit un contemporain, comme un second roi, et tout se faisait à sa volonté[2]. » On n'est pas tenté de soupçonner ce témoignage d'exagération lorsqu'on sait que Marigni mit sa statue au Palais de Justice à côté de celle du roi[3].

Au nombre des ministres de Philippe le Bel, il faut placer deux banquiers florentins, auxquels sans doute on doit rapporter en grande partie les violences fiscales de ce règne. Ceux qui dirigèrent les grands et cruels procès de Philippe le Bel furent le chancelier Pierre Flotte, qui eut l'honneur d'être tué, tout comme un chevalier, à la bataille de Courtrai. Il eut pour collègues ou successeurs Plasian et Nogaret. Celui-ci, qui acquit une célébrité si tragique, était né à Caraman en Lauraguais. Son aïeul, si l'on en croit les invectives de ses ennemis, avait été brûlé comme hérétique. Nogaret fut d'abord professeur de droit à Montpellier, puis juge-mage de Nîmes. La famille Nogaret, si fière au XVIe siècle, sous le nom d'Épernon, n'était pas encore noble en 1372, ni de l'une, ni de l'autre ligne.

---

[1] Dupuy, Templiers.

[2] « Ita ut secundus regulus videretur, ad cujus nutum regni negotia gerebantur. » Bern. Guidonis, Vita Clem. V.

[3] Félibien.

Peu après cette expédition hardie où Guillaume Nogaret alla mettre la main sur le pape, il devint chancelier et garde des sceaux. Philippe le Long révoqua les dons qui lui avaient été faits par Philippe le Bel ; mais il ne fut pas enveloppé dans la proscription de Marigni. On eût craint sans doute de porter atteinte à ses actes judiciaires, qui avaient une si grande importance pour la royauté.

Ces légistes, qui avaient gouverné les rois anglais dès le xii⁰ siècle, au xiii⁰ saint Louis, Alphonse X et Frédéric II, furent, sous le petit-fils de saint Louis, les tyrans de la France. Ces *chevaliers en droit*, ces âmes de plomb et de fer, les Plasian, les Nogaret, les Marigni procédèrent avec une horrible froideur dans leur imitation servile du droit romain et de la fiscalité impériale. Les Pandectes étaient leur Bible, leur Évangile. Rien ne les troublait dès qu'ils pouvaient répondre à tort ou à droit : *Scriptum est...* Avec des textes, des citations, ils démolirent le moyen âge, pontificat, féodalité, chevalerie. Ils allèrent hardiment *appréhender au corps* le pape Boniface VIII ; ils brûlèrent la croisade elle-même dans la personne des Templiers.

Ces cruels démolisseurs du moyen âge sont, il coûte de l'avouer, les fondateurs de l'ordre civil aux temps modernes. Ils organisent la centralisation monarchique. Ils jettent dans les provinces des baillis, des sénéchaux, des prévôts, des procureurs du roi, des maîtres et peseurs de monnaie. Les forêts sont envahies par les *verdiers*, les *gruiers* royaux. Tous ces gens vont chicaner, décourager, détruire les juridictions féodales. Au centre de cette vaste toile d'araignée, siége le conseil des légistes sous le nom de Parlement (fixé à Paris en 1302). Là, tout viendra peu à peu se perdre, s'amortir sous l'autorité royale. Au besoin, les légistes appelleront à eux les bourgeois. Eux-mêmes ne sont pas autre chose, quoiqu'ils mendient l'anoblissement, tout en persécutant la noblesse.

Cette création du gouvernement coûtait certainement fort cher. Nous n'avons pas ici de détails suffisants; mais nous savons que les sergents des prévôts, c'est-à-dire les exécuteurs, les agents de cette administration si tyrannique à sa naissance, avaient d'abord, le sergent à cheval trois sols parisis, et plus tard six sols; le sergent à pied dix-huit deniers, etc. Voilà une armée judiciaire et administrative. Tout à l'heure vont venir des troupes mercenaires. Philippe de Valois aura à la fois plusieurs milliers d'arbalétriers génois. D'où tirer les sommes énormes que tout cela doit coûter? L'industrie n'est pas née encore. Cette société nouvelle se trouve déjà atteinte du mal dont mourut la société antique. Elle consomme sans produire. L'industrie et la richesse doivent sortir à la longue de l'ordre et de la sécurité. Mais cet ordre est si coûteux à établir, qu'on peut douter pendant longtemps s'il n'augmente pas les misères qu'il devait guérir.

Une circonstance aggrave infiniment ces maux. Le seigneur du moyen âge payait ses serviteurs en terres, en produits de la terre; grands et petits, ils avaient place à sa table. La solde, c'était le repas du jour. L'immense machine du gouvernement royal qui substitue son mouvement compliqué aux mille mouvements naturels et simples du gouvernement féodal, cette machine, l'argent seul peut lui donner l'impulsion. Si cet élément vital manque à la nouvelle royauté, elle va périr, la monarchie se dissoudra, et toutes les parties retomberont dans l'isolement, dans la barbarie du gouvernement féodal.

Ce n'est donc pas la faute de ce gouvernement s'il est avide et affamé. La faim est sa nature, sa nécessité, le fond même de son tempérament. Pour y satisfaire, il faut qu'il emploie tour à tour la ruse et la force. Il y a ici en un seul prince, comme dans le vieux roman, maître Renard et maître Isengrin.

Ce roi, de sa nature, n'aime pas la guerre, il est juste de le reconnaître ; il préfère tout autre moyen de prendre, l'achat, l'usure. D'abord, il trafique, il échange, il achète ; le fort peut dépouiller ainsi honnêtement des amis faibles. Par exemple, dès qu'il désespère de prendre l'Espagne avec des bulles du pape, il achète du moins le patrimoine de la branche cadette d'Aragon, la bonne ville de Montpellier, la seule qui restât au roi Jacques. Le prince, avisé et bien instruit en lois, ne se fit pas scrupule d'acquérir ainsi le dernier vêtement de son prodigue ami, pauvre fils de famille qui vendait son bien pièce à pièce, et auquel sans doute il crut devoir en ôter le maniement en vertu de la loi romaine : *Prodigus et furiosus*[1].....

---

[1] Montpellier était en même temps un fief de l'évêché de Maguelone. L'évêque, fatigué de la résistance des bourgeois et de l'appui qu'ils trouvaient dans le roi de France, vendit tous ses droits à ce dernier. Ces droits, jusque-là jugés invalides, parurent assez bons pour servir à dépouiller le vieux Jacques.

Au nord, il acquit Valenciennes, qui se donna à lui (1293). Et sans doute il y eut encore de l'argent en cela. Valenciennes l'approchait de la riche Flandre, si bonne à prendre, et comme riche, et comme alliée des Anglais. Du côté de la France anglaise, il avait acheté au nécessiteux Édouard Ier le Quercy, terre médiocre, sèche et montagneuse, mais d'où l'on descend en Guyenne. Édouard était alors empêtré dans les guerres de Galles et d'Écosse, où il ne gagnait que de la gloire. C'eût été beaucoup, il est vrai, de fonder l'unité britannique, de se fermer dans l'île. Édouard y fit d'héroïques efforts, et commit aussi d'incroyables barbaries. Mais il eut beau briser les harpes de Galles, tuer les bardes, il eut beau faire périr le roi David du supplice des traîtres, et transporter à Westminster le palladium de l'Écosse, la fameuse pierre de Scone, il ne put rien finir ni dans l'île ni sur le continent. Chaque fois qu'il regardait vers la France et voulait y passer, il apprenait quelque mauvaise nouvelle du Border écossais ou des Marches de Galles, quelque nouveau tour de Leolyn ou de Wallace. Wallace était encouragé par Philippe le Bel, le chef héroïque des clans par le roi-procureur. Celui-ci n'avait que faire de bouger. Il lui suffisait de relancer Édouard par ses limiers d'Écosse. Il le laissait volontiers s'immortaliser dans les déserts de Galles et de Northumberland, procédait contre lui à son aise, et le condamnait par défaut.

Ainsi, quand il le vit occupé à contenir l'Écosse sous Baillol, il le somma de répondre des pirateries de ses Gascons sur nos Normands. Il ajourna ce roi, ce conquérant à venir s'expliquer par-devant ce qu'il appelait le tribunal des pairs. Il le menaça, puis il l'amusa, lui offrit une princesse de France, pour prix d'une soumission fictive, d'une simple saisie, qui arrangerait tout. L'arrangement fut que l'Anglais ouvrit ses places, que Philippe les garda, et retira ses offres. Cette grande province, ce royaume de Guyenne, fut escamoté.

Édouard cria en vain. Il demanda et obtint contre Philippe l'alliance du roi des Romains, Adolphe de Nassau, celle des ducs de Bretagne et de Brabant, des comtes de Flandre, de Bar et de Gueldres. Il écrivit humblement à ses sujets de Guienne, leur demandant pardon d'avoir consenti à la saisie[1]. Mais, trop occupé en Écosse, il ne vint pas lui-même en Guienne, et son parti n'éprouva que des revers. Philippe eut pour lui le pape (Boniface VIII), qui lui devait la tiare, et qui, pour lui donner un allié, délia le roi d'Écosse des serments qu'il avait prêtés au roi d'Angleterre. Enfin, il fit si bien, que les Flamands, mécontents de leur

---

[1] « Nous avions un traité avec le roi de France, d'après lequel nous avons fait de vous et de notre duché certaines obéissances à ce Roi, que nous avons cru être pour le bien de la paix et l'avantage de la chrétienté. Mais, par là, nous nous sommes rendus coupables envers vous, puisque nous l'avons fait sans votre consentement; d'autant plus que vous étiez bien préparés à garder et à défendre votre terre. Toutefois, nous vous demandons de vouloir bien nous tenir pour excusés; car nous avons été circonvenus et séduits dans cette conjoncture. Nous en souffrons plus que personne, comme pourront vous l'assurer Hugues de Vères, Raymond de Ferrers, qui conduisaient en notre nom ce traité à la cour de France. Mais, avec l'aide de Dieu, nous ne ferons plus rien d'important désormais relativement à ce duché sans votre conseil et votre assentiment. » Ap. Rymer, t. II, p. 644. Sismondi, VIII, 480.

comte, l'appelèrent à leur secours. Pour soutenir la guerre, les deux rois comptaient sur la Flandre. La grasse Flandre était la tentation naturelle de ces gouvernements voraces. Tout ce monde de barons, de chevaliers, que les rois de France sevraient de croisades et de guerres privées, la Flandre était leur rêve, leur poésie, leur Jérusalem. Tous étaient prêts à faire un joyeux pèlerinage aux magasins de Flandre, aux épices de Bruges, aux fines toiles d'Ypres, aux tapisseries d'Arras.

Il semble que Dieu ait fait cette bonne Flandre, qu'il l'ait placée entre tous pour être mangée des uns et des autres. Avant que l'Angleterre fût cette chose colossale que nous voyons, la Flandre était une Angleterre, mais de combien déjà inférieure et plus incomplète! Drapiers sans laine, soldats sans cavalerie, commerçants sans marine. Et aujourd'hui, ces trois choses, bestiaux, chevaux, marine, c'est justement le nerf de l'Angleterre; c'est la matière, le véhicule, la défense de son industrie.

Ce n'est pas tout. Ce nom, les Flandres, n'exprime pas un peuple, mais une réunion de plusieurs pays fort divers, une collection de tribus et de villes. Rien n'est moins homogène. Sans parler de la différence de race et de langue, il y a toujours eu haine de ville à ville, haine entre les villes et les campagnes, haine de classes, haine de métiers, haine entre le souverain et le peuple[1]. Dans un pays où la femme héritait et trans-

---

[1] « Quis Flandriæ posset nocere, si duæ illæ civitates (Bruges et Gand) concordes inter se forent. » Meyer.

férait la souveraineté, le souverain était souvent un mari étranger. La sensualité flamande, la matérialité de ce peuple de chair, apparaît dans la précoce indulgence de la Coutume de Flandre pour la femme et pour le bâtard[1]. La femme flamande amena ainsi par mariage des maîtres de toute nation, un Danois, un Alsacien; puis un voisin du Hainaut, puis un prince de Portugal, puis des Français de diverses branches : Dampierre (Bourbon), Louis de Mâle (Capet), Philippe le Hardi (Valois); enfin Autriche, Espagne, Autriche encore. Voici maintenant la Flandre sous un Saxon (Cobourg).

La Flandre se plaignait du comte français, Gui Dampierre, Philippe s'offrit comme protecteur aux Flamands. Gui s'adressa aux Anglais, et voulut donner sa fille Philippa au fils d'Edouard. Ce mariage contre le roi de France ne pouvait, selon la loi féodale, se faire sans l'assentiment du roi de France, suzerain de Gui Dampierre. Philippe cependant ne réclama pas; il déclara

---

[1] « In Flandria jam inde ab initio observatum constat, neminem ibi nothum esse ex matre. » Meyer, folio 75. Le privilége fut étendu aux hommes de Bruges par Louis de Nevers : « Il les affranchit de bastardise, sy avant que le bastard soit bourgeois ou fils de bourgeois, sans fraude. » (1331) Oudegherst. Chron. de Flandres. — Origines du droit, page 67, l. Ier, chap. III. Les bâtards héritaient des biens de leurs mères. « Car on n'est pas l'enfant illégitime de sa mère. » Miroir de Saxe. — Diverses lois anciennes donnent même aux enfants naturels des droits sur les biens de leur père. Grimm. 476. — J'ai parlé ailleurs du droit des bâtards en France. Selon Olivier de la Marche, « il n'y avait en Europe que les Allemands chez qui les bâtards fussent généralement méprisés. » Guillaume le Conquérant s'intitule dans une lettre : « Moi, Guillaume, surnommé le Bâtard. »

hypocritement qu'étant parrain de la jeune fille il ne pouvait lui laisser passer le détroit sans l'embrasser[1]. Refuser, c'était déclarer la guerre, et trop tôt. Venir, c'était risquer de rester à Paris. Gui vint en effet et resta. Le père et la fille furent retenus à la tour du Louvre. Philippe enleva à Édouard son allié et sa femme, comme il avait fait de la Guienne. Le comte s'échappa, il est vrai, dans la suite. La jeune fille mourut, au grand dommage de Philippe, qui avait intérêt à garder un tel otage et qu'on accusa de sa mort.

Édouard croyait avoir ameuté tout le monde contre son déloyal ennemi. L'empereur Adolphe de Nassau, pauvre petit prince, malgré son titre, eût volontiers guerroyé aux gages d'Édouard, comme autrefois Othon de Brunswick pour Jean, comme plus tard Maximilien pour Henri VIII à cent écus par jour. Les comtes de Savoie, d'Auxerre, Montbéliard, Neufchâtel, ceux du Hainaut et de Gueldres, le duc de Brabant, les évêques de Liége et d'Utrecht, l'archevêque de Cologne, tous promettaient d'attaquer Philippe, tous recevaient l'argent anglais, et tous restèrent tranquilles, excepté le comte de Bar. Édouard les payait pour agir, Philippe pour se reposer.

La guerre se faisait ainsi sans bruit ni bataille. C'était une lutte de corruption, une bataille d'argent, à qui serait le premier ruiné. Il fallait donner aux amis, donner aux ennemis. Faibles et misérables étaient les ressources des rois d'alors pour suffire à de telles dépenses. Édouard et Philippe chassèrent, il est vrai, les

---

[1] Oudegherst.

juifs, en gardant leurs biens [1]. Mais le juif est glissant, il ne se laisse pas prendre. Il écoulait de France, et trouvait moyen d'emporter. Le roi de France, qui avait des banquiers italiens pour ministres, s'avisa, sans doute par leur conseil, de rançonner les Italiens, les Lombards, qui exploitaient la France, et qui étaient comme une variété de l'espèce juive. Puis, pour atteindre plus sûrement encore tout ce qui achetait et vendait, le roi essaya pour la première fois de ce triste moyen si employé dans le xive siècle, l'altération de la monnaie. C'était un impôt facile et tacite, une banqueroute secrète au moins dans les premiers moments. Mais bientôt tous en profitaient; chacun payait ses dettes en monnaie faible. Le roi y gagnait moins que la foule des débiteurs sans foi. Enfin, l'on eut recours à un moyen plus direct, l'impôt universel de la maltôte[2].

Ce vilain nom, trouvé par le peuple, fut accepté hardiment du roi même. C'était un dernier moyen, une invention par laquelle, s'il restait encore quelque substance, quelque peu à sucer dans la moelle du peuple, on y pouvait atteindre. Mais on eut beau presser et tordre. Le patient était si sec, que la nouvelle machine n'en put exprimer presque rien. Le roi d'Angleterre ne tirait rien des siens non plus. Sa détresse le désespérait; dans l'un de ses parlements, on le vit pleurer.

Entre ce roi affamé et ce peuple étique, il y avait

---

[1] Édouard, en 1289, Philippe, en 1290.
[2] Guillaume de Nangis.

pourtant quelqu'un de riche. Ce quelqu'un, c'était l'Église. Archevêques et évêques, chanoines et moines, moines anciens de Saint-Benoît, moines nouveaux, dits Mendiants, tous étaient riches et luttaient d'opulence. Tout ce monde tonsuré croissait des bénédictions du ciel et de la graisse de la terre. C'était un petit peuple heureux, obèse et reluisant, au milieu du grand peuple affamé qui commençait à le regarder de travers.

Les évêques allemands étaient des princes, et levaient des armées. L'Église d'Angleterre possédait, dit-on, la moitié des terres de l'île. Elle avait, en 1337, sept cent trente mille marcs de revenus. Aujourd'hui, il est vrai, l'archevêque de Cantorbery ne reçoit par an que douze cent mille francs, et celui d'York huit cent mille. Lorsque la Restauration préparait l'expédition d'Espagne, en 1822, l'on apprit que l'archevêque de Tolède faisait distribuer chaque jour à la porte de ses fermes et de ses palais, dix mille soupes, et celui de Séville six mille[1].

La confiscation de l'Église fut la pensée des rois depuis le XIIIe siècle, la cause principale de leurs luttes contre les papes; toute la différence, c'est que les protestants prirent, et que les catholiques se firent donner. Henri VIII employa le schisme, François Ier le Concordat.

---

[1] J'aurais peine à croire ce chiffre, s'il n'avait été affirmé en ma présence par le ministre même qui avait fait prendre ces informations. — Ajoutons que l'un des couvents récemment supprimés à Madrid (San Salvador), avait deux millions de biens et un seul religieux.

Qui donc, au XIVe siècle, du roi ou de l'Église, devait désormais exploiter la France? telle était la question. Déjà, lorsque Philippe mit sur le peuple le terrible impôt de la maltôte, lorsqu'il altéra les monnaies, lorsqu'il dépouilla les Lombards, sujets ou banquiers du saint-siége, il frappait Rome directement ou indirectement, il la ruinait, il lui coupait les vivres[1].

Boniface usa enfin de représailles. En 1296, dans sa bulle *Clericis laicos*, il déclare excommuniés de fait tout prêtre qui payera, tout laïque qui exigera subvention, prêt ou don, sans l'autorisation du saint-siége ; et cela, sans qu'aucun rang, aucun privilége puisse les excepter. Il annulait ainsi un privilége important de nos rois, qui, tout excommuniés qu'ils étaient comme rois, pouvaient toujours, dans leur chapelle et portes closes, entendre la messe et communier.

Au même moment, sous prétexte de la guerre d'Angleterre, Philippe défendait d'exporter du royaume or, argent, armes, etc. C'était frapper Rome bien plus que l'Angleterre.

Rien de plus mystiquement hautain, de plus paternellement hostile que la bulle en réponse : « Dans la

---

[1] Édouard Ier s'y était pris plus rudement encore ; sur le refus du clergé de payer un impôt, il le mit en quelque sorte hors la loi, lâchant les soldats contre les prêtres, et défendant aux juges de recevoir les plaintes de ceux-ci (Knygthon). — Philippe le Bel, au moins, y mettait des formes : « Comme ce qui est donné vaut mieux et est plus agréable à Dieu et aux hommes que ce qui est exigé, nous exhortons votre charité à nous donner cet aide de la double dime ou cinquième. »

douceur d'un ineffable amour (Ineffabilis amoris dulcedine sponso suo), l'Église, unie au Christ, son époux, en a reçu les dons, les grâces les plus amples, spécialement le don de liberté. Il a voulu que l'adorable épouse régnât, comme mère, sur les peuples fidèles. Qui donc ne redoutera de l'offenser, de la provoquer? Qui ne sentira qu'il offense l'époux dans l'épouse? Qui osera porter atteinte aux libertés ecclésiastiques, contre son Dieu et son Seigneur? Sous quel bouclier se cachera-t-il, pour que le marteau de la puissance d'en haut ne le réduise en poudre et en cendre?... O mon fils, ne détourne point l'oreille de la voix paternelle, etc. »

Il engage ensuite le roi à bien examiner sa situation : « Tu n'as point considéré avec prudence les régions et les royaumes qui entourent le tien, les volontés de ceux qui les gouvernent, ni peut-être les sentiments de tes sujets dans les diverses parties de tes États. Lève les yeux autour de toi, et regarde, et réfléchis. Songe que les royaumes des Romains, des Anglais, de l'Espagne, t'entourent de toutes parts; songe à leur puissance, à la bravoure, à la multitude de leurs habitants, et tu reconnaîtras aisément que ce n'était pas le temps, que ce n'était pas le jour d'attaquer, d'offenser et nous et l'Église par de telles piqûres... Juge toi-même quelles ont dû être les pensées du siége apostolique, lorsque dans ces jours même où nous étions occupés de l'examen et de la discussion des miracles qu'on attribue à l'invocation de ton aïeul de glorieuse mémoire, tu nous as envoyé de tels dons qui provoquent la colère de Dieu, et méritent, je ne dis pas seulement notre indignation, mais celle de l'Église elle-même...

« Dans quel temps tes ancêtres et toi-même avez-vous eu recours à ce siége, sans que votre pétition fût écoutée? Et si une grave nécessité menaçait de nouveau ton royaume, non-seulement le saint-siége t'accorderait les subventions des prélats et des personnes ecclésiastiques; mais, si le cas l'exigeait, il étendrait ses mains jusqu'aux calices, aux croix et aux vases sacrés, plutôt que de ne pas défendre efficacement un tel royaume, qui est si cher au saint-siége, et qui lui a été si longtemps dévoué... Nous exhortons donc ta Sérénité royale, la prions et l'engageons à recevoir avec respect les médicaments que t'offre une main paternelle, à acquiescer à des avis salutaires pour toi et pour ton royaume, à corriger tes erreurs, et à ne point laisser séduire ton âme par une fausse contagion. Conserve notre bienveillance et celle du Saint-Siége, conserve notre bonne renommée parmi les hommes, et ne nous force point à recourir à d'autres remèdes, à des remèdes inusités, lors même que la justice nous y forcerait, nous en ferait un devoir, nous ne les emploierions qu'à regret et malgré nous [1]. »

Ces graves paroles, mêlées de douceur et de menaces, devaient faire impression. Aucun pontife n'avait été jusque-là plus partial pour nos rois que Boniface. La maison de France l'avait fait pape, il est vrai; mais, en retour, il la faisait reine, autant qu'il était en lui. Il avait appelé en Italie Charles de Valois, et,

---

[1] Dupuy, Différ.

en attendant l'empire latin de Constantinople, il l'avait créé comte de Romagne, capitaine du patrimoine de saint Pierre, seigneur de la Marche d'Ancône. Il obtint aux princes français le trône de Hongrie ; il fit ce qu'il put pour leur procurer le trône impérial et celui de Castille. En 1298, pris pour arbitre entre les rois de France et d'Angleterre, il essaya de les rapprocher par des mariages, et, par une sentence provisoire, il ajourna les restitutions que Philippe devait à l'Anglais.

La papauté, toute vieillie qu'elle était déjà apparaissait encore comme l'arbitre du monde. Boniface VIII avait été appelé à juger entre la France et l'Angleterre, entre l'Angleterre et l'Écosse, entre Naples et l'Aragon, entre les empereurs Adolphe de Nassau et Albert d'Autriche. N'y avait-il pas lieu pour le pape de se faire illusion sur ses forces réelles ?

L'infatuation fut au comble, lorsqu'en l'an 1300, Boniface promit rémission des péchés à tous ceux qui viendraient visiter pendant trente jours les Églises des Saints-Apôtres. Ce Jubilé rappelait tout à la fois celui des Juifs et les fêtes séculaires de Rome païenne. On sait que le Jubilé mosaïque, revenant tous les cinquante ans, devait rendre la liberté aux esclaves, les terres aliénées à leur premier possesseur ; il devait annuler l'histoire, défaire le temps, pour ainsi dire, au nom du seul Éternel. La vieille Rome, dans un tout autre point de vue, emprunta des Étrusques la doctrine des Ages [1] ; mais ce ne fut point pour y reconnaître la mobilité de ce monde, la mortalité des empires. Rome

---

[1] Voy. mon *Histoire romaine*.

se croyait Dieu, elle se jugeait immortelle comme invincible, et, au retour de chaque siècle, solennisait son éternité.

En l'an 1300, la foi était grande encore. La foule fut prodigieuse à Rome[1]. On compta les pèlerins par cent mille, et bientôt il n'y eut plus moyen de compter. Ni les maisons, ni les églises ne suffirent à les recevoir ; ils campèrent par les rues et les places, sous des abris construits à la hâte, sous des toiles, sous des tentes et sous la voûte du ciel. On eût dit que, les temps étant accomplis, la chrétienté venait par-devant son juge dans la vallée de Josaphat.

Pour se représenter l'effet de ce prodigieux spectacle, il faut encore voir Rome, toute déchue qu'elle est, il faut la voir pendant les fêtes de Pâques. On oublierait presque que c'est bien là la triste Rome, la veuve de deux antiquités.

Quel qu'ait été le motif de Boniface VIII, fiscal ou politique, je ne lui en veux pas pour cet invention du Jubilé. Des milliers d'hommes l'en ont, j'en suis sûr, remercié du cœur. C'était mettre une pierre sur la route du temps, placer un point d'arrêt dans sa vie, entre les regrets du passé et les espérances d'un meilleur, d'un moins regrettable avenir ; c'était s'arrêter en montant cette rude pente, souffler un peu à midi. *Nel mezzo cammin di nostra vita.*

Ces âges candides croyaient qu'on pouvait fuir le mal en changeant de lieu, voyager du péché à la sain-

---

[1] Au point qu'il y eut famine. Voyez le livre du cardinal de Saint-George, neveu de Boniface : *De Jubilæo.*

teté, laisser le diable avec l'habit qu'on dépose pour prendre celui du pèlerin. N'est-ce donc pas quelque chose d'échapper à l'influence des lieux, des habitudes, de se dépayser, de s'orienter à une vie nouvelle ? N'y a-t-il pas une mauvaise puissance d'infatuation et d'aveuglement dans ces lieux où le cœur se prend, que ce soit les Charmettes de Jean-Jacques, ou la pinada de Byron, ou ce lac d'Aix-la-Chapelle dont, selon la tradition, Charlemagne fut ensorcelé ?

Ne nous étonnons pas si nos aïeux aimèrent tant les pèlerinages, s'ils attribuèrent à la visite des lointains sanctuaires une vertu de régénération. « Le vieillard, tout blanc, et chenu, se sépare des lieux où il a fourni sa carrière, et de sa famille alarmée qui se voit privée d'un père chéri. — Vieux, faible, et sans haleine, il se traîne comme il peut, s'aidant de bon vouloir, tout rompu qu'il est par les ans, par la fatigue du chemin. — Il vient à Rome pour y voir la semblance de Celui que, là-haut encore, il espère bien revoir au ciel [1]... »

Mais il en est qui n'arrivent pas, qui restent en chemin... La plupart de nos lecteurs se rappellent ici ce petit tableau de Robert, la pèlerine romaine assise dans la campagne aride ; elle ne voit ni ses pieds ensanglantés, ni son nourrisson sur ces genoux, altéré et haletant, pourvu qu'elle atteigne la colline bénie qui plane au loin à l'horizon : *Monte di gioja !*...

Et quand le but du voyage, c'était Rome ! quand au renouvellement du siècle, au moment solennel où sonnait une heure de la vie du monde, on atteignait la

---

[1] Pétrarque.

grande ville, et que ces monuments, ces vieux tombeaux, jusque-là seulement ouïs et célébrés, on les voyait, on les touchait ; alors, se retrouvant contemporain de tous les siècles, et des consuls et des martyrs, ayant de station en station, du Colisée au Capitole et du Panthéon à Saint-Pierre, revécu toute l'histoire, ayant vu toute mort et ruine, on s'en allait, on se remettait en marche vers la patrie, vers le tombeau natal, mais avec moins de regret, et d'avance tout consolé de mourir.

L'Église, comme ces milliers d'hommes qui venaient la visiter, trouva dans ce Jubilé de l'an 1300 le point culminant de sa vie historique. La descente commença dès-lors. Dans cette foule même se trouvaient les hommes redoutables qui allaient ouvrir un monde nouveau. Les uns, froids et impitoyables politiques, comme l'historien Jean Villani ; les autres chagrins et superbes, comme Dante, qui, lui aussi, allait se faire son Jubilé. Le pape avait appelé à Rome tous les vivants ; le poëte convoqua dans sa comédie tous les morts ; il fit la revue du monde fini, le classa, le jugea. Le moyen âge, comme l'antiquité, comparut devant lui. Rien ne lui fut caché. Le mot du sanctuaire fut dit et profané. Le sceau fut enlevé, brisé : on ne l'a pas retrouvé depuis. Le moyen âge avait vécu ; la vie est un mystère, qui périt lorsqu'il achève de se révéler. La révélation, ce fut la Divina Commedia, la cathédrale de Cologne, les peintures du Campo-Santo de Pise. L'art vient ainsi terminer, fermer une civilisation, la couronner, la mettre glorieusement au tombeau.

N'accusons pas le pape, si cet octogénaire, vieil avocat, et nourri dans les ruses et les plus prosaïques intrigues[1], se laissa gagner lui-même à la grandeur, à la poésie de ce moment, où il vit le genre humain réuni à Rome et à genoux devant lui... Il est d'ailleurs une sombre puissance de vertige dans cette ville tragique. Les souverains de Rome, ses Empereurs, ont paru souvent comme fous. Et même au XIVe siècle, Cola Rienzi, le fils d'une blanchisseuse, devenu tribun de Rome, ne tournait-il pas son épée vers les trois parties du globe, en disant : « Ceci et ceci, cela encore, est à moi. »

A plus forte raison, le pape se croyait-il le maître du monde. Lorsque Albert d'Autriche se fit Empereur par la mort d'Adolphe de Nassau, Boniface, indigné, mit la couronne sur sa tête, saisit une épée, et s'écria : « C'est moi qui suis César, c'est moi qui suis l'Empereur, c'est moi qui défendrai les droits de l'Empire. » Au Jubilé de 1300, il parut, au milieu de cette multitude de toute nation, avec les insignes impériaux ; il fit porter devant lui l'épée et le sceptre sur la boule du monde, et un héraut allait criant : « Il y a ici deux épées ; Pierre, tu vois ici ton successeur ; et vous, ô Christ ! regardez votre vicaire. » Il expliquait ainsi les deux épées qui se trouvèrent dans le lieu où Jésus-Christ fit la Cène avec ses apôtres.

---

[1] « Hic longo tempore experientiam habuit curiæ, quia primo advocatus ibidem, inde factus postea notarius papæ, postea cardinalis, et inde in cardinalatu expeditor ad casus Collegii declarandos, seu ad exteros respondendos. » Muratori, XI, 1103.

Cette outrecuidance pontificale devait perpétuer la guerre des deux puissances ecclésiastique et civile. La lutte, qui semblait finie avec la maison de Souabe, est reprise par celle de France. Guerre d'idées, non de personnes, de nécessité, non de volonté. Le pieux Louis IX la commence, le sacrilége Philippe IV la continue.

« Reconnaître deux puissances et deux principes, dit Boniface dans sa bulle *Unam sanctam*, c'est être hérétique et manichéen... » Mais le monde du moyen âge est manichéen, il mourra tel; toujours il sentira en lui la lutte des deux principes. — *Que cherches-tu ?* — *la paix*. C'est le mot du monde. L'homme est double ; il y a en lui le Pape et l'Empereur [1].

La paix ! Elle est dans l'harmonie, sans doute; mais, d'âge en âge, on l'a cherchée dans l'unité. Dès le IIe siècle, saint Irénée écrit contre les Gnostiques son livre : De l'unité du principe du monde : *De Monarchiâ*. C'est encore le titre du Dante : *De Monarchiâ*, De l'unité du monde social [2].

---

[1] « Cum omnis natura ad ultimum quemdam finem ordinetur, consequitur ut hominis duplex finis existat : ut sicut inter omnia entia solus incorruptibilitatem et corruptibilitatem participat, sic... Propter quod opus fuit homini duplici directivo, secundum duplicem finem : scilicet summo pontifice, qui secundum revelata humanum genus produceret ad vitam æternam ; et imperatore, qui secundum philosophica documenta genus humanum ad temporalem felicitatem dirigeret. » Dante, De Monarchiâ, p. 78, édit. Zatta.

[2] **Dante** (De Monarchia, t. IV, p. 2. a). L'éditeur a mis au frontispice l'aigle de l'Empire avec cette épigraphe :

E sotto l'ombra delle sacrepenne,
Governo l'mondo li di mano in mano.
Paradis, c. VI, v. 7.

Le livre de Dante est bizarre. Sa formule, c'est la paix, comme condition du développement, la paix sous un monarque unique. Ce monarque, possédant tout, ne peut rien désirer, et partant, il est impeccable. Ce qui fait le mal, c'est la concupiscence ; où il n'y a plus de limite, que désirer? quelle concupiscence peut naître[1]? tel est le raisonnement de Dante. Reste à prouver que cet idéal peut être réel, que ce réel est le peuple romain[2]; qu'enfin le peuple romain a transmis sa souveraineté à l'empereur d'Allemagne.

Ce livre est une belle épitaphe gibeline pour l'Empire allemand : l'Empire en 1300, ce n'est plus exclusivement l'Allemagne ; c'est désormais tout empire, toute royauté; c'est le pouvoir civil en tout pays, surtout en France. Les deux adversaires sont maintenant l'Église et le fils ainé de l'Église. Des deux côtés, prétentions sans bornes; deux infinis en face. Le roi,

---

[1] « Notandum quod justitiæ maxime contrariatur cupiditas... Ubi non est quod possit optari, impossibile est ibi cupiditatem esse... Sed monarchia non habet quod possit optare. Sua namque juridictio terminatur Oceano solum, » p. 17. — Il prouve ensuite que la charité, la liberté universelle, sont à la condition de cette monarchie. — « O genus humanum, quantis procellis et jacturis quantisque naufragiis agitari te necesse est, dum bellua multorum capitum factum in diversa conaris, intellectu ægrotas utroque similiter et affectu... cum per tubam sancti spiritus tibi effletur : Ecce quam bonum et quam jucundum habitare fratres in unum! » Dante, De monarchia, p. 27.

[2] Il le prouve : 1° par l'origine de Romulus, descendant tout à la fois d'Europe et d'Atlas (l'Afrique); 2° par les miracles que Dieu a faits pour Rome : ainsi les ancilia de Numa, les oies du Capitole, etc.; 3° par la bonté que Rome a montrée au monde, en voulant bien le conquérir, etc.

s'il n'est pas le roi seul, et du moins le plus grand roi du monde ; le plus révéré encore, depuis saint Louis. Fils ainé de l'Église, il veut être plus âgé que sa mère : « Avant qu'il n'y eût des clercs, dit-il, le roi avait en garde le royaume de France [1]. »

La querelle s'était déjà émue à l'occasion des biens d'église ; mais il y avait d'autres motifs d'irritation. Boniface avait décidé entre Philippe et Édouard, non comme ami et personne privée, mais comme pape. Le comte d'Artois, indigné de la partialité du pontife pour les Flamands, arracha la bulle au légat et la jeta au feu. En représailles, Boniface favorisa Albert d'Autriche contre Charles de Valois, qui prétendait à la couronne impériale. De son côté, Philippe mit la main sur les régates de Laon, de Poitiers et de Reims. Il accueillait les ennemis de Boniface, les Colonna, ces rudes Gibelins, ces chefs de brigands romains contre les papes.

L'explosion eut lieu au sujet d'un bien mal acquis, que depuis un siècle se disputaient le pape et le roi. Je parle de cette sanglante dépouille du Languedoc. Boniface VIII paya pour Innocent III. L'hommage de Narbonne, rendu directement au roi par le vicomte, était vivement réclamé par l'archevêque (1300). L'archevêque eût voulut s'arranger. Le pape le menaça d'excommunication, s'il traitait sans la permission du saint-siége. Il cita à Rome l'homme du roi, et, de plus, menaça Philippe, s'il ne se désistait du comté de Mel-

---

[1] « Antequam essent clerici, rex Franciæ habebat custodiam regni sui, et poterat statuta facere. »

gueil, dont ses officiers dépouillaient l'église de Maguelone.

Ce n'est pas tout : le pape avait, malgré Philippe, créé dans ce dangereux Languedoc, à la porte du comte de Foix et du roi d'Aragon, un nouvel évêché pris sur le diocèse de Toulouse, l'évêché de Pamiers. Il avait fait évêque un homme à lui, Bernard de Saisset. Ce fut justement ce Saisset qu'il envoya au roi pour lui rappeler sa promesse d'aller à la croisade, et le sommer de mettre en liberté le comte de Flandre et sa fille. De telles paroles ne se disaient pas impunément à Philippe le Bel.

Ce Saisset, qui parlait si hardiment, était déjà désigné au roi, par l'évêque de Toulouse, comme l'auteur d'un vaste complot qui eût enlevé tout le Midi aux Français. Saisset appartenait à la famille des anciens vicomtes de Toulouse. Il était l'ami de tous les hommes distingués, de toute la noblesse municipale de cette grande cité. Il rêvait la fondation d'un royaume de Languedoc au profit du comte de Foix, ou du comte de Comminges, qui descendait des Raimond de Toulouse, tant regrettés de leurs anciens sujets[1].

---

[1] Quod antiquitus erat Comes et Vicecomes Tholosæ et quia ipse erat de genere Vicecomitis, qui dictus Vicecomes dominabatur in certa parte civitatis Tholosæ. » Dupuy. Diff., 640.

« Quia omnes meliores homines de Tholosa sunt de parentela nostra, et facient quidquid nos voluerimus. » Ibid., p. 643.

« Audivit dictum Episcopum Appam Comiti Fuxi dicentem : Faciatis Pacem mecum, et vos habebitis civitatem Appam, et eritis rex, quia antiquitus solebat ibi esse Regnum adeo nobile sicut Regnum Franciæ, et postea ego faciam quod vos eritis Comes Tholosæ, quia in civitate Tholosæ, et in terra habeo multos ami-

Ces grands seigneurs de Midi n'avaient ni les forces, ni l'amour du pays, ni la hauteur du courage, qu'une telle entreprise eût demandés. Le comte de Comminges se signa, en entendant des propositions si hardies : « Ce Saisset est un diable, dit-il, plutôt qu'un homme[1]. » Le comte de Foix joua un rôle plus odieux. Il reçut les confidences de Saisset, pour les transmettre au roi par l'évêque de Toulouse[2].

On sut par lui que Saisset se chargeait de demander pour le fils du comte de Foix la fille du roi d'Aragon, qui, disait-il, était son ami. Il avait dit encore : « Les Français ne feront jamais de bien, mais plutôt du mal au pays. » Il ne voulait pas terminer avec le comte de Foix les démêlés de son évêché, à moins que ce seigneur ne s'arrangeât avec les comtes d'Armagnac et de Comminges, et ne réunît ainsi tout le pays sous son influence.

On attribuait à Saisset des mots piquants contre le roi : « Votre roi de France, disait-il, est un faux-monnayeur. Son argent n'est que de l'ordure... Ce Philippe *le Bel* n'est ni un homme, ni même une bête; c'est une image, et rien de plus... Les oiseaux, dit la fable,

---

cos, valde nobiles et valde potentes... » Ibid., 645, V. encore le I er témoin, p. 633, et le XIV° témoin, p. 640.

« Ipse episcopus semper dilexerat comitem Convenarum et totum genus suum, et specialiter quia erat ex parte una de recta linea comitis Tholosani, et quod gentes totius terræ diligebant dictum comitem ex causa prædicta. » Ibid., XVII° témoin, p. 642.

[1] « Iste non est homo, sed diabolus, » témoignage du comte lui-même.

[2] Cet évêque de Toulouse était détesté dans son diocèse comme Français, comme étranger à la langue du pays.

se donnèrent pour roi le *duc* grand et bel oiseau, il est vrai, mais le plus vil de tous. La pie vint un jour se plaindre au roi de l'épervier, et le roi ne répondit rien (*nisi quod flevit*). Voilà votre roi de France ; c'est le plus bel homme qu'on puisse voir, mais il ne sait que regarder les gens... Le monde est aujourd'hui comme mort et détruit, à cause de la malice de cette cour... Mais saint Louis m'a dit plus d'une fois que la royauté de France périrait en celui qui est le dixième roi, à partir d'Hugues Capet. »

Deux commissaires de Philippe, un laïque et un prêtre, étant venus en Languedoc pour instrumenter contre Saisset, il comprit son danger et voulut se sauver à Rome. Les hommes du roi ne lui en laissèrent pas le temps. Ils le prirent de nuit, dans son lit, et l'enlevèrent à Paris, avec ses serviteurs, qui furent mis à la torture.

Cependant le roi envoyait au pape, non pour se justifier d'avoir violé les priviléges de l'Église, mais pour demander la dégradation de l'évêque, avant de le mettre à mort. La lettre du roi respire une étrange soif de sang : « Le roi requiert le souverain pontife d'appliquer tel remède, d'exercer le dû de son office, de telle sorte que cet homme de mort (*dictus vir mortis*), dont la vie souille même le lieu qu'il habite, il le prive de tout ordre, le dépouille de tout privilége clérical, et que le seigneur roi puisse, de ce traître à Dieu et aux hommes, de cet homme enfoncé dans la profondeur du mal, endurci et sans espoir de correction, que le roi en puisse par voie de justice faire à Dieu un excellent sacrifice. Il est si pervers, que tous les éléments doivent lui manquer dans la mort, puisqu'il offense Dieu et toute créature[1]. »

Le pape réclama l'évêque, déclara suspendre le privilége qu'avaient les rois de France de ne pouvoir être excommuniés, et convoqua le clergé de France à Rome pour le 1er novembre de l'année suivante. Enfin il adressa au roi la bulle *Ausculta, fili :* Écoute, mon fils, les conseils d'un père tendre. Le pape commençait par ces paroles irritantes, dont ses adversaires surent bien profiter : « Dieu nous a constitué, quoique indigne, au-dessus des rois et des royaumes, nous imposant le joug de la servitude apostolique, pour arracher, détruire, disperser, dissiper, et pour édifier et planter sous son nom et par sa doctrine... » Du reste, la bulle était, sous forme paternelle, une récapitulation de tous les griefs du pape et de l'Église,

Le chancelier Pierre Flotte se chargea de porter la réponse au pape. La réponse, c'était que le roi ne lâchait pas son prisonnier, qu'il le remettait seulement à garder à l'archevêque de Narbonne, que l'or et l'argent ne sortiraient plus de France, que les prélats n'iraient point à Rome. Ce fut une rude insulte pour le pape encore triomphant de son Jubilé, quand ce petit avocat borgne[2] vint lui parler si librement. L'altercation fut violente. Le pape le prit de haut : « Mon pouvoir, dit-il, renferme les deux. » Pierre Flotte ré-

---

[1] Imitation pédantesque d'un passage du discours de Cicéron *Pro Roscio Amerino*, sur le supplice du parricide.

[2] « Belial ille, Petrus Flote, semivivens corpore, menteque totaliter excæcatus. » Bulle de Boniface aux prélats de France.

pondit par un aigre distinguo : « Oui, mais votre pouvoir est verbal, celui du roi réel. » Le gascon Nogaret, qui était venu avec Pierre Flotte, ne put se contenir ; il parla avec la violence et l'emportement méridional sur les abus de la cour pontificale, sur la conduite même du pape. Ils sortirent ainsi de Rome enragés dans leur haine d'avocats contre les prêtres, ayant outragé le pape, et sûrs de périr s'ils ne le prévenaient.

Pour soulever tout le monde contre Boniface, il fallait tirer quelques propositions bien claires et bien choquantes du doucereux bavardage où la cour de Rome aimait à noyer sa pensée. Ils arrangèrent donc entre eux une brutale petite bulle où le pape exprimait crûment toutes ses prétentions. En même temps, ils faisaient courir une fausse réponse à la fausse bulle, où le roi parlait au pape avec une violence et une grossièreté populacière. Cette réponse, bien entendu, n'était pas destinée à être envoyée, mais elle devait avoir deux effets. D'abord elle avilissait le pouvoir sacro-saint, auquel on jetait impunément cette boue. Ensuite, elle indiquait que le roi se sentait fort, ce qui est le moyen de l'être en effet.

« Boniface, évêque, serviteur des serviteurs de Dieu, à Philippe, roi des Francs, crains Dieu et observe ses commandements. Nous voulons que tu saches que tu nous es soumis dans le temporel comme dans le spirituel ; que la collation des bénéfices et des prébendes ne t'appartient point ; que si tu as la garde des bénéfices vacants, c'est pour en réserver les fruits aux successeurs. Que si tu en as conféré quelqu'un, nous déclarons cette collation invalide, et nous la révoquons si elle a été exécutée, déclarant hérétiques tous ceux qui pensent autrement. Donné au Latran, aux nones de décembre, l'an 7 de notre pontificat. » C'est la date de la bulle *Ausculta, fili.*

« Philippe, par la grâce de Dieu, roi des Français, à Boniface qui se donne pour pape, peu ou point de salut. Que ta très-grande fatuité sache que nous ne sommes soumis à personne pour le temporel; que la collation des églises et des prébendes vacantes nous appartient par le droit royal; que les fruits en sont à nous; que les collations faites et à faire par nous sont valides au passé et à l'avenir; que nous maintiendrons leurs possesseurs de tout notre pouvoir, et que nous tenons pour fous et insensés ceux qui croiront autrement. »

Ces étranges paroles qui eussent, un siècle plus tôt, armé tout le royaume contre le roi, furent bien reçues de la noblesse et du peuple des villes. On fit alors un pas de plus; on compromit directement la noblesse avec le pape. Le 11 février 1302, en présence du roi et d'une foule de seigneurs et de chevaliers, au milieu du peuple de Paris, la petite bulle fut brûlée, et cette exécution fut ensuite criée à son de trompe par toute la ville[1]. Encore deux cents ans, un moine allemand

---

[1] Dupuy, Preuves du Diff., p. 59. — « Fuerunt litteræ ejus (papæ) in regno Franciæ coram pluribus concrematæ, et sine honore remissi nuntii. » Chron. Rothomagense, ann. 1302; et Appendix annalium H. Steronis Althahensis. — Le ms. cité par Dupuy (Preuv. du Diff., 59), et que lui seul a vu, n'est donc pas, comme le dit M. de Sismondi, la seule autorité pour ce fait. (V. Sism., IX, 88.)

era de son autorité privée ce que Pierre Flotte et Nogaret font maintenant au nom du roi de France.

Mais il fallait engager tout le royaume dans la querelle. Le pape avait convoqué les prélats à Rome pour le 1ᵉʳ novembre; le roi convoqua les États pour le 10 avril; non plus les États du clergé et de la noblesse, non plus les États du Midi, comme saint Louis les avait rassemblés; mais les États du Midi et du Nord, les États des trois ordres, clergé, noblesse et bourgeoisie des villes. Ces États généraux de Philippe le Bel sont l'ère nationale de la France, son acte de naissance. Elle a été ainsi baptisée dans la basilique de Notre-Dame, où s'assemblèrent ces premiers États[1]. De même que le Saint-Siége, au temps de Grégoire VII et d'Alexandre III, s'était appuyé sur le peuple, l'ennemi du Saint-Siége appelle maintenant le peuple à lui. Ces bourgeois, maires, échevins, consuls des villes, sous quelque forme humble et servile qu'ils viennent d'abord répéter les paroles du roi et des nobles, ils n'en sont pas moins la première apparition du peuple.

Pierre Flotte ouvrit les États (10 avril 1302) d'une manière habile et hardie. Il attaqua les premières paroles de la bulle *Ausculta, fili :* « Dieu nous a constitué au-dessus des rois et des royaumes... » Puis il demanda si les Français pouvaient sans lâcheté se soumettre à ce que leur royaume, toujours libre et indépendant,

---

[1] Ont-ils été les premiers? M. de Stadier signale des assemblées partielles en 1294, et une assemblée générale à Paris en 1295. Philippe le Bel avait déjà plus d'une fois demandé des subsides à des assemblées de députés des trois ordres, soit sous la forme d'États provinciaux, soit sous la forme d'États généraux.

fût ainsi placé dans le vasselage du pape. C'était confondre adroitement la dépendance morale et religieuse avec la dépendance politique, toucher la fibre féodale, réveiller le mépris de l'homme d'armes contre le prêtre. Le bouillant comte d'Artois, qui déjà avait arraché au légat et déchiré la bulle *Ausculta*, prit la parole, et dit que, s'il convenait au roi d'endurer ou de dissimuler les entreprises du pape, les seigneurs ne les souffriraient pas. Cette flatterie brutale, sous forme de liberté et de hardiesse, fut applaudie des nobles. En même temps, on leur fit signer et sceller une lettre en langue vulgaire, non au pape, mais aux cardinaux. La lettre était probablement tout écrite d'avance par les soins du chancelier, car elle est datée du 10 avril, du jour même où les États furent assemblés. Dans cette longue épître, les seigneurs, après avoir souhaité aux cardinaux « continuel accroissement de charité, d'amour et de toutes bonnes aventures à leur désir, » déclarent que, quant aux dommages « celuy qui en présent siet ou siége du gouvernement de l'Église, » dit être faits par le roi, ils ne veulent, « ne eux, ne les universités, ne li peuple du royaume, avoir ne correction ne amende, par autre fors que par ledit nostre Sire le Roi. » Ils accusent « Cil qui à présent siet ou siége du gouvernement de l'Église » de tirer beaucoup d'argent de la conférence et collation des archevêques, évêques et autres bénéficiers. « Si que li mêmes peuples, qui leur est soubgez, soient grevez et rançonnez. Ne li prélas ne poent donner leur bénéfices *aux nobles* clercs et autres bien nez et bien lettrez de leurs dioceses, *de qui antecessours les églises sont fondées.* » Les seigneurs signèrent certainement de grand cœur ce dernier mot où l'habile rédacteur insinuait que les bénéfices, fondés pour la plupart par leurs ancêtres, devaient être donnés à leurs cadets, ou à leurs créatures, ainsi que cela se fait en Angleterre, surtout depuis la Réforme. C'était attacher à la défaite du pape le retour des biens immenses dont les seigneurs s'étaient dépouillés pour l'Église dans les âges de faveur religieuse[1].

[1] La lettre ajoutait au nom des nobles : Et se ainsi estoit que nous, ou aucuns de nous le vousissions souffrir, ne les souferroit mie lidicts nostre sire li roys, ne li commun peuples dudit royaume : et à grand douleur, et à grand meschief, nous vous faisons à sçavoir par la teneur de ces lettres, que ce ne sont choses qui plaisent à Dieu, ne ne doivent plaire à nul homme de bonne voulenté, ne oncques mes telles choses ne descendirent en cuer d'homme, ne ores ne furent, ne attenduës advenir, fors avecques Antechrist... Pourquoi nous vous prions et requerons tant affectueusement comme nous pouvons... que li malices qui est esmeus, soit arrière mis et anientis, et que de ces excès qu'il a accoustumé à faire, il soit chastiez en telle manière, que li estat de la Chrestienté soit et demeure en son bon point et en son bon estat, et de ces choses nous faites à sçavoir par le porteur de ses lettres vostre volenté et vostre entention : car pour ce nous l'envoyons espéciaument à vous, et bien voulons que vous soyez certain que ne pour vie, ne pour mort, nous ne départirons, ne ne veons à départir de ce procez, et feust ores, ainsi que li Roys nostre Sire le voulust bien... Et pource que trop longue chose, et chargeans seroit, se chacun de nous metteroit seel en ces présentes lettres, faites de nostre commun assentement, nos Loys fils le roi de France, cuens de Évreux ; Robert cuens d'Artois ; Robert Dux de Bourgoigne ; Jean Dux de Bretaine ; Ferry Dux de Lorraine ; Jean cuens de Hainaut et de Hollande ; Henry cuens de Luxembourg ; Guis cuens de S. Pol ; Jean cuens de Dreux ; Huges cuens de la Marche ; Robert cuens de Bouloigne ; Loys cuens de Nivers et de Retel ; Jean cuens d'Eu ; Bernard cuens de Comminges ; Jean cuens d'Aub-

La lettre des bourgeois fut calquée sur celle des nobles, si nous en jugeons par la réponse des cardinaux. Mais elle n'a pas été conservée, soit qu'on n'ait daigné en tenir compte, soit qu'on ait craint que le dernier des trois ordres ne tirât plus tard avantage du langage hardi qu'on lui avait permis de prendre dans cette occasion.

La lettre des membres du clergé est tout autrement modérée et douce. D'abord elle est adressée au pape : « Sanctissimo patri ac domino suo carissimo... » Ils exposent les griefs du roi et réclament son indépendance quant au temporel. Ils ont fait tout ce qu'ils ont pu pour l'adoucir ; ils l'ont supplié de permettre qu'ils allassent aux pieds de la béatitude apostolique. Mais la réponse est venue du roi et des barons qu'on ne leur permettrait aucunement de sortir du royaume. Ils sont tenus au roi par leur serment de fidélité, à la conservation de sa personne, de ses honneurs et libertés, à celle des droits du royaume, *d'autant plus que nombre d'entre eux tiennent des duchés, comtés, baronnies et autres fiefs*. Enfin, dans cette nécessité extrême, ils

---

marle ; Jean cuens de Fores ; Valeran cuens de Périgors ; Jean cuens de Joigny ; J. cuens d'Auxerre ; Aymars de Poitiers, cuens de Valentinois ; Estennes cuens de Sancerre ; Renault cuens de Montbeliart ; Enjorrant sire de Coucy ; Godefroy de Breban ; Raoul de Clermont connestable de France ; Jean sire de Chastiauvilain ; Jourdain sire de Lille ; Jean de Chalon sire Darlay ; Guillaume de Chaveigny sire de Chastiau Raoul ; Richars sire de Beaujeu, et Amaurry vicuens de Narbonne, avons mis à la requeste, et en nom de nous, et pour tous les autres, nos seaus en ces présentes lettres. Donné à Paris, le 10ᵉ jour d'avril, l'an de grâce 1302. »

ont recours à la providence de sa sainteté, « avec des paroles pleines de larmes et des sanglots mêlés de pleurs, implorant sa clémence paternelle, etc. »

Cette lettre, si différente de l'autre, contient pourtant également le grand grief de la noblesse : « Les prélats n'ont plus de quoi donner, pas même de quoi *rendre*, aux nobles *dont les ancêtres ont fondé les églises*[1]. »

Pendant que la lutte s'engageait ainsi contre le pape, une grande et terrible nouvelle avait compliqué l'embarras. Les États s'étaient assemblés le 10 avril. Mais le 21 mars, le massacre des Vêpres siciliennes s'était renouvelé à Bruges. Quatre mille Français avaient été égorgés dans cette ville.

La noblesse était réunie aux États. Il ne s'agissait que de la faire chevaucher vers la Flandre, tout animée de colère qu'elle était déjà, toute gonflée d'orgueil féodal, et de lui faire gagner une belle bataille sur les Flamands, qui eût été une victoire sur le pape. Pierre

---

[1] « ... Prout quidam nostrum qui ducatus, comitatus, baronias, feoda et alia membra dicti Regni tenemus... adessemus eidem debitis consiliis et auxiliis opportunis... Cognoscentes quod excrescunt angustiæ cum jam abhorreant laïci et prorsus effugiant consortia clericorum, » Dupuy, Preuves, p. 70. — La lettre est datée de mars, c'est-à-dire probablement antidatée : « Datum Parisiis die Martis prædicta. Le susdit jour de mars. » Et ils n'ont indiqué auparavant aucun jour. Mais ils ne voulaient point dater de l'assemblée du roi, ne s'étant pas rendus à celle du pape.

« Et prælati dum non habent quid pro meritis tribuant, imo retribuant nobilibus, quorum progeniteres ecclesias fundaverunt, et aliis litteratis personis, non inveniunt servitores. » Dup., Preuves, p. 69.

Flotte, si engagé dans cette cause, ne pouvait perdre le roi de vue. Tout chancelier qu'il était et homme de robe longue, il monta à cheval avec les hommes d'armes.

Les Flamands, qui avaient appelé les Français, en étaient cruellement punis. La malveillance mutuelle avait éclaté dès le premier jour. Édouard ayant laissé le comte à ses propres forces pour faire tête à Wallace, les Français le poussèrent de place en place et lui persuadèrent de se livrer à Philippe, qui le traiterait bien. Le bon traitement fut de rentrer dans la prison du Louvre, où déjà sa fille était morte.

Le roi des Français n'avait eu qu'à prendre paisiblement possession des Flandres. Il ne soupçonnait pas lui-même l'importance de sa conquête. Quand il mena la reine avec lui voir ces riches et fameuses villes de Gand et de Bruges, ils en furent éblouis, effrayés. Les Flamands allèrent au-devant en nombre innombrable, curieux de voir un roi. Ils vinrent bien vêtus[1], gros et gras, chargés de lourdes chaînes d'or. Ils croyaient faire honneur et plaisir à leur nouveau seigneur. Ce fut tout le contraire. La reine ne leur pardonna pas d'être si braves, aux femmes encore moins : « Ici, dit-elle avec dépit, je n'aperçois que des reines. »

Le royal gouverneur Châtillon s'attacha à les guérir de cet orgueil, de cette richesse insolente. Il leur ôta leurs élections municipales et le maniement de leurs affaires; c'était mettre les riches contre soi. Puis il

---

[1] « Tricolori vestitu... Primates inter se dissidentes duos habebant colores, multitudo addidit tertium. » Meyer.

frappa les pauvres : il mit l'impôt d'un quart sur le salaire quotidien de l'ouvrier. Le Français, habitué à vexer nos petites communes, ne savait pas quel risque il y avait à mettre en mouvement ces prodigieuses fourmilières, ces formidables guêpiers de Flandre. Le lion couronné de Gand, qui dort aux genoux de la Vierge[1], dormait mal et s'éveillait souvent. La cloche de Roland sonnait pour l'émeute plus fréquemment que pour le feu. — *Roland! Roland! tintement, c'est incendie! volée, c'est soulèvement*[2] *!*

Il n'était pas difficile de prévoir. Le peuple commençait à parler bas, à s'assembler à la tombée du jour[3]. Il n'y avait pas vingt ans qu'avaient eu lieu les Vêpres siciliennes.

D'abord trente chefs de métiers vinrent se plaindre à Châtillon de ce qu'on ne payait pas les ouvrages commandés pour le roi. Le grand seigneur, habitué aux droits de corvée et de pourvoirie, trouva la réclamation insolente et les fit arrêter. Le peuple en armes les délivra et tua quelques hommes, au grand effroi des riches, qui se déclarèrent pour les gens du roi. L'affaire fut portée au Parlement. Voilà le Parlement de

---

[1] Hodie quoque pro symbolo urbis. Virgo sepimento ligneo clausa, cujus in sinu Leo cum Flandriæ lababo cubat... » Sanderus, Gandav. Rer., l. I, p. 51.

[2] C'était l'inscription de la cloche :

 Roelandt, Roelandt, als ick kleppe, dan ist brandt,
 Als ick luye, dan ist storn in Vlaenderlandt.
     (Sanderus, t. II, p. 115.)

[3] « Convenire, conferre, colloqui inter se sub crepusculum noctis multitudo. » Meyer.

Paris qui juge la Flandre, comme tout à l'heure il jugeait le roi d'Angleterre.

Le Parlement décida que les chefs de métiers devaient rentrer en prison. Parmi les chefs se trouvaient deux hommes aimés du peuple, le doyen des bouchers, et celui des tisserands. Celui-ci, Peter Kœnig (Pierre le Roi), était un homme pauvre et de mauvaise mine, petit et borgne, mais un homme de tête, un rude harangueur de carrefour[1]. Il entraîna les gens de métiers hors de Bruges, leur fit massacrer tous les Français dans les villes et châteaux voisins. Puis ils rentrèrent de nuit. Des chaînes étaient tendues pour empêcher les Français de *courir la ville*; chaque bourgeois s'était chargé de dérober au cavalier logé chez lui sa selle et sa bride. Le 21 mars 1302, tous les gens du peuple se mettent à battre leurs chaudrons; un boucher frappe le premier, les Français sont partout attaqués, massacrés. Les femmes étaient les plus furieuses à les jeter par les fenêtres; ou bien on les menait aux halles, où ils étaient égorgés. Le massacre dura trois jours; douze cents cavaliers, deux mille sergents à pieds y périrent.

Après cela, il fallait vaincre. Les gens de Bruges

---

[1] « Primus ausus est Gallorum obsistere tyrannidi Petrus cognomento Rex, homo plebeius, unoculus, ætate sexagenarius, opificio textor pannorum, brevi vir statura nec facie admodum liberali, animo tamen magno et feroci, consilio bonus, manu promptus, flandrica quidem lingua comprimis facundus, gallicæ ignarus. » Meyer, p. 91.

« Cumque ad campanam civitatis, non auderent accedere, pelves suas pulsantes... omnem multitudinem concitarunt. » Ibid., p. 90.

marchèrent d'abord sur Gand, dans l'espoir que cette grande ville se joindrait à eux. Mais les Gantais furent retenus par leurs gros fabricants[1], peut-être aussi par la jalousie de Gand contre Bruges. Les Brugeois n'eurent pour eux, outre le Franc de Bruges, qu'Ypres, l'Écluse, Newport, Berghes, Furnes, et Gravelines, qui les suivirent de gré ou de force. Ils avaient mis à la tête de leurs milices un fils du comte de Flandre, et un de ses petits-fils, qui était clerc, et qui se défroqua pour se battre avec eux.

Ils étaient dans Courtrai, lorsque l'armée française vint camper en face. Ces artisans, qui n'avaient guère combattu en rase campagne, auraient peut-être reculé volontiers. Mais la retraite était trop dangereuse dans une grande plaine et devant toute cette cavalerie. Ils attendirent donc bravement. Chaque homme avait mis devant lui à terre son *guttentag* ou pieu ferré. Leur devise était belle : *Scilt und vriendt*, Mon ami et mon bouclier. Ils voulurent communier ensemble, et se firent dire la messe. Mais comme ils ne pouvaient tous recevoir l'eucharistie, chaque homme se baissa, prit de la terre et en mit dans sa bouche[2]. Les chevaliers qu'ils

---

[1] « Primores civitatis, quique dignate aliqua aut opibus valebant, Liliatorum sequebantur partes, formidantes Regis potentiam, suisque timentes facultatibus. » Ibid., p. 91.

[2] « A la bataille de Courtrai, les Flamands firent venir un prêtre sur le champ de bataille avec le corps de Christ, de sorte qu'ils pouvaient tous le voir. En guise de communion, chacun d'eux prit de la terre à ses pieds et se la mit dans la bouche. » G. Villani, t. VIII, c. LV, p. 335. — V. d'autres exemples de cette communion par la terre dans mes Origines du droit, livre III, ch. IV.

avaient avec eux, pour les encourager, renvoyèrent leurs chevaux ; et en même temps qu'ils se faisaient ainsi fantassins, ils firent chevaliers les chefs des métiers. Ils savaient tous qu'ils n'avaient pas de grâce à attendre. On répétait que Châtillon arrivait avec des tonneaux pleins de cordes pour les étrangler. La reine avait, disait-on, recommandé aux Français que quand ils tueraient les porcs flamands, ils n'épargnassent pas les truies flamandes[1].

Le connétable Raoul de Nesle proposait de tourner les Flamands et de les isoler de Courtrai. Mais le cousin du roi, Robert d'Artois, qui commandait l'armée, lui dit brutalement : « Est-ce que vous avez peur de ces lapins, ou bien avez-vous de leur poil? » Le connétable, qui avait épousé une fille du comte de Flandre, sentit l'outrage, et répondit fièrement : « Sire, si vous venez où j'irai, vous irez bien avant ! » En même temps il se lança en aveugle à la tête des cavaliers dans une poussière de juillet (11 juillet 1302). Chacun s'efforçant de le suivre et craignant de rester à la queue, les derniers poussaient les premiers; ceux-ci, approchant des Flamands trouvèrent, ce qu'on trouve partout dans ce pays coupé de fossés et de canaux, un fossé de cinq

---

[1] « Vasa vinaria portasse restibus plena, ut plebeios strangularet. » Meyer.

« Ut apros quidem, hoc est viros, hastis, sed sues verutis confoderent, infesta admodum mulieribus, quas sues vocabat, ob fastum illum femineum visum a se Brugis. » Ibid., p. 93. — V. ci-dessus page 68 : La reine avait dit en voyant les Flamandes : « Ego rata sum me esse Reginam; at hic sexcentas conspicio. » Ibid., p. 89.

brasses de large¹. ils y tombèrent, s'y entassèrent ; le fossé étant en demi-lune, il n'y avait pas moyen de s'écouler par les côtés. Toute la chevalerie de France vint s'enterrer là, Artois, Châtillon, Nesle, Brabant, Eu, Aumale, Dammartin, Dreux, Soissons, Tancarville, Vienne, Melun, une foule d'autres, le chancelier aussi, qui sans doute ne comptait pas périr en si glorieuse compagnie.

Les Flamands tuaient à leur aise ces cavaliers désarçonnés; ils les choisissaient dans le fossé. Quand les cuirasses résistaient, ils les assommaient avec des maillets de plomb ou de fer². Ils avaient parmi eux bon nombre de moines ouvriers³, qui s'acquittaient en conscience de cette sanglante besogne. Un seul de ces moines prétendit avoir assommé quarante chevaliers et quatorze cents fantassins ; évidemment le moine se vantait. Quatre mille éperons dorés (un autre dit sept cents) furent pendus dans la cathédrale de Courtrai. Triste dépouille qui porta malheur à la ville. Quatre-vingts ans après, Charles VI vit les éperons, et fit massacrer tous les habitants.

Cette terrible défaite, qui avait exterminé toute l'avant-garde de l'armée de France, c'est-à-dire la plu-

---

¹ Oudegherst ne parle pas du fossé, sans doute pour rehausser la gloire des Flamands.

² « Incredibile narratu est quanto robore, quantaque ferocia, colluctantem secum in fossis hostem nostri exceperint, malleis ferreis plumbeisque mactaverint. » Meyer, 94. — « Guillelmus cognomento *ab Saltinga*... tantis viribus dimicavit, ut equites 40 prostravisse, hostesque alios 1400 se jugulâsse gloriatus sit. » Ibid., 95.

³ Meyer.

part des grands seigneurs, cette bataille qui ouvrait tant de successions, qui faisait tomber tant de fiefs à des mineurs sous la tutelle du roi, affaiblit pour un moment sa puissance militaire sans doute, mais elle ne lui ôta rien de sa vigueur contre le pape. En un sens, la royauté en était plutôt fortifiée. Qui sait si le pape n'eût trouvé moyen de tourner contre le roi quelques-uns de ces grands feudataires qui avaient signé, il est vrai, la fameuse lettre ; mais qui, revenant tous de la guerre de Flandre, revenant riches et vainqueurs, eussent moins craint la royauté ?

Il renonçait à confondre les deux puissances, comme il avait paru vouloir le faire jusque-là. Mais lorsqu'on eut appris à Rome la défaite de Philippe à Courtrai, la cour pontificale changea de langage ; un cardinal écrivit au duc de Bourgogne que le roi était excommunié pour avoir défendu aux prélats de venir à Rome, que le pape ne pouvait écrire à un excommunié, qu'il fallait avant tout qu'il fît pénitence. Cependant les prélats, ralliés au pape par la défaite du roi, partirent pour Rome au nombre de quarante-cinq. C'était comme une désertion en masse de l'église gallicane. Le roi perdait d'un coup tous ses évêques, de même qu'il venait de perdre presque tous ses barons à Courtrai [1].

---

[1] Quinze jours avant la bataille de Courtrai, le pape tint dans l'assemblée des cardinaux un discours dont la conciliation semblait le but. Il y dit, entre autres choses, que sous Philippe-Auguste, le roi de France avait dix-huit mille livres de revenus, et que maintenant, grâce à la munificence de l'Église, il en avait plus de quarante mille. Pierre Flotte, dit-il encore, est aveugle de corps et

Ce gouvernement de gens de loi montra une vigueur et une activité extraordinaires. Le 23 mars, une grande ordonnance très-populaire fut proclamée pour la réformation du royaume. Le roi y promit bonne administration, justice égale, répression de la vénalité, protection aux ecclésiastiques, égards aux priviléges des barons, garanties des personnes, des biens, des coutumes. Il promettait la douceur, et il s'assurait la force. Il releva le Châtelet et sa police armée, ses ser-

d'esprit, Dieu l'a ainsi puni en son corps; cet homme de fiel, cet homme du diable, cet Architophel, a pour appui les comtes d'Artois et de Saint-Pol; il a falsifié ou supposé une lettre du pape; il lui fait dire au roi qu'il ait à reconnaître qu'il tient son royaume de lui. Le pape ajoute : « Voilà quarante ans que nous sommes docteur en droit, et que nous savons que les deux puissances sont ordonnées de Dieu. Qui peut donc croire qu'une telle folie nous soit tombée dans l'esprit?... Mais on ne peut nier que le roi ou tout autre fidèle ne nous soit soumis sous *le rapport du péché*... Ce que le roi a fait illicitement, nous voulons désormais qu'il le fasse licitement. Nous ne lui refuserons aucune grâce. Qu'il nous envoie des gens de bien, comme le duc de Bourgogne et le comte de Bretagne ; qu'ils disent en quoi nous avons manqué, nous nous amenderons. Tant que j'ai été cardinal, j'ai été Français; depuis, nous avons beaucoup aimé le roi. Sans nous, il ne tiendrait pas d'un pied dans son siége royal; les Anglais et les Allemands s'élèveraient contre lui. Nous connaissons tous les secrets du royaume; nous savons comme les Allemands, les Bourguignons et ceux du Languedoc aiment les Français. Amantes neminem amat vos nemo, comme dit Bernard. Nos prédécesseurs ont déposé trois rois de France ; après tout ce que celui-ci a fait, nous le déposerions *comme un pauvre gars* (sicut unum garcionem), avec douleur toutefois, avec grande tristesse, s'il fallait en venir à cette nécessité. » Dupuy, Pr., p. 77-8. — Malgré l'insolence de la finale, ce discours était une concession du pape, un pas en arrière.

gents; sergents à pied, sergents à cheval, sergents à la douzaine, sergents du guet.

Les deux adversaires, près de se choquer, ne voulurent laisser rien derrière eux. Ils sacrifièrent tout à l'intérêt de cette grande lutte. Le pape s'accommoda avec Albert d'Autriche, et le reconnut pour Empereur. Il lui fallait quelqu'un à opposer au roi de France. Le roi acheta la paix aux Anglais par l'énorme sacrifice de la Guyenne (20 mai). Quelle dut être sa douleur, quand il lui fallut rendre à son ennemi ce riche pays, ce royaume de Bordeaux !

Mais c'est qu'il fallait vaincre ou périr [1]. Le 12 mars,

---

[1] Déjà on avait mis en avant un Normand, maître Pierre Dubois, avocat au bailliage de Coutances, qui donna contre le pape une consultation triplement bizarre pour le style, l'érudition et la logique.

Voici en substance ce pamphlet du XIVe siècle. — Après avoir établi l'impossibilité d'une suprématie universelle et réfuté les prétendus exemples des Indiens, des Assyriens, des Grecs et des Romains, il cite la loi de Moïse qui défend la convoitise et le vol. « Or le pape convoite et ravit la suprême liberté du roi, qui est et a toujours été, de n'être soumis à personne, et de commander par tout son royaume sans crainte de contrôle humain. De plus, on ne peut nier que depuis la distinction des *domaines*, l'usurpation des choses possédées, de celles surtout qui sont prescrites par une possession immémoriale, ne soit péché mortel. Or le roi de France possède la suprême juridiction et la franchise de son temporel, depuis plus de mille ans. Item, le même roi, depuis le temps de Charlemagne dont il descend, comme on le voit dans le canon *Antecessores possede*, et a prescrit la collation des prébendes et les fruits de la garde des églises, non sans titre et par occupation, mais par donation du pape Adrien, qui, du consentement du concile général, a conféré à Charlemagne ces droits et bien d'autres presque incomparablement plus grands, savoir que lui et ses successeurs pourraient choisir et nommer qui ils voudraient papes,

l'homme même du roi, le successeur de Pierre Flotte, ce hardi Gascon, Nogaret lut et signa un furieux manifeste contre Boniface [1].

« Le glorieux prince des apôtres, le bienheureux Pierre, parlant en esprit, nous a dit que, tout comme aux temps anciens, de même dans l'avenir, il viendra de faux prophètes, qui souilleront la voix de la vérité, et qui, dans leur avarice, dans leurs fallacieuses paroles, trafiqueront de nous-mêmes, à l'exemple de ce cardinaux, patriarches, prélats, etc... D'ailleurs, le pape ne peut réclamer la suprématie du royaume de France que comme souverain Pontife : mais si c'était réellement un droit de la papauté, il eût appartenu à saint Pierre et à ses successeurs qui ne l'ont point réclamé. Le roi de France a pour lui une prescription de douze cent soixante-dix ans. Or, la possession centenaire même sans titre suffit, d'après une nouvelle constitution dudit pape, pour prescrire contre lui et contre l'Église romaine, et même contre l'Empire, selon les lois impériales. Donc, si le pape ou l'empereur avaient eu quelque servitude sur le royaume, ce qui n'est pas vrai, leur droit serait éteint... En outre, si le pape statuait que la prescription ne court pas contre lui, elle ne courra donc pas non plus contre les autres, et surtout contre les princes, qui ne reconnaissent pas de supérieurs. Donc, l'empereur de Constantinople qui lui a donné tout son patrimoine (la donation étant excessive, comme faite par un simple administrateur des biens de l'empire), peut, comme donateur (ou l'empereur d'Allemagne, comme subrogé en sa place), révoquer cette donation... Et ainsi la papauté serait réduite à sa pauvreté primitive des temps antérieurs à Constantin, puisque cette donation, nulle en droit dès le principe, pourrait être révoquée sous la prescription *longissimi temporis,* » Dupuy, p. 15-7.

[1] Dans la suscription, il se fait appeler : *Chevalier et vénérable professeur en droit.* Il s'était fait faire chevalier, en effet, par le roi, en 1297. Mais il n'a pas osé ici, dans une assemblée de la noblesse, signer lui-même cette qualité.

Balaam qui aime le salaire de l'iniquité. Balaam eut pour correction et avertissement, une bête qui, prenant la voix humaine, proclama la folie du faux prophète... Ces choses annoncées par le père et patriarche de l'Église, nous les voyons de nos yeux réalisées à la lettre. En effet, dans la chaire du bienheureux Pierre, siége ce maître de mensonges, qui, quoique *Malfaisant* de toute manière, se fait appeler *Boniface*[1]. Il n'est pas entré par la porte dans le bercail du Seigneur, ni comme pasteur et ouvrier, mais plutôt comme voleur et brigand... Le véritable époux vivant encore (Célestin V), il n'a pas craint de violer l'Épouse d'un criminel embrassement. Le véritable époux, Célestin, n'a pas consenti à ce divorce. En effet, comme disent les lois humaines : *rien de plus contraire au consentement que l'erreur...* Celui-là ne peut épouser, qui, du vivant d'un premier mari non indigne, a souillé le mariage d'adultère. Or, comme ce qui se commet contre Dieu fait tort et injure à tous, et que dans un si grand crime on admet à témoigner le premier venu, *même la femme, même une personne infâme* ; moi donc, ainsi que la bête qui, par la vertu du Seigneur, prit la voix

---

[1] « Sedet in cathedra beati Petri mendaciorum magister, faciens se, cum sit omnifario maleficus, Bonifacium nominari, » Ibid... « Nec ad ejus excusationem... quod ab aliquibus dicitur post mortem dicti Cœlestini... Cardinales in eum denuo consensisse : cum *ejus esse conjux non potuerit quam, primo viro vivente, fide digno conjugii, constat per adulterium polluisse.* » Ibid., 57... « Ut sicut angelus Domini prophetæ Balaam... occurrit gladio evaginato in via, sic dicto pestifero vos evaginato gladio occurrere velitis, ne possit malum perficere populo quod intendit. » Ibid.

d'homme parfait pour reprendre la folie du faux prophète prêt à maudire le peuple béni, j'adresse à vous ma supplique, très-excellent Prince, seigneur Philippe, par la grâce de Dieu, roi de France, pour qu'à l'exemple de l'ange qui présenta l'épée nue à ce maudisseur du peuple de Dieu, vous qui êtes oint pour l'exécution de la justice, vous opposiez l'épée à cet autre, et plus funeste Balaam, et l'empêchiez de consommer le mal qu'il prépare au peuple. »

Rien ne fut décidé. Le roi louvoyait encore. Il permit à trois évêques d'excuser la défense qu'il avait faite aux prélats.

Le pape envoya un légat, sans doute pour tâter le clergé de France, et voir s'il voudrait remuer. Mais rien ne bougea. Le roi dit au légat qu'il prendrait pour arbitres les ducs de Bretagne et de Bourgogne; c'était flatter la noblesse et s'en assurer; du reste, il ne cédait rien.

Alors le pape adressa au légat un bref dans lequel il déclarait que le roi avait encouru l'excommunication, comme ayant empêché les prélats de se rendre à Rome.

Le légat laissa le bref et s'enfuit. Le roi saisit deux prêtres qui l'avaient apporté avec le légat et les ecclésiastiques qui le copiaient. Le bref était du 13 avril. Deux mois après (jour pour jour), les deux avocats qui succédaient à Pierre Flotte, agirent contre Boniface. Plasian accusa, Nogaret exécuta. Le premier, en présence des barons assemblés en États au Louvre, prononça un réquisitoire contre Boniface, et un appel au prochain concile. Aux accusations précédentes, Plasian ajoutait celle d'hérésie[1]. Le roi souscrivit à l'appel, et Nogaret partit pour l'Italie.

Pour soutenir cette démarche définitive, le roi ne se contenta pas de l'assentiment collectif des États. Il adressa des lettres individuelles aux prélats, aux

---

[1] « Moi Guillaume de Plasian, chevalier, je dis, j'avance et j'affirme que Boniface qui occupe maintenant le siége apostolique sera trouvé parfait hérétique, en hérésies, faits énormes et dogmes pervers ci-dessus mentionnés : 1° Il ne croit pas à l'immortalité de l'âme; 2° il ne croit pas à la vie éternelle, car il dit qu'il aimerait mieux être chien, âne ou quelque autre brute que Français, ce qu'il ne dirait pas s'il croyait qu'un Français a une âme éternelle. — Il ne croit point à la présence réelle, car il orne plus magnifiquement son trône que l'autel. — Il a dit que pour abaisser le roi et les Français, il bouleverserait tout le monde. — Il a approuvé le livre d'Arnaud de Villeneuve, condamné par l'évêque et l'université de Paris. — Il s'est fait élever des statues d'argent dans les églises. — Il a un démon familier; car il a dit que si tous les hommes étaient d'un côté et lui seul de l'autre, il ne pourrait se tromper ni en fait ni en droit : cela suppose un art diabolique. — Il a prêché publiquement que le pontife romain ne pouvait commettre de simonie : ce qui est hérétique à dire. — En parfait hérétique qui veut avoir la vraie foi à lui seul, il a appelé Patérins les Français, nation notoirement très-chrétienne. — Il est sodomite. — Il a fait tuer plusieurs clercs devant lui, disant à ses gardes s'ils ne les tuaient pas du premier coup : Frappe, frappe; Dali, Dali. — Il a forcé des prêtres à violer le secret de la confession... — Il n'observe ni vigiles ni carême. — Il déprécie le collége des cardinaux, les ordres des moines noirs et blancs, des frères prêcheurs et mineurs, répétant souvent que le monde se perdait par eux, que c'étaient de faux hypocrites, et que rien de bon n'arriverait à qui se confesserait à eux. — Voulant détruire la foi, il a conçu une vieille aversion contre le roi de France, en haine de la foi, parce qu'en la France est et fut toujours la splendeur de la foi, le grand appui et l'exemple de la chrétienté. — Il a tout soulevé contre la maison de France, l'Angleterre, l'Allemagne, confirmant au roi d'Allemagne le titre d'empereur, et pu-

églises, aux villes, aux universités; ces lettres furent portées de province en province par le vicomte de Narbonne et par l'accusateur même, Plasian[1]. Le roi prie et requiert de consentir au concile : *Nos requirentes consentire.* Il n'eût pas été sûr de refuser en face de l'accusateur. Il rapporta plus de sept cents adhésions. Tout le monde avait souscrit, ceux même qui, l'année précédente, après la défaite du roi à Courtrai, s'étaient malgré lui rendus près du pape. La saisie du temporel des quarante-cinq avait suffi pour les convertir au parti du roi. Sauf Cîteaux, que le pape avait gagné par une faveur récente et qui se partagea, tous donnèrent à Plasian des lettres d'adhésion au concile.

bliant qu'il le faisait pour détruire la superbe des Français, qui disaient n'être soumis à personne temporellement : ajoutant qu'ils en avaient menti par la gorge (per gulam), et déclarant, que si un ange descendait du ciel et disait qu'ils ne sont soumis ni à lui ni à l'empereur, il serait anathème. — Il a laissé perdre la Terre Sainte... détournant l'argent destiné à la défendre. — Il est publiquement reconnu simoniaque, bien plus, la source et la base de la simonie, vendant au plus offrant les bénéfices, imposant à l'Église et aux prélats le servage et la taille pour enrichir les siens du patrimoine du Crucifié, en faire marquis, comtes, barons. — Il rompt les mariages. — Il rompt les vœux des religieuses. — Il a dit que dans peu il ferait de tous les Français des martyrs ou des apostats, etc. » Dupuy, Diff... Preuves, p. 102-7, cf. 326-346, 350-362.

[1] Le prieur et le couvent des Frères Prêcheurs de Montpellier ayant répondu qu'ils ne pouvaient adhérer sans l'ordre exprès de leur prieur général qui était à Paris, les agents du roi dirent qu'ils voulaient savoir l'intention de chacun *en particulier et en secret.* Les religieux persistant, les agents leur enjoignirent l'ordre de sortir sous trois jours du royaume. Ils en dressèrent acte.

Les corps les plus favorisés des papes se déclarèrent pour le roi, l'université de Paris, les dominicains de la même ville, les mineurs[1] de Touraine. Quelques-uns, comme un prieur de Cluny et un templier, adhèrent, mais *sub protestationibus*[2].

Le pape leur faisait encore grand'peur. Il fallait en retour que le roi donnât des lettres par lesquelles lui, la reine et les jeunes princes s'engageaient à défendre tel ou tel qui avait adhéré au concile[3]. C'était comme une assurance mutuelle que le roi et les corps du royaume se donnaient dans ce péril[4].

Le 15 août, Boniface déclara par une bulle qu'au pape seul il appartenait de convoquer un concile. Il répondit aux accusations de Plasian et de Nogaret, particulièrement au reproche d'hérésie. A cette occasion, il disait : « Qui a jamais ouï dire que, je ne dis pas dans notre famille, mais dans notre pays natal,

---

[1] En 1295, Boniface les avait affranchis de toute juridiction ecclésiastique, sans craindre le mécontentement du clergé de France. Bulœus, III, p. 511. Il n'avait point cessé d'ajouter à leurs priviléges. Ibid., p. 516, 545. — Quant à l'Université, Philippe le Bel l'avait gagnée par mille prévenances. Bulœus, III, p. 542, 544. Aussi elle le soutint dans toutes ses mesures fiscales contre le clergé. Dès le commencement de la lutte, elle se trouvait associée à sa cause par le pape lui-même : « Universitates quæ in his culpabiles fuerint, ecclesiastico supponimus interdicto. » (Bulle *Clericis laicos*.) Aussi l'Université se déclare hautement pour le roi : « Appellationi Regis adhæremus supponentes nos... et universitatem nostram protectioni divinæ et prædicti concilii generalis ac futuri veri et legitimi summi pontificis. » Dupuy, Pr., p. 117-118.

[2] Dupuy.
[3] Id.
[4] V. tous ces actes dans Dupuy

dans la Campanie, il y ait jamais eu un hérétique ? »
C'était attaquer indirectement Plasian et Nogaret, qui
étaient justement des pays albigeois. On disait même
que le grand-père de Nogaret avait été brûlé.

Les deux accusateurs savaient bien tout ce qu'ils
avaient à craindre. L'acharnement du pape contre
Pierre Flotte devait les éclairer. Avant la bataille de
Courtrai, Boniface avait, dans son discours aux cardinaux, tout rejeté sur celui-ci, annonçant qu'il se réservait de le punir spirituellement et temporellement[1].
C'était ouvrir au roi un moyen de finir la querelle par
le sacrifice du chancelier. Il périt à Courtrai ; mais combien ses deux successeurs n'avaient-ils pas plus à craindre, après leurs audacieuses accusations ! Aussi dès le
7 mars, cinq jours avant la première requête, Nogaret
s'était fait donner des pouvoirs illimités du roi, un véritable blanc-seing, pour traiter, et pour *faire tout ce
qui serait à propos*[2]. Il partit pour l'Italie avec cette
arme, personnellement intéressé à s'en servir pour la
perte du pape. Il prit poste à Florence près du ban-
quier du roi de France, qui devait lui donner tout l'argent qu'il demanderait. Il avait avec lui le gibelin des
gibelins, le proscrit et la victime de Boniface, un
homme voué et damné pour la mort du pape, Sciarra

---

[1] « Et volumus quod hic Achitophel iste Petrus puniatur *tem-
poraliter et spiritualiter*, sed rogamus Deum quod reservet eum
nobis puniendum, sicut justum est. » Dupuy.

[2] « Philippus, Dei gratia.., Guillelmo de Nogareto... plenam et
liberam tenore præsentium commitimus potestatem, ratum habi-
turi et gratum, quidquid factum fuerit in præmissis, et *ea tangen-
tibus, seu dependentibus ex eisdem*... » Dupuy., Pr., 175.

Colonna. C'était un homme précieux pour un coup. Ce roi des montagnards sabins, des *banditi* de la campagne romaine, savait si bien ce que le pape eût fait de lui, qu'étant tombé dans les mains des corsaires, il rama pour eux pendant plusieurs années, plutôt que de dire son nom et de risquer d'être vendu à Boniface[1].

Après la bulle du 15 août, on devait croire que Boniface allait lancer la sentence qui avait mis tant de rois hors du trône, et déclarer les sujets de Philippe déliés de leur serment envers lui. Réconcilié avec l'empereur Albert, il savait à qui donner la France. Il allait peut-être renouveler contre la maison de Capet la tragique histoire de la maison de Souabe. La bulle était prête, en effet, dès le 5 septembre. Il fallait la prévenir, émousser cette arme dans les mains du pape en lui signifiant l'appel au concile. Il fallait lui signifier cet appel à Anagni, dans sa ville natale, où il s'était réfugié au milieu de ses parents, de ses amis, au milieu d'un peuple qui venait de traîner dans la boue les lis et le drapeau de France[2]. Nogaret n'était pas homme de guerre, mais il avait de l'argent. Il se ménagea des intelligences dans Anagni, et pour dix mille florins (nous avons la quittance[3]), il s'assura de Supino, capitaine de Ferentino, ville ennemie d'Anagni.

---

[1] Pétrarque.

[2] « Ut proditionem fecerint eidem domino Guillelmo et sequacibus suis, ac trascinare fecissent per Anagniam vexillum ac insignia dicti domini Regis, favore et adjutorio illius Bonifacii. » Dupuy, Pr., p. 175.

[3] Dupuy.

« Suppino s'engagea pour la vie ou la mort dudit Boniface[1]. » Colonna donc et Suppino, avec trois cents cavaliers et beaucoup de gens à pied, de leurs clients ou des soldats de France, introduisirent Nogaret dans Anagni aux cris de : Meure le pape, vive le roi de France[2] ! La commune sonne la cloche, mais elle prend justement pour capitaine un ennemi de Boniface[3], qui donne la main aux assaillants, et se met à piller les palais des cardinaux ; ils se sauvèrent par les latrines. Les gens d'Anagni, ne pouvant empêcher le pillage, se mettent à piller de compagnie. Le pape, près d'être forcé dans son palais, obtient un moment de trêve, et fait avertir la commune ; la commune s'excuse. Alors cet homme si fier s'adressa à Colonna lui-même. Mais celui-ci voulait qu'il abdiquât et se rendît à discrétion. « Hélas ! dit Boniface, voilà de dures paroles[4] ! » Cependant ses ennemis avaient brûlé une église qui défendait le palais. Le neveu du pape abandonna son oncle, et traita pour lui-même. Ce dernier coup brisa le vieux pape. Cet homme de quatre-vingt-six ans se mit à pleurer[5]. Cependant les portes craquent, les

---

[1] « Guillelmus prædictus asseruit dictum dominum Raynaldum (de Supino), esse benevolum, sollicitum et fidelem... tam in vita ipsius Bonifacii quam in morte... et ipsum dominum Guillelmum receptasse tam in vita *quam in morte Bonifacii prædicti.* » Dup., Pr., p. 175.

[2] « Muoia papa Bonifacio, e viva il Re di Francia. » Villani.

[3] « Pulsata communi campana, et tractatu habito, elegerunt sibi capitaneum quemdam Arnulphum... Qui quidem... illis ignorantibus, domini papæ exstitit capitalis inimicus. » Walsingham.

[4] « Heu me ! durus est hic sermo ! »

[5] « Flevit amare. »

fenêtres se brisent, la foule pénètre. On menace, on outrage le vieillard. Il ne répond rien. On le somme d'abdiquer. « Voilà mon cou, voilà ma tête, » dit-il.

Selon Villani, il aurait dit à l'approche de ses ennemis : « Trahi comme Jésus, je mourrai, mais je mourrai pape. » Et il aurait pris le manteau de saint Pierre, mis la couronne de Constantin sur sa tête, et pris dans sa main les clefs et la crosse.

On dit que Colonna frappa le vieillard à la joue de son gantelet de fer[1]. Nogaret lui adressa des paroles qui valaient un glaive : « O toi, chétif pape, confesse et regarde de monseigneur le roy de France la bonté qui tant loing est de toy son royaume, te garde par moy et défend[2]. » Le pape répondit avec courage :

---

[1] « Ruptis ostiis et fenestris palatii papæ, et pluribus locis igne supposito, per vim ad papam exercitus est ingressus ; quem tunc permulti verbis contumeliosis sunt agressi : minæ etiam ei a pluribus sunt illatæ. Sed papa nulli respondit. Enimvero cum ad rationem positus esset, an vellet renunciare papatui, constanter respondit non, imo citius vellet perdere caput suum, dicens in suo vulgari : « Ecco il collo, ecco il capo. » Walsingham, apud Dupuy, Pr. — « Da che per tradimento come Jesu Christo voglio essere preso, convienmi morire, almeno voglio morire come papa. » Et di presente si fece parare dell' amanto di san Piero, e con la corona di Constantino in capo, et con la chiavi et croce in mano, et posesi a sedere suso la sedia papale. » Villani, VIII, 63. — « Et eust été feru deux fois d'un des chevaliers de la Colonne, n'eust été un chevalier de France qui le contesta... » Chron. de Saint-Denis. Dup., Pr., p. 191. Nicolas Gilles (1492) y ajoute : « Par deux fois cuida le pape estre tué par un chevalier de ceulx de la Coulonne, si ne fust qu'on le détourna : toutefois il le frappa de la main armée d'un gantelet sur le visage jusques à grande effusion de sang. » Ap. Dup., Pr., p. 199.

[2] Chron. de S. Denis.

« Tu es de famille hérétique, c'est de toi que j'attends le martyre [1]. »

Colonna aurait volontiers tué Boniface ; l'homme de loi l'en empêcha [2]. Cette brusque mort l'eût trop compromis. Il ne fallait pas que le prisonnier mourût entre ses mains. Mais, d'autre part, il n'était guère possible de le mener jusqu'en France [3]. Boniface refusait de rien manger, craignant le poison. Ce refus dura trois jours, au bout desquels le peuple d'Anagni, s'apercevant du petit nombre d'étrangers, s'ameuta, chassa les Français et délivra son pape.

On l'apporta sur la place, qui pleurait comme un enfant. Selon le récit passionné de Walsingham, « il remercia Dieu et le peuple de sa délivrance, et dit : Bonnes gens, vous avez vu comment mes ennemis ont enlevé tous mes biens et ceux de l'Église. Me voilà pauvre comme Job. Je vous dis en vérité que je n'ai rien à manger, ni à boire. S'il est quelque bonne femme qui veuille me faire aumône de pain ou de vin, ou d'un peu d'eau au défaut de vin, je lui donnerai la bénédiction de Dieu et la mienne. Quiconque m'apportera la moindre chose pour subvenir à mes besoins, je l'absoudrai de tout péché... Tout le peuple se mit à crier : Vive le saint-père ! Les femmes coururent en foule au palais pour y porter du pain, du vin ou de l'eau ; ne trouvant point de vases, elles versaient dans

---

[1] Dupuy.

[2] Lettres justificatives de Nogaret. — Dupuy.

[3] Nogaret l'avait menacé de le faire conduire lié et garrotté à Lyon, où il serait jugé et déposé par le concile général. (Villani.)

un coffre... Chacun pouvait entrer, et parlait avec le pape comme avec tout autre pauvre[1].

« Le pape donna au peuple l'absolution de tout péché sauf le pillage des biens de l'Église et des cardinaux. Pour ce qui était à lui, il le leur laissa. On lui en rapporta cependant quelque chose. Il protesta ensuite devant tous qu'il voulait avoir paix avec les Colonna et tous ses ennemis. Puis il partit pour Rome avec une grande foule de gens armés. » Mais lorsqu'il arriva à Saint-Pierre et qu'il ne fut plus soutenu par le sentiment du péril, la peur et la faim dont il avait souffert, la perte de son argent, l'insolente victoire de ses ennemis, cette humiliation infinie d'une puissance infinie, tout cela lui revint à la fois ; sa tête octogénaire n'y tint pas : il perdit l'esprit.

Il s'était confié aux Orsini, comme ennemis des Co-

---

[1] « Tunc populus fecit papam deportari in magnam plateam, ubi papa lacrymando populo prædicavit, inter omnia gratias agens Duo et populo Anagniæ de vita sua. Tandem in fine sermonis dixit : Boni homines et mulieres, constat vobis qualiter inimici mei venerunt et abstulerunt omnia bona mea, et non tantum mea, sed et omnia bona Ecclesiæ, et me ita pauperem sicut Job fuerat dimiserunt. Propter quod dico vobis veraciter, quod nihil habeo ad comedendum vel bibendum, et jejunus remansi usque ad præsens. Et si sit aliqua bona mulier quæ me velit de suâ juvare eleemosyna, in pane vel vino : et si vinum non habuerit, de aqua permodica, dabo ei benedictionem Dei et meam... Tunc omnes hæc ex ore papæ clamabant : Vivas, Pater sancte. » Et nunc cerneres mulieres currere certatim ad palatium, ad offerendum sibi panem, vinum vel aquam... Et cum non invenirentur vasa ad capiendum allata, fundebant vinum et aquam in arca cameræ papæ, in magna quantitate. Et tunc potuit quisque ingredi et cum papa loqui, sicut cum alio paupere. » Walsingh, apud Dupuy, Pr., 196.

lonna. Mais il fut ou crut être encore arrêté par eux. Soit qu'ils voulussent cacher au peuple le scandale d'un pape hérétique, soit qu'ils s'entendissent avec les Colonna pour le retenir prisonnier, Boniface ayant voulu sortir pour se réfugier chez d'autres barons, les deux cardinaux Orsini lui barrèrent le passage et le firent rentrer. La folie devint rage, et dès lors il repoussa tout aliment. Il écumait et grinçait des dents. Enfin, un de ses amis, Jacobo de Pise lui ayant dit : « Saint Père, recommandez-vous à Dieu, à la Vierge Marie, et recevez le corps du Christ, » Boniface lui donna un soufflet, et cria en mêlant les deux langues : *Allonta de Dio et de Sancta Maria, nolo, nolo.* Il chassa deux frères mineurs qui lui apportaient le viatique, et il expira au bout d'une heure sans communion ni confession. Ainsi se serait vérifié le mot que son prédécesseur Célestin avait dit de lui : « Tu as monté comme un renard; tu régneras comme un lion; tu mourras comme un chien [1]. »

On trouve d'autres détails, mais plus suspects encore, dans une pièce où respire une haine furieuse, et qui semble avoir été fabriquée par les Plasian et les Nogaret pour la faire courir dans le peuple, immédiatement après l'événement : « La vie, état et condition du pape Maléface, raconté par des gens dignes de foi. »

« Le 9 novembre, le Pharaon, sachant que son heure approchait, confessa qu'il avait eu des démons familiers, qui lui avaient fait faire tous ses crimes. Le jour et

[1] Dupuy.

la nuit qui suivirent, on entendit tant de tonnerres, tant d'horribles tempêtes, on vit une telle multitude d'oiseaux noirs aux effroyables cris, que tout le peuple consterné criait : « Seigneur Jésus, ayez pitié, ayez pitié, ayez pitié de nous ! » Tous affirmaient que c'étaient bien les démons d'enfer qui venaient chercher l'âme de ce Pharaon. Le 10, comme ses amis lui contaient ce qui s'était passé, et l'avertissaient de songer à son âme... lui, enveloppé du démon, furieux et grinçant des dents, il se jeta sur le prêtre comme pour le dévorer. Le prêtre s'enfuit à toutes jambes jusqu'à l'église... Puis, sans mot dire, il se tourna de l'autre côté...

« Comme on le portait à sa chaise, on le vit jeter les yeux sur la pierre de son anneau et s'écrier : « O vous, malins esprits enfermés dans cette pierre, vous qui m'avez séduit... pourquoi m'abandonnez-vous maintenant? » Et il jeta au loin son anneau. Son mal et sa rage croissant, endurci dans son iniquité, il confirma tous ses actes contre le roi de France et ses serviteurs, et les publia de nouveau... Ses amis, pour calmer ses douleurs, lui avaient amené le fils de Jacques de Pise, qu'il aimait auparavant à tenir dans ses bras, comme pour se glorifier dans le péché... mais à la vue de l'enfant, il se jeta sur lui, et, si on ne l'eût enlevé, il lui aurait arraché le nez avec les dents. Finalement ledit Pharaon, ceint de tortures par la vengeance divine, mourut le 2 sans confession, sans marque de foi ; et ce jour, il y eut tant de tonnerres, de tempête, de dragons dans l'air, vomissant la flamme, tant d'éclairs et de prodiges, que le peuple romain croyait que la ville entière allait descendre dans l'abîme [1] »

Dante, malgré sa violente invective contre les bourreaux du pontife, lui marque sa place en enfer. Au chant XIX de l'*Inferno*, Nicolas III, plongé la tête en bas dans les flammes, entend parler et s'écrie : « Est-ce donc déjà toi debout là-haut ? est-ce donc déjà toi, Boniface ? L'arrêt m'a donc menti de plusieurs années. Es-tu donc sitôt rassasié de ce pourquoi, tu n'as pas craint de ravir par mal engin la belle Épouse, pour en faire ravage et ruine ? »

Le successeur de Boniface, Benoît XI, homme de bas lieu, mais d'un grand mérite, que les Orsini avaient fait pape, ne se sentait pas bien fort à son avénement. Il reçut de bonne grâce les félicitations du roi de France, apportées par Plasian, par l'accusateur même du dernier pape. Philippe sentait que son ennemi n'était pas tellement mort, qu'il ne pût frapper quelque nouveau coup. Il poussait la guerre à outrance ; il envoya au pape un mémoire contre Boniface, qui pouvait passer pour une amère satire de la cour de Rome [2]. Il s'écrivit

---

[1] Dupuy, Preuves. Walsingham, qui écrit sous une influence contraire, exagère plutôt le crime des ennemis de Boniface. Selon lui, Colonna, Supino et le sénéchal du roi de France, ayant saisi le pape, le mirent sur un cheval sans frein, la face tournée vers la queue, et le firent courir presque jusqu'au dernier souffle ; puis ils l'auraient fait mourir de faim sans le peuple d'Anagni.

[2] « La forme de cet acte est bizarre ; à chaque titre d'accusation, il y a un éloge pour la cour de Rome. Ainsi : « Les saints » Pères avaient coutume de ne point thésauriser ; ils distribuaient » aux pauvres les biens des églises. Boniface, tout au contraire, » etc. » C'est la forme invariable de chaque article. On pouvait

lui-même par ses gens de loi une *Supplication du pueuble de France au Roy contre Boniface*. Cet acte important, rédigé en langue vulgaire, était plutôt un appel du roi au peuple, qu'une supplique du peuple au roi.

douter si c'était bien sérieusement que le roi attribuait ainsi à un seul pape tous les abus de la papauté. » Dupuy, Preuves, p. 209-210.

« A vous, très-noble prince, nostre Sire, par la grâce de Dieu Roy de France, supplie et requière le pueuble de vostre royaume, pour ce que il appartient que ce soit faict, que vous gardiez la souveraine franchise de vostre royaume, qui est telle que vous ne recognissiez de vostre temporel souverain en terre fors que Dieu, et que vous faciez déclarer que le pape Boniface erra manifestement et fit péché mortel, notoirement en vous mandant par lettres bullées que il estoit vostre souverain de vostre temporel... Item... que l'on doit tenir ledit Pape pour herège... L'on peut prouver par vive force sans ce que nul n'y pusse par raison répondre que le pape n'eut oncques seigneurie de vostre temporel... Qand Dieu le Père eut créé le ciel et les quatre éléments, eut formé Adam et Ève, il dit à eux et à leur succession : *Quod calcaverit pes tuus, tuum erit...* C'est-à-dire qu'il vouloit que chascun homme fust le seigneur de cen qu'il occuperoit de terre. Ainsi départirent les fils d'Adam la terre et en furent seigneurs trois mil ans et plus, avant le temps. Melchisedech qui fut le premier Prêtre qui fut Roy, si comme dit l'histoire : mais il ne fut pas Roy de tout le monde : et obéissant la gent à li comme a Roy temporel et non pas a Prestre si fut autant Roy que Prestre. Emprès sa mort fut grands temps, 600 ans ou plus, avant que nul autre fust Prestre. Et Dieu le Père qui donna la Loy à Moïse, l'establit Prince de son peuple d'Israël et li commanda que il fist Aaron son frère souverain Prestre et son fils après li. Et Moïse bailla et commist quand il deust mourir, du commandement de Dieu, la seigneurie du temporel non pas au souverain Prestre son frère, mais à Josué sans débat que Aaron et son fils après li y missent : mais gardoient le tabernacle... et se aidoient au temporel défendre... Celuy Dieu qui toutes choses présentes et avenir sçavoit, commanda à Josué

PHILIPPE LE BEL.   329

Benoît, au contraire, avait paru vouloir d'abord étouffer cette grande affaire, en pardonnant à tous ceux qui y avaient trempé ; il n'exceptait que Nogaret. Mais leur pardonner, c'était les déclarer coupables. Il atteignit de cette clémence offensante le roi, les Colonna, les prélats qui ne s'étaient pas rendus à la sommation de Boniface.

Philippe, alors accablé par la guerre de Flandre, avait beaucoup à craindre. La meilleure partie des cardinaux refusait d'adhérer à son appel au concile.

leur Prince qu'il partist la terre entre ces onze lignies ; et que la lignie des Prestres eussent en lieu de leur partie les diesmes et les premisses de tout, et en resquissent sans terre, si que eux peussent plus profitablement Dieu servir et prier pour ce pueuble. Et puis quand ce peuple d'Israël demanda Roy a nostre Seigneur, ou fit demander par le prophète Samuel, il ne leur eslit pas ce souverain Prestre, mais Saül qui surmontoit de grandeur tout le pueuble de tout le col et de la teste... (*allusion à Philippe le Bel?*) Si que il not nul Roy en Hierusalem sus le pueuble de Dieu qui fust Prestre, mais avoient Roy et souverain Prestres en diverses personnes et avoit l'un assez à faire de gouverner le temporel et le autre l'espirituel du petit pueuble et si obéissoient tous les Prestres, du temporel as Rois. Emprès Notre-Seigneur Jésus-Christ fut souverain Prestre, et ne trouve l'en point écrit qu'il eust oncques nulle possession de temporel... Après ce, sainct Père (*Pierre*)... Ce fust grande abomination à ouir que c'est Boniface, pour ce que Dieu dit à sainct Père : « Ce que tu lieras en terre « sera lié au ciel, » cette parole d'espiritualité entendit mallement comme bougre, quant au temporel, il estoit greigneur besoin qu'il sceust arabic, caldei, grieux, ebrieux et tous autres langages desqueulx il est moult de chrétiens qui ne croient pas, comme l'église de Rome... Vous noble Roy... herège defendeour de la foy, destructeur de bougres povès et devès et estes tenus requerre et procurer que ledit Boniface soit tenus et jugez pour herège et punis en la manière que l'on le pourra et devra et doit faire emprès sa mort. » Dupuy, Différ., p. 214-218.

Le pape devenait menaçant. Le roi en était à désirer l'absolution, qu'il avait d'abord dédaignée. La demanda-t-il sérieusement, on serait tenté d'en douter quand on voit que la demande fut portée au pape par Plasian et Nogaret. Celui-ci s'était probablement donné cette mission, pour rompre un arrangement qui ne pouvait se faire qu'à ses dépens. Le choix seul d'un tel ambassadeur était sinistre. Le pape éclata, et lança une furieuse bulle d'excommunication : « Flagitiosum scelus et scelestum flagitium, quod quidam sceleratissimi viri, summum audentes nefas in personam bonæ memoriæ Bonifacii P. VIII [1]... »

Le roi semblait compris dans cette bulle. Elle fut rendue le 7 juin (1304). Le 4 juillet, Benoît était mort. On dit qu'une jeune femme voilée, qui se donnait pour converse de sainte Pétronille à Pérousse, vint lui présenter à table une corbeille de *figues-fleurs* [2]. Il en mangea sans défiance, se trouva mal et mourut en quelques jours. Les cardinaux, craignant de découvrir trop aisément le coupable, ne firent aucune poursuite.

Cette mort vint à point pour Philippe. La guerre de Flandre l'avait mis à bout. Il n'avait pu, en 1303, empêcher les Flamands d'entrer en France, de brûler Térouanne et d'assiéger Tournai [3]. Il n'avait sauvé cette ville qu'en demandant une trêve, en mettant en liberté

---

[1] Dupuy.

[2] C'est-à-dire de la première récolte.

[3] Cette terrible année 1303 est caractérisée par le silence des registres du Parlement. On y lit en 1304 : « Anno præcedente propter guerram Flandriæ non fuit parliamentum. » *Olim, III, folio CVII. Archives du royaume, Section judiciaire.*

le vieux Guy, qui devait rentrer en prison, si la paix ne se faisait pas. Le vieillard remercia ses braves Flamands, bénit ses fils, et revint mourir à quatre-vingts ans dans sa prison de Compiègne.

En 1304, au moment même où le pape mourait si à propos, Philippe fit un effort désespéré pour finir la guerre. Il avait extorqué quelque argent en vendant des priviléges, surtout en Languedoc, favorisant ainsi les communes du midi pour écraser celles du nord. Il loua des Génois, et avec leurs galères il gagna une bataille navale devant Ziriksée (août). Les Flamands n'en étaient pas plus abattus. Ils se croyaient soixante mille. C'était la Flandre au complet pour la première fois ; toutes les milices des villes étaient réunies, celles de Gand et de Bruges, celles d'Ypres, de Lille et de Courtrai. A leur tête étaient trois fils du vieux comte, son cousin Guillaume de Juliers et plusieurs barons des Pays-Bas et d'Allemagne. Philippe ayant forcé le passage de la Lys, les trouva à Mons-en-Puelle, dans une formidable enceinte de voitures et de chariots. Il envoya contre eux, non plus sa gendarmerie comme à Courtrai, mais des piétons Gascons, qui, toute la journée, sous un soleil ardent, les tinrent en alerte, sans manger ni boire ; les vivres étaient sur les chariots. Ce jeûne les outra, ils perdirent patience, et le soir par leurs trois portes se lancèrent tous ensemble sur les Français. Ceux-ci ne songeaient plus à eux ; le roi était désarmé et allait se mettre à table. D'abord, ce choc de sangliers renversa tout. Mais quand les Flamands entrèrent dans les tentes, et qu'ils virent tant de choses bonnes à prendre, il n'y eût pas moyen de les retenir ensemble, chacun voulut faire sa main. Cependant les Français se rallièrent ; la cavalerie écrasa les pillards ; ils laissèrent six mille hommes sur la place.

Le roi alla mettre le siége devant Lille, ne doutant pas de la soumission des Flamands. Il fut bien étonné quand il les vit revenir soixante mille, comme s'ils n'avaient pas perdu un seul homme. Il pleut des Flamands, disait-il. Les grands de France, qui ne se souciaient pas de se battre avec ces désespérés, conseillèrent au roi de traiter avec eux. Il fallut leur rendre leur comte, fils du vieux Guy, et promettre au petit-fils le comté de Rethel, héritage de sa femme. Philippe gardait la Flandre française et devait recevoir deux cent mille livres.

Rien n'était fini. Il n'était pas spécifié s'il gardait cette province, comme gage ou comme acquisition ; quant à l'argent, il ne le tenait pas. D'autre part, l'affaire du pape était gâtée plus qu'arrangée. C'était un triste bonheur que la mort subite de Benoît XI [1].

[1] Baillet établit un rapprochement entre les démêlés de Philippe le Bel et ceux de Louis XIV avec le Saint-Siége : « L'un et l'autre différend s'est passé sous trois papes, dont le premier ayant vu naître le différend, est mort au fort de la querelle (Boniface VIII, Innocent XI). Le second (Benoît XI, successeur de Boniface, et Alexandre VIII, successeur d'Innocent), ayant été prévenu de soumissions par la France, s'est raccommodé en usant néanmoins de dissimulation pour sauver les prétentions de la cour de Rome. Le troisième (Clément V, et Innocent XII) a terminé toute affaire. De la part de la France, il n'y a eu dans chaque démêlé qu'un roi (Philippe le Bel, Louis XIV). Un évêque de Pamiers semble avoir donné occasion à la querelle dans l'un comme dans l'autre différend. Le droit de régale est entré dans tous les deux. Il y a

Une disette, un imprudent maximum, une perquisition des blés, tout cela animait le peuple. On commençait à parler. Un clerc de l'Université parla haut et fut pendu. Une pauvre béguine de Metz, qui avait fondé un ordre de religieuses, eut révélation des châtiments que le ciel réservait aux mauvais rois. Charles de Valois la fit prendre et, pour lui faire dire que ces prophéties étaient soufflées par le diable, il lui fit brûler les pieds. Mais chacun crut à la prédiction, quand on vit l'année suivante une comète apparaître avec un éclat horrible [1].

Philippe le Bel était revenu vainqueur et ruiné. Il se rendit solennellement à Notre-Dame, parmi le peuple

eu dans l'un et dans l'autre, appel au futur Concile... l'attachement des membres de l'Église gallicane pour leur roi y a été presque égal. Le clergé, les universités, les moines et les mendiants se sont jetés partout dans les intérêts du roi et ont adhéré à l'appel. Il y a eu excommunication d'ambassadeurs, et menaces pour leurs maîtres. Les juifs chassés du royaume par Philippe le Bel, et les Templiers détruits, semblent fournir aussi quelque rapport avec l'extirpation des huguenots et la destruction des religieuses de l'Enfance. » (Baillet, Hist. des démêlés, etc.)

[1] C'est la comète de Halley, qui reparaît à des intervalles de 75 à 76 ans. On présume qu'elle parut la première fois à la naissance de Mithridate, 130 ans avant l'ère chrétienne. Justin (lib. XXXVII) dit que pendant 80 jours, elle éclipsait presque le soleil. Elle reparut en 339 et en 550, époque de la prise de Rome par Totila. En 1305, elle avait un éclat extraordinaire. En 1456, elle traînait une queue qui embrassait les deux tiers de l'intervalle compris entre l'horizon et le zénith; en 1682, la queue avait encore 30 degrés; en 1750, elle semblait ne devoir attirer l'attention que des astronomes. Ces faits sembleraient établir que les comètes vont s'affaiblissant. Celle de Halley a reparu en octobre 1835. Annuaire du Bureau des longitudes pour 1835. Voyez aussi une notice sur cette comète, par M. de Pontécoulant.

affamé et les malédictions à voix basse. Il entra à cheval dans l'église, et, pour remercier Dieu d'avoir échappé quand les Flamands l'avaient surpris, il y voua dévotement son effigie équestre et armée de toutes pièces. On la voyait encore à Notre-Dame, peu de temps avant la Révolution, à côté du colossal saint Christophe.

Nogaret ne s'oublia pas; il triompha aussi à sa manière. Nous avons quittance de lui, prouvant que ses appointements furent portés de cinq cents à huit cents livres [1].

[1] D. Vaissette.

FIN DU TROISIÈME VOLUME.

TABLE DES MATIÈRES

CHAPITRE VI

INNOCENT III. — LE PAPE PRÉVAUT PAR LES ARMES DES FRANÇAIS DU NORD, SUR LE ROI D'ANGLETERRE ET L'EMPEREUR D'ALLEMAGNE, SUR L'EMPIRE GREC ET SUR LES ALBIGEOIS. — GRANDEUR DU ROI DE FRANCE.   1

Situation du monde à la fin du XIIe siècle	1
Révolte contre l'Église	3
Mysticisme sur le Rhin et aux Pays-Bas	5
En Flandre, mysticisme industriel	7
Rationalisme dans les Alpes	9
Vaudois	10
Albigeois	11
Liaison du Midi avec les Juifs et les musulmans	11
Incrédulité et corruption	12
Littérature. Troubadours	13

		Pages.
	Situation politique du Midi.....................	15
	Doctrines albigeoises, croyances manichéennes.....	16
	Danger de l'Église.............................	18
	Innocent III...................................	23
	Prétentions croissantes du saint-siège...........	26
	Opposition de l'empereur et du roi d'Angleterre...	27
	Philippe-Auguste...............................	29
	Richard Cœur-de-Lion.........................	30
1187.	Prise de Jérusalem............................	31
	Règne des Atabeks de Syrie, Zenghi et Nuhreddin..	32
	Saladin..	34
	Troisième croisade. Frédéric Barberousse meurt en chemin......................................	35
	Les rois de France et d'Angleterre prennent la route de mer.......................................	36
	Leurs querelles en Sicile........................	36
	Siége de Saint-Jean-d'Acre.....................	37
	Divisions des croisés. Philippe retourne en France..	40
	L'empereur retient Richard prisonnier............	43
1199.	Retour et mort de Richard......................	44
	Le divorce de Philippe-Auguste le brouille avec l'Église......................................	45
1202-1204.	Quatrième croisade........................	46
	Les croisés empruntent des vaisseaux à Venise.....	47
	L'empereur grec implore leur secours............	48
	Haines mutuelles des Grecs et des Latins..........	49
	Siége et prise de Constantinople.................	52
	Soulèvement du peuple. Murzuphle..............	54
	Seconde prise de Constantinople.................	54
	Partage de l'empire grec. Baudoin de Flandre, empereur.......................................	56

CHAPITRE VII
— SUITE —

RUINE DE JEAN. DÉFAITE DE L'EMPEREUR. GUERRE DES ALBIGEOIS. GRANDEUR DU ROI DE FRANCE. 1204-1222. — 58

- L'Église frappe d'abord le roi d'Angleterre — 59
- Danger continuel des rois d'Angleterre; mercenaires et fiscalité — 60
- Désharmonie croissante de l'empire anglais — 61
- Rivalité de Jean et de son neveu Arthur de Bretagne — 62

1204. Meurtre d'Arthur — 63

- Philippe-Auguste cite Jean devant sa cour — 64
- Jean se ligue avec l'empereur et le comte de Toulouse — 65
- Situation précaire de l'Église dans le Languedoc — 66
- Antipathie du Nord pour le Midi — 66
- Ravage des routiers — 67
- Opposition des deux races dans les croisades — 68
- La croisade est prêchée par l'ordre de Citeaux. Sa splendeur — 69
- Durando d'Huesca — 71
- Saint Dominique — 71
- Le comte de Toulouse favorise les hérétiques — 73

1208. Assassinat du légat Pierre de Castelnau — 76

- Innocent III fait prêcher la croisade dans le nord de la France — 77
- A la tête des croisés, Simon de Montfort. Destinée de cette famille — 80
- Siége et massacre de Béziers — 83
- Prise de Carcassonne — 84

		Pages.
	Montfort accepte la dépouille du vicomte de Béziers.	85
	Siége des châteaux de Minerve et de Termes......	86
	Le comte de Toulouse se soumet à des conditions humiliantes...............................	88
	Siége de Toulouse...........................	90
	Tous les seigneurs des Pyrénées se déclarent pour Raymond...............................	91
	Le roi d'Aragon fait défier Montfort.............	92
	Opposition des armées de Montfort et de don Pedro.	93
1213.	Bataille de Muret............................	94
	Querelle de Jean et des moines de Kenterbury.....	94
	Le pape se déclare contre Jean et l'excommunie...	95
	Le pape arme la France. Jean se soumet..........	97
	Guerre de Philippe contre les Flamands..........	98
	Jean se ligue avec l'empereur Othon.............	99
1214.	Bataille de Bouvines.........................	100
1215.	Soulèvement des barons d'Angleterre. Grande Charte..................................	102
	Louis, fils de Philippe, descend en Angleterre.....	104
1216.	Mort de Jean. Mort d'Innocent III...............	105
	Doutes, et peut-être remords du pape............	106
1222.	Le Midi se jette dans les bras du roi de France.....	106
	Situation de l'Europe. L'avenir est au roi de France.	114

CHAPITRE VIII

Première moitié du XIIIe siècle. Mysticisme de Louis IX. Sainteté du roi de France............. 116

    Décadence de la papauté...................... 117
    Ordres mendiants, dominicains et franciscains...... 118
    Esprit austère des Dominicains.................. 118
    Mysticisme des Franciscains.................... 119

TABLE DES MATIÈRES.

	Pages.
Légende de saint François	120
Drames et farces mystiques	122
Le mysticisme franciscain accueilli par les femmes. Clarisses. Dévotion à la Vierge	123
Influence des femmes au XIIIe siècle	124
1218. Louis VIII s'empare du Poitou et étend son influence en Flandre	126
Il reprend la croisade contre les Albigeois	127
1226. Il meurt. Régence de Blanche de Castille	128
Elle s'appuie sur le comte de Champagne	129
Ligue des barons. Pierre Mauclerc, duc de Bretagne	129
Nouvelle croisade en Languedoc. Soumission du comte de Toulouse	131
Soumission des barons	132
1236. Saint Louis. Situation favorable du royaume	133
Discrédit de l'empereur et du pape	135
Saint Louis hérite des dépouilles des ennemis de l'Église	137
Ravages des Mongols en Asie	138
L'empereur grec implore le secours de la France	140
Saint Louis retenu par la guerre contre Henri III	141
1241. Bataille de Taillebourg et de Saintes	142
1258. Prise de Jérusalem par les Mongols	144
Saint Louis, malade, prend la croix	145
Séjour des croisés en Chypre	147
Siége de Damiette	148
Défaite de Mansourah	150
Maladies dans le camp	152
Prise du roi et d'une foule de croisés	154
Il fortifie les places de la Terre sainte et revient en France	156

		Pages.
	Le mysticisme produit l'insurrection des Pastoureaux	157
	Saint Louis restitue des provinces à l'Angleterre	158
	Situation de l'Angleterre sous Henri III	159
	Il veut s'appuyer sur les hommes du Midi	159
	Insurrection des barons. Montfort	161
1258.	Statuts d'Oxford	162
1264.	Saint Louis, pris pour arbitre, casse les Statuts	162
	Montfort appelle les communes au Parlement	162
	Charles d'Anjou accepte la dépouille de la maison de Souabe	163
	Caractère héroïque de cette maison gibeline	165
	Dur esprit des Guelfes	166
	La maison de Souabe se rend odieuse	167
	Conquête des Deux-Siciles par Charles d'Anjou	170
1270.	Croisade de Tunis, et mort de Louis IX	178
	Sainteté de Louis IX. Son équité dans les jugements	183

ÉCLAIRCISSEMENTS.

Lutte des Mendiants de l'Université. — Saint-Thomas. — Doutes de Saint-Louis. — La Passion comme principe d'art au moyen âge. 196

LIVRE V

CHAPITRE PREMIER

Vêpres siciliennes	235
1270-1282. Philippe le Hardi	235
Charles d'Anjou chef de la maison de France	236

TABLE DES MATIÈRES. 341

	Pages.
Efforts des papes pour secouer le joug français.....	238
Jean de Procida.................................	239
Il passe d'Espagne en Sicile et à Constantinople....	244
1282. Massacre des Français en Sicile..................	250
D. Pedro, roi d'Aragon, secourt les Siciliens.......	253
1285. Mort de Charles d'Anjou........................	259
Philippe le Hardi meurt en Espagne.............	261
1299. La Sicile reste au roi Frédéric, Naples aux descendants de Charles d'Anjou......................	261

CHAPITRE II

PHILIPPE LE BEL. — BONIFACE VIII. 1285-1304.........	263
1285. Philippe le Bel.................................	265
Administration...............................	266
1288-1291. Parlement................................	267
Centralisation monarchique. Légistes............	269
Fiscalité.....................................	272
1293-1300. L'argent et la ruse.......................	273
Philippe appelé par les Flamands...............	276
Le comte de Flandre et sa fille retenus à Paris.....	279
Expulsion des Juifs, altération des monnaies ; maltôte...	280
1295-1304. Démêlés entre Boniface VIII et Philippe le Bel.	282
1300. Le Jubilé......................................	285
Le pape favorise les ennemis de la France ; représailles de Philippe...........................	292
Rupture au sujet de Languedoc.................	292
1301. Philippe fait enlever l'évêque de Pamiers..........	295
1302. Bulle supposée ; brûlée à Paris...................	297

Philippe appuyé par les États généraux............	299
Révolte des Flamands...........................	303
Défaite de Courtrai.............................	307
1302. Suite de la lutte contre le pape.................	310
Nogaret à Anagni.............................	320
Retour du pape à Rome; sa mort.................	324
Benoît XI meurt subitement.....................	326
1304. Victoires de Ziriksée et de Mons-en-Puelle........	331
Misère du peuple..............................	332

www.ingramcontent.com/pod-product-compliance
Lightning Source LLC
Chambersburg PA
CBHW060455170426
43199CB00011B/1217